4차 산업 교실 수업 혁명 · 창의 메이커 소프트웨어 교육을 위한

팅커캐드(TinkerCad) 3D 모델링과 아두이노 & 3D 프린팅 활용 가이드북

노수황 저

대광서림

4차 산업 교실 수업 혁명 · 창의 메이커 소프트웨어 교육을 위한
팅커캐드(TinkerCad) 3D 모델링과
아두이노 & 3D 프린팅 활용 가이드북

발행일 · 2018년 10월 10일 초판 인쇄
편저자 · 메카피아 노수황(www.mechapia.com)

발행인 · 김구연
발행처 · 대광서림주식회사
주　소 · 서울특별시 광진구 아차산로 375 크레신타워 513호
전　화 · 02) 455-7818(대)
팩　스 · 02) 452-8690
등　록 · 1972.11.30 제1972-2호

ISBN · 978-89-384-5181-1 93560
정　가 · 14,000원

Copyright ⓒ 2018 MECHAPIA Co. All rights reserved.

- 파손 및 잘못 만들어진 책은 교환해 드립니다.
- 이 책의 무단 전재와 불법 복제를 금합니다.

국립중앙도서관 출판예정도서목록(CIP)

(4차 산업 교실 수업 혁명 · 창의 메이커 소프트웨어 교육을
위한) 팅커캐드(TinkerCad) 3D 모델링과 아두이노 & 3D 프린팅
: 활용 가이드북 / 편저자: 노수황. ― 서울 : 대광서림,
2018
　　　p. ;　　cm

권말부록 : 3D 프린팅 기술 방식별 출력물
ISBN　978-89-384-5181-1 93560 : ₩14000

3D 프린터[3D printer]
3차원 컴퓨터 모델링[三次元―]

004.76-KDC6
006.6-DDC23　　　　　CIP2018029308

Preface

3D 프린팅과 모델링을 배워야 하는 이유

4차 산업혁명 시대가 도래함에 따라 그 어느 때보다 창의융합 교육이 주목받고 있으며, 현재 국내 일선 교육기관에서도 다양한 교육 커리큘럼을 개발하며 과학기술과 공학기술을 접목한 STEAM 교육을 어떤 방식으로 활용해야 할 지 고민하고 연구하는 교·강사들을 강의 현장에서 많이 접할 수가 있었습니다. 이제 사회 전반적으로 활용되지 않는 곳이 없을 정도로 3D 프린팅 기술의 활용도가 더욱 늘어나고 미래 유망 산업으로 각광받고 있는 시점에서 학교 교육에서도 3D 프린팅 관련 창의융합 교육의 필요성이 보다 확대되고 있으며 교육계의 이슈로 대두되고 있습니다.

또한 3D 프린팅 기술을 기반으로 한 산업체의 수요가 점점 늘어남에 따라 미래의 설계자와 제품 디자이너에게 3D 프린팅 기술의 습득은 필수 능력으로 여겨지게 될 것입니다. 이에 3D 모델링과 디자인, 모형 제작 교육 프로그램을 통해 미래 신산업을 이끌어 나갈 창의적 인력을 육성하고자 하는 3D 프린팅 관련 교육의 열기가 매우 뜨겁지만, 이를 보다 더 전문화하고 체계적으로 교육시키기 위해서는 단순한 모델링 교육이나 3D 프린팅 교육에서 벗어나 아두이노, IoT 기술 등을 결합시킨 구체적인 교육과정의 개발이 필요하다고 생각합니다.

예를 들면 미술에 관심있는 학생들이 도화지에 붓으로 그림을 그리는 교육에 자신이 그리고 싶은 그림을 컴퓨터로 프로그래밍(코딩)하고, 3D 프린팅 기술과 아두이노 보드 등을 응용하여 사람 대신 그림을 그리는 장치를 만들어 본다거나 로봇을 모델링하여 3D 프린터로 출력하고 제어장치를 응용 조립한 후 스마트폰 앱으로 구동시키는 코딩 교육을 통해 내가 생각한대로 작동하는 로봇을 만드는 것이 하나의 교육 사례입니다. 내 상상 속의 아이디어를 컴퓨터와 소프트웨어를 이용하여 직접 디자인한 후에 3D프린터를 이용하여 실제 손으로 만져보고 작동시켜볼 수 있는 제품으로 만들어 보는 과정을 통해 문제해결능력과 창의력을 키우는 '메이커 교육'이 이제 교육계의 신선한 바람이 되고 있습니다.

또한 국내외 업계 전문가들은 4차 산업혁명의 핵심 기술 중의 하나로 언급되는 3D 프린팅 & 모델링 수업이 아이들의 창의력과 상상력을 키우고, 창의적인 디자인적 사고능력을 발전시키는 데 도움이 된다고 말합니다. 특히 학생들은 틀에 박힌 교육에서 벗어나 공학적 문제 해결을 통해 실생활 속에서 일어나는 자신들의 경험과 지식을 융합시킴으로써 과학과 수학의 개념이나 원리를 보다 쉽게 이해할 수 있을 것입니다. 이러한 STEAM 교육은 학생들의 창의적 문제해결 능력, 사고력, 의사소통, 대인관계, 진로개발 능력 등 핵심역량 증진에 긍정적인 효과를 가져올 것입니다.

2018년 9월 저자 올림

문의 이메일 : mechapia@mechapia.com / mechapia_com@naver.com

Contents

머리말 • 3

Chapter 01 팅커캐드 계정 생성하고 실행하기 … 08

- 01 팅커캐드(TinkerCAD) 소개 _10
- 02 계정 생성하고 실행하기 _12
- 03 새 디자인 작성 _18
- 04 작업 화면 구성 알아보기 _19
- 05 작업 화면을 제어하는 방법 _21
- 06 마이 페이지 _24

Chapter 02 팅커캐드 모델링 작업 기능 알아보기 … 26

- 01 쉐이프 가져오기, 이동, 삭제, 크기 변경하기 _28
- 02 명령 취소 및 명령 복구 _34
- 03 그리드 조정하기 _35
- 04 워크플레인 기능 활용하기 _36
- 05 쉐이프 회전하기 _40
- 06 눈금자 사용하기 _43
- 07 팅커캐드 부가 지원 기능 _45
- 08 팅커캐드 모델링 순서의 이해 _47
- 09 가져오기 _48
- 10 내보내기 _49
- 11 쉐이프 제어하기 _50
- 12 기본 쉐이프 수정하기 _51
- 13 쉐이프 복사하고 붙여넣기 _52
- 14 나무 젓가락 모델링하기 _53
- 15 쉐이프 합치기와 그룹 해제 _55
- 16 레고 블록 모델링하기 _57
- 17 쉐이프 색상 변경하기 _62
- 18 팅커캐드 검색창 활용하기 _64

19 구멍 쉐이프와 그룹을 이용한 특정 모양 뚫기 _66
20 여러가지 쉐이프를 활용한 구멍 뚫기 _68
21 단추 모델링하기 _72
22 도너츠 모델링보기 _76
23 쉐이프의 정렬(L) 기능 알아보기 _79
24 쉐이프의 반전(M) 기능 알아보기 _81
25 각진 모서리에 라운딩하기 _82
26 한쪽 모서리에 라운딩하기 _83
27 쉘 기능 활용하기 _85
28 복제 기능으로 패턴만들기 _90
29 원형 패턴만들기 _92
30 외부에서 파일 가져오기 _94
31 한글 모델링 및 문자 활용하기 _96
32 모델링 공유하기 _100
33 SVG 파일 가져오기 _103

Chapter 03 프린터로 출력하기 — 104

01 3D 프린팅용 파일로 내려받기 _106
02 3D 프린터로 출력하기 _108

Chapter 04 아이디어 모델링하기 — 114

01 이름표 모델링하기 _116
02 숫자 주사위 모델링하기 _119
03 워크플레인 기능으로 숫자가 파인 주사위 모델링하기 _122
04 머그컵 모델링하기 _125
05 피젯 스피너 모델링하기 _128
06 렌치 공구 모델링하기 _131
07 도장 모델링하기 _135

Chapter 05 3D 프린팅의 이해 — 140

01 3D 프린팅이란? _142
02 3D 프린팅 파일 형식 _145
03 3D 프린팅의 기술방식과 소재 _147

Chapter 06 팅커캐드 아두이노 서킷 활용하기 — 162

01 팅커캐드 아두이노 서킷 _164
02 Circuits 구성요소 이해하기 _167
03 팅커캐드 코드블록 _182

부록 3D 프린팅 기술 방식별 출력물　188

- **01** FFF 기술방식 3D 프린팅 _190
- **02** DLP/SLA 기술방식 3D 프린팅 _193
- **03** CJP 기술방식 3D 프린팅 _194
- **04** LOM 기술방식 3D 프린팅 _198
- **05** PolyJet 기술방식 3D 프린팅 _199
- **06** DMLS 기술방식 3D 프린팅 _201
- **07** SHS 기술방식 3D 프린팅 _202
- **08** 다양한 출력물[www.fab365.net] _203

신도리코 **ECO**

신도리코 **DP201**

팅커캐드(TinkerCad) 3D 모델링과
아두이노 & 3D 프린팅 활용 가이드북

CHAPTER 01

팅커캐드 계정 생성하고 실행하기

팅커캐드는 웹브라우저 기반의 3D 모델링 도구로 PC에 별도로 설치하지 않아도 인터넷만 연결되어 있으면 언제 어디서든 모델링할 수 있으며, 작업한 모든 디자인 데이터가 클라우드 서버를 통해 저장됩니다. 이 장에서는 팅커캐드의 계정을 생성하고 실행하는 방법에 대해 알아보도록 하겠습니다.

 팅커캐드(TinkerCAD) 소개

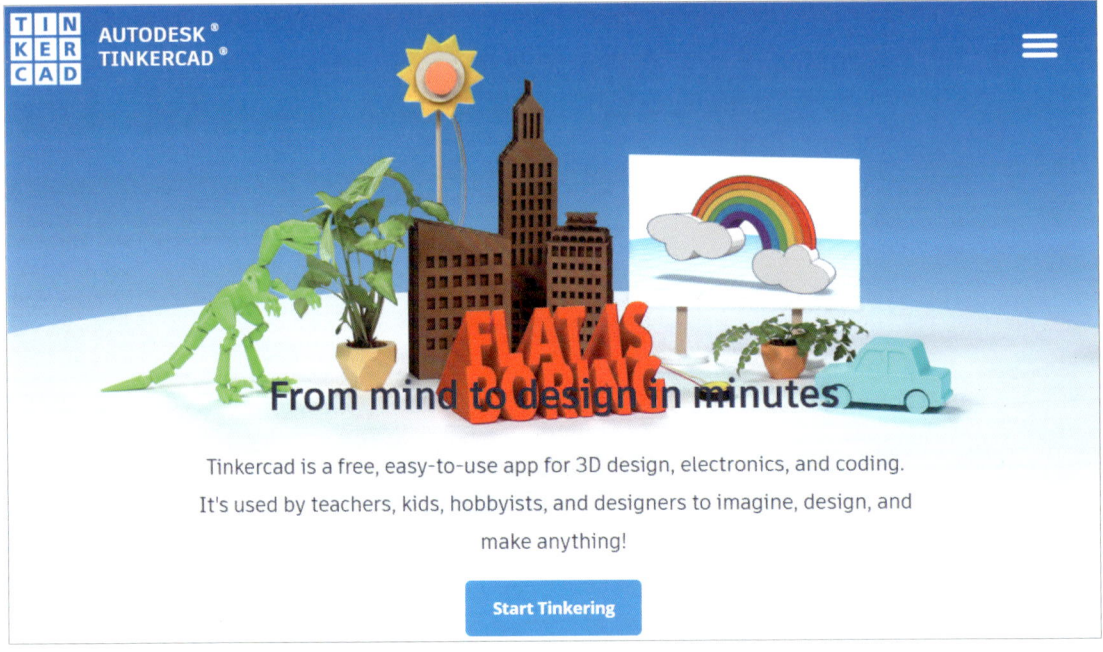

 팅커캐드는 오토캐드(AutoCAD)로 유명한 미국의 오토데스크(Autodesk)사에서 보급하는 모델링 프로그램으로 학생이나 선생님들께서 무료로 사용할 수 있는 Free 모델링 소프트웨어이며, 3D 프린팅을 위한 3D 모델링에 최적화된 웹 브라우저 기반의 3D 디자인 및 모델링 도구로 복잡한 형상을 손쉽게 디자인할 수 있는 환상적인 입문자용 프로그램이라고 할 수 있습니다.

 WebGL을 지원하는 모든 웹 브라우저에서 작동하므로 PC에 별도로 설치할 필요가 없으며 사용자가 작업한 모든 디자인 데이터가 클라우드 서버를 통해 저장, 관리되므로 언제 어디서나 동일한 작업 환경에서 사용할 수 있습니다. 특히 깔끔하고 직관적인 인터페이스와 심플한 기능, 직접 따라하면서 익히는 튜토리얼 방식을 채택하여 모델링을 처음 경험하는 초보자도 쉽고 빠르게 배울 수 있다는 장점이 있습니다.

 팅커캐드는 우리가 어린 시절에 찰흙을 가지고 놀며 어떤 형상을 만들던 것처럼 기본적으로 제공하는 여러 가지 형태의 도형 덩어리(Solid)를 가지고 늘이고 합치며 원하는 모양을 만들 수 있는데, 마치 찰흙을 손으로 조물조물 만지면서 자신이 원하는 모양을 만드는 것과 같이 때로는 도형끼리 이어 붙이기도 하고, 불필요한 부분을 없애기도 하는 과정을 반복하면서 컴퓨터 상에서 어떤 형상을 창의적으로 만들어가는 교육용 모델링 소프트웨어라고 생각하면 됩니다.

다만 팅커캐드를 교실에서 활용하기 위해서는 인터넷이 항상 연결되어 있어야 한다는 점과 다수의 어린이들에게 교육하는 경우 원활한 인터넷 환경이 필수라는 점은 잊지 말아 주시기 바라며 인터넷 익스플로러의 경우 일부 버전에서만 지원되기 때문에 가능하면 가장 호환이 잘 되는 웹 브라우저인 구글 크롬(Chrome)에서 사용하는 것을 추천합니다.

클라우드 기반의 모델링 도구로 작업한 사항을 별도로 저장하지 않아도 내 작업 파일이 온라인 상에서 저장이 되며 윈도우, 리눅스, 맥에서도 모두 사용이 가능합니다.

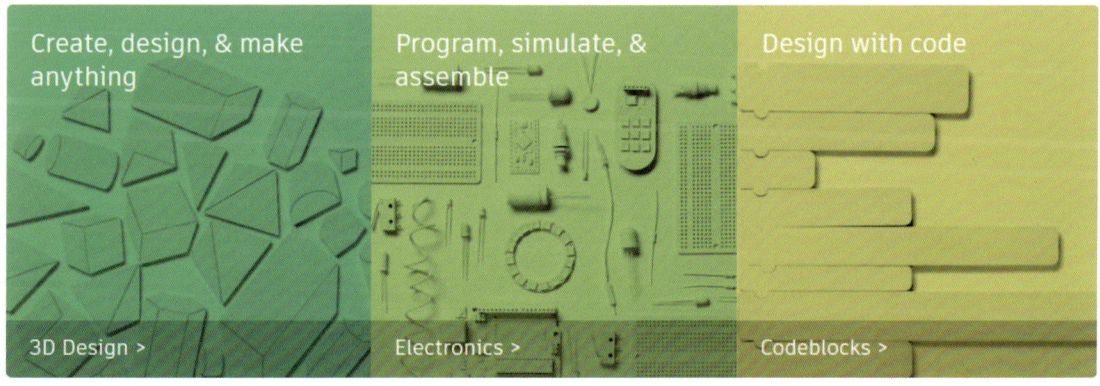

팅커캐드는 간단하게 회로설계를 하여 시뮬레이션해 볼 수 있는 기능도 있으며 기본적인 회로제작과 프로그래밍을 할 수 있는 기능이 지원되므로 프로그래밍과 아두이노를 더하면 회로를 설계하고 테스트해 볼 수 있습니다. 또한 2018년 9월 현재 4.0으로 버전업되면서 [Codeblocks] 기능이 추가되어 블록코딩 작업이 가능해졌습니다.

SECTION 02 계정 생성하고 실행하기

우선 데스크탑용 크롬(Chrome) 웹브라우저를 실행한 후 팅커캐드(www.tinkercad.com)에 접속합니다. 간단한 회원가입을 통해 누구나 활용할 수 있는 웹용 프로그램인 팅커캐드는 간단한 인터페이스와 손쉬운 조작법에 비해 상당히 복잡하고 정밀한 형상까지 모델링할 수 있는 훌륭한 교육용 툴입니다.

팅커캐드를 사용하려면 먼저 본인의 오토데스크 계정을 신규로 생성해야 합니다. 계정은 일반인(만 13세 이상)과 만 13세 미만의 학생 계정으로 구분하고 있습니다.

1. 일반 사용자 계정 만들기

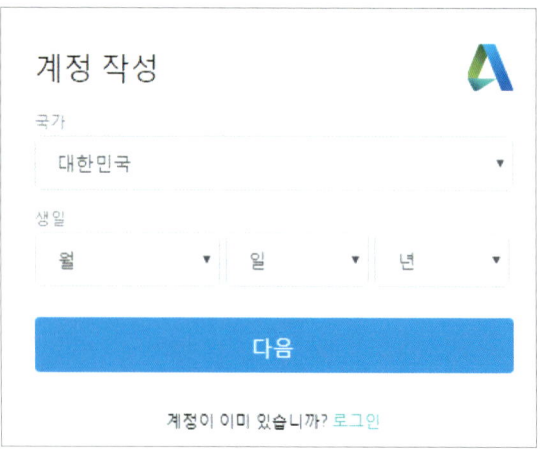

팅커캐드에 접속하여 [지금 가입] 버튼을 클릭하면 계정 작성을 위한 창이 나타납니다. 여기에서 [국가]와 [생년월일] 정보를 입력해 줍니다. 그리고 나서 다음을 누르면 [계정 작성] 창이 나오는데 자신의 전자메일과 암호를 입력하고 약관에 동의한다는 체크 박스에 체크를 한 후 [계정 작성] 버튼을 클릭합니다. 그러면 계정이 작성이 되었다는 화면이 나오고 [완료]를 클릭해주면 됩니다.

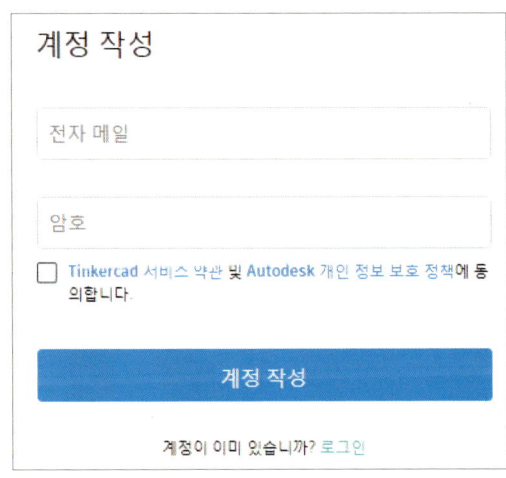

만 13세 미만의 어린이들은 부모님이나 선생님의 전자 메일을 통해 확인 이메일을 받아야 하는데 번거롭기 때문에 일반 계정 사용자가 초대 코드를 만드는 방식을 권장해 드립니다. 일반 사용자의 경우 페이스북 계정이나 주로 사용하는 이메일을 입력하여 쉽게 가입할 수 있습니다.

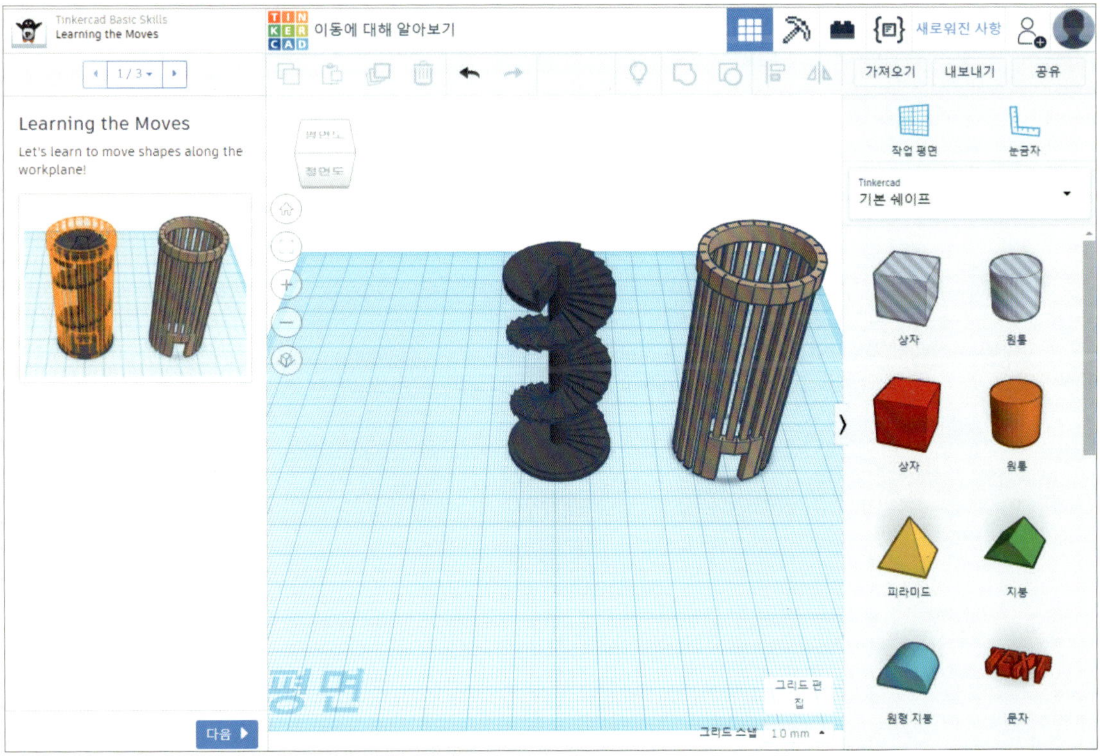

이 화면이 보이면 이제 팅커캐드를 마음껏 사용할 수 있게 가입이 완료된 것입니다.

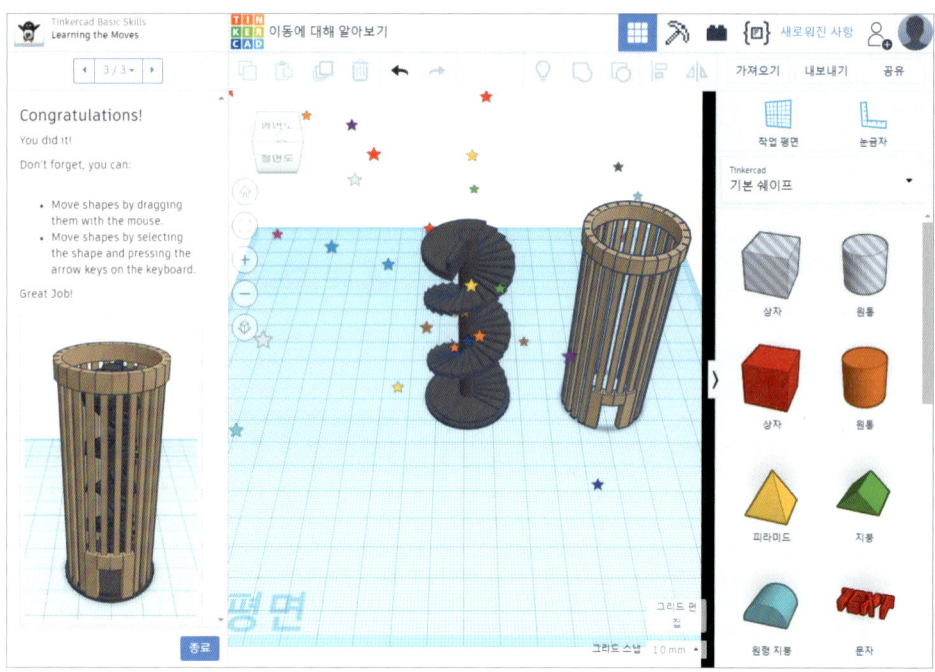

　　　화면 좌측 상단의 단계를 누르면 학습을 완료했다는 축하메시지가 나옵니다. 좌측 화면 하단의
[종료] 버튼을 클릭하고 [프로젝트 페이지로 들어가기]를 누르면,

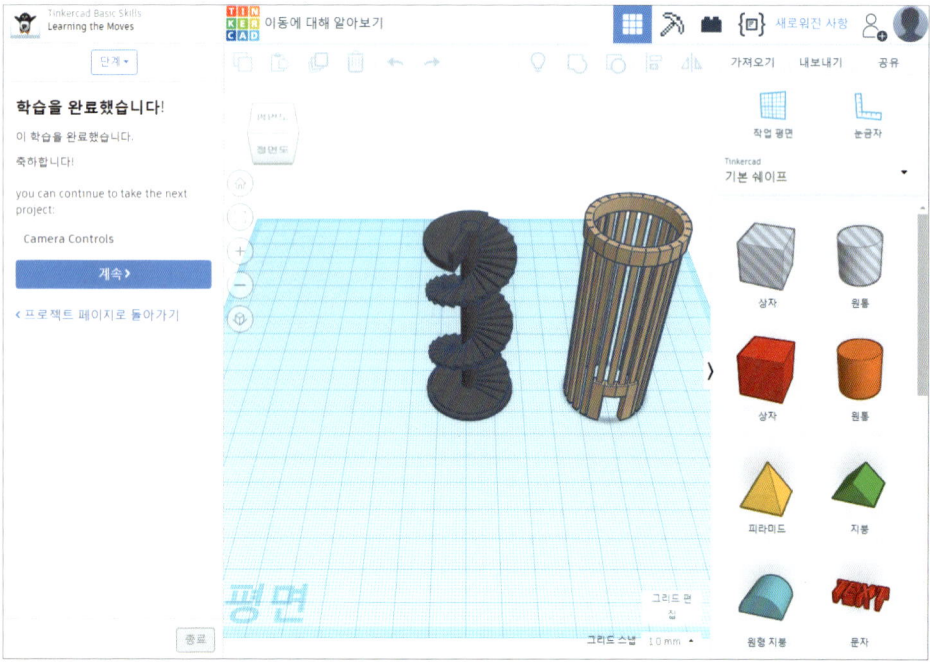

다음과 같은 화면이 나타납니다.

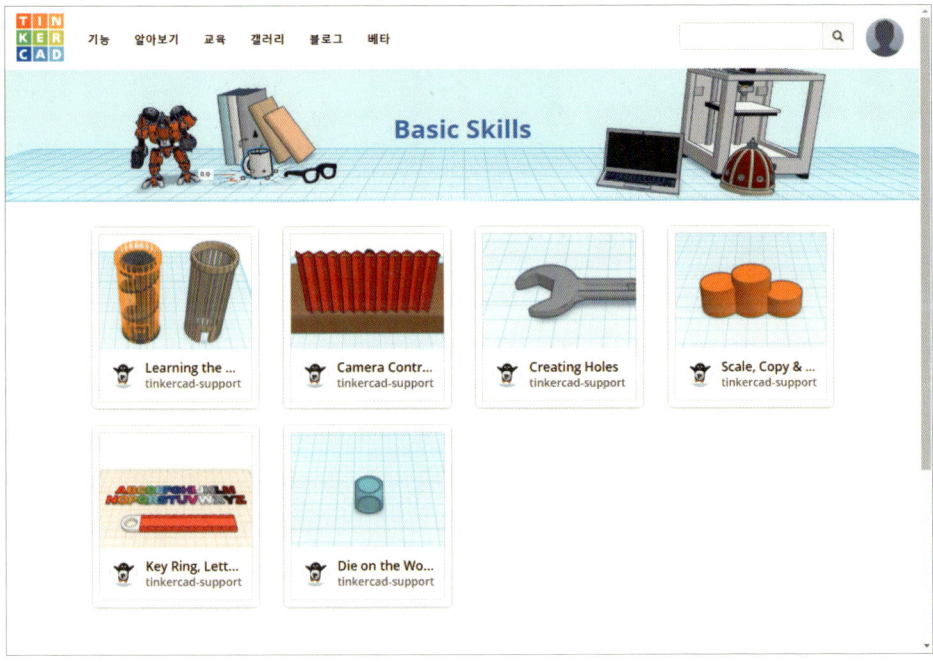

2. 12세 이하의 학생 사용자 계정 만들기(초대 코드 생성)

초등학생과 같이 만 12세 이하의 학생들에게 가르치는 선생님이나 부모님 사용자가 팅커캐드 계정을 만들어 주고 싶은 경우 간단하게 [초대 코드 생성]을 통해 학생들을 초대해 주면 이용할 수 있습니다.

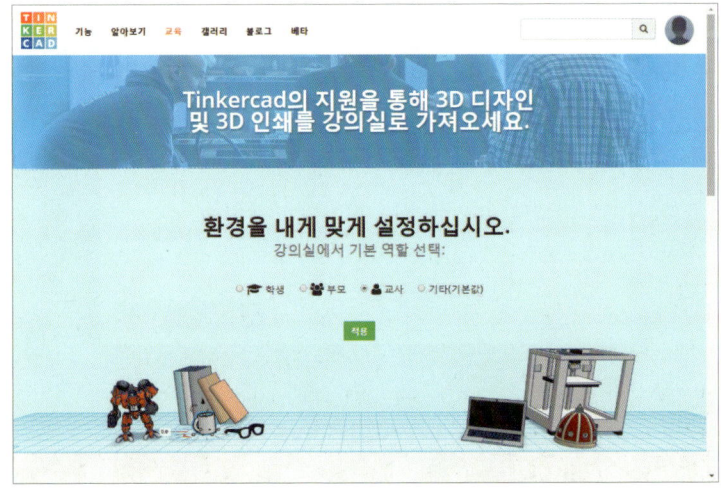

만약 가르치는 분이 교사라면 교사에 체크한 뒤 [적용]을 클릭하면 초대 코드를 생성할 수 있는 화면이 나옵니다.

일반인 계정으로 로그인한 후에 대시보드의 화면 상단 메뉴에서 [교육]을 클릭하고 초대 코드를 생성하면 영문과 숫자가 혼합된 8자리의 코드가 생성됩니다. 이 코드는 1주일이 넘으면 사용할 수 없으므로 필요할 때에 다시 만들면 되고, 이 코드를 메모해 두었다가 학생 계정으로 들어가 입력합니다.

[초대 코드 생성] 버튼을 클릭하면 다음과 같은 창이 나타납니다. 만약 교사이고 서비스 이용 약관에 설명된 것처럼 해당 학생들을 중재할 권한을 가지고 있다면 체크 박스에 체크하면 [초대 코드 작성] 버튼이 활성화 됩니다.

[초대 코드 작성] 버튼을 클릭하면 새로운 코드가 생성이 됩니다. 만 12세 이하의 계정에 가입하고 들어가면 대시보드 화면에 초대 코드를 입력하는 창이 보이는데 이 곳에 일반인 계정으로 만든 코드를 입력해야 학생이 팅커캐드를 자유롭게 사용할 수 있게 됩니다.

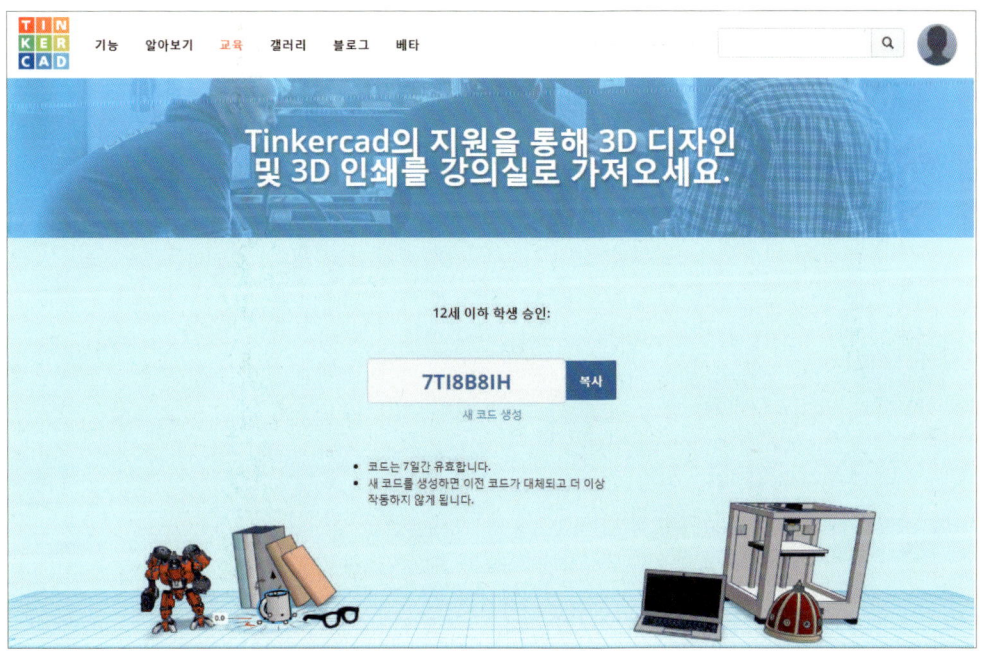

SECTION 03 새 디자인 작성

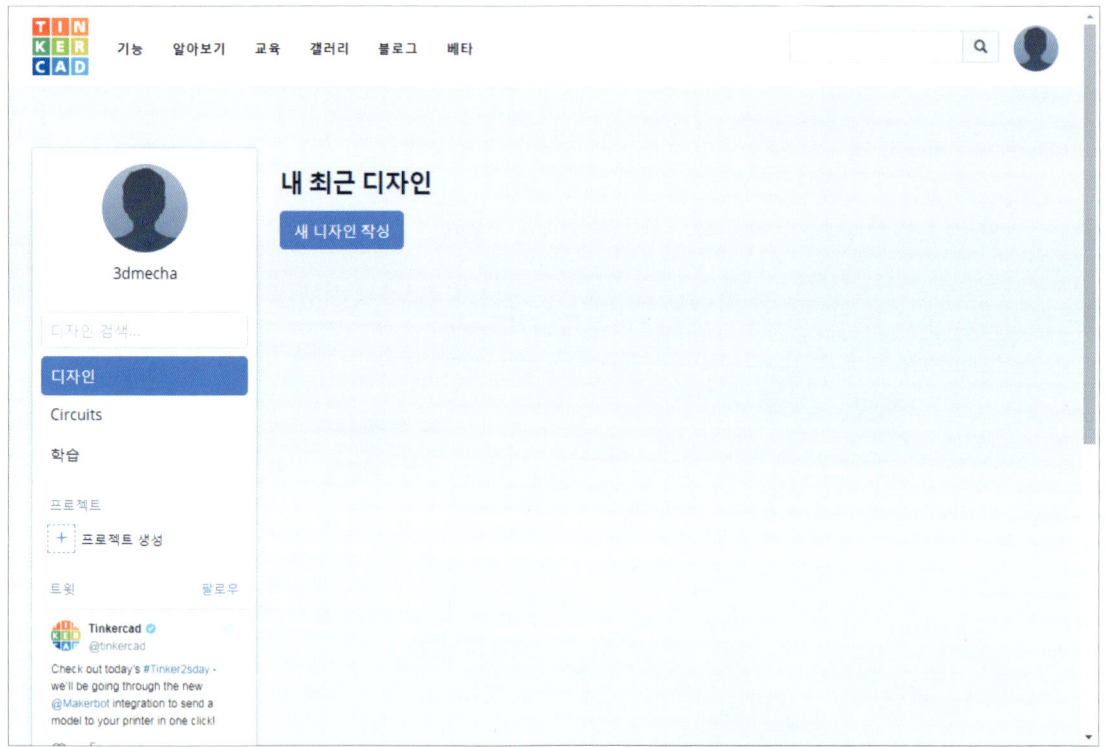

　신규 가입한 후에 다시 로그인을 하게 되면 위와 같은 화면이 나타납니다. 화면의 좌측 상단에 위치한 TINKERCAD 로고 가 보이는데 이 로고를 클릭하면 이 대시보드 화면이 나타납니다.
　대시보드 화면 좌측 상단에 [새 디자인 작성] 버튼이 있는데 새로운 모델링 작업을 시작할 때 클릭하고 작업을 시작하면 됩니다.

SECTION 04 작업 화면 구성 알아보기

[새 디자인 작성] 버튼을 클릭하면 모델링 작업을 할 수 있는 작업 화면이 나타납니다. 중앙에 하늘색 모눈종이 모양의 작업평면이 있는데 이곳에 [기본 쉐이프]에서 제공하는 여러 가지 형태의 도형을 가지고 와서 모델링 작업을 합니다.

팅커캐드의 화면 구성과 메뉴들의 기능에 대해서 알아보겠습니다.

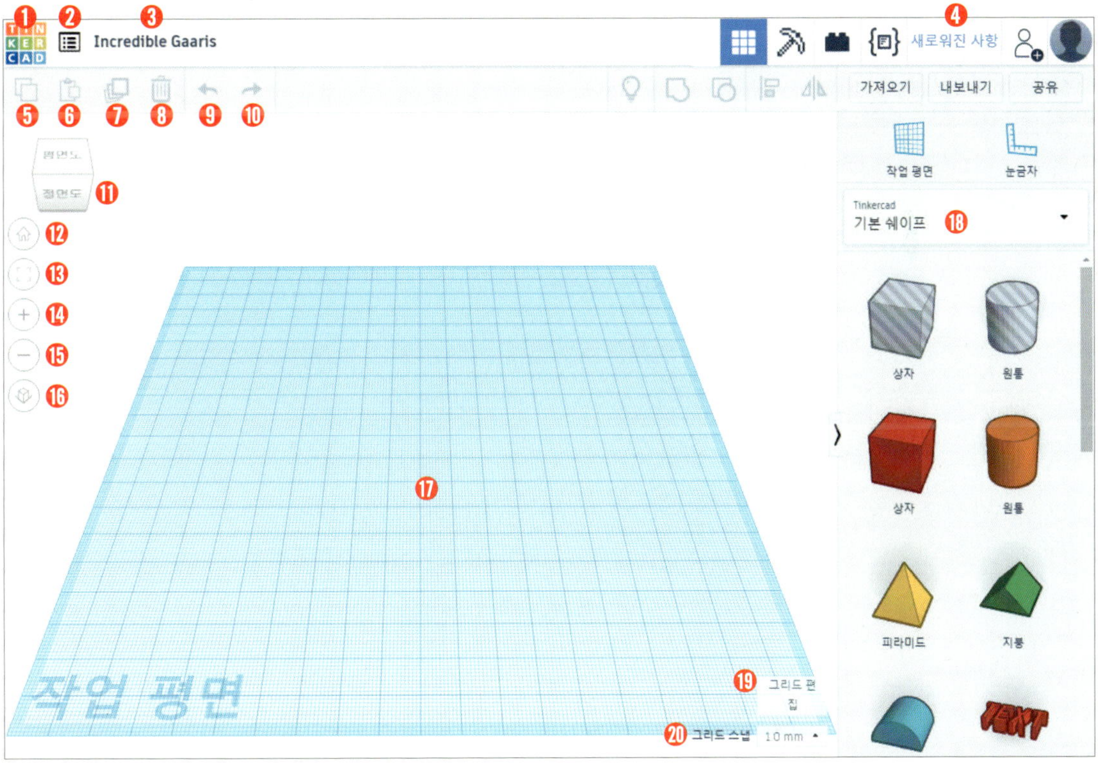

❶ **팅커캐드 로고** : 이 로고를 클릭하게 되면 작업하던 것이 저장이 되며 본인의 프로필로 이동하게 되며 내가 디자인한 모델이나 공유하여 가져 온 모델들을 확인할 수 있습니다.

❷ **My designs** : 내가 디자인한 모델들을 확인할 수 있습니다.

❸ **Incredible Gaaris** : 내가 디자인하는 모델의 이름을 변경할 수 있습니다. 마우스 커서를 클릭한 후 이름을 한글이나 영문으로 입력하면 됩니다.

❹ **새로워진 사항** : Tinkercad V2 베타에서 신규로 추가된 기능을 나타냅니다. 클릭하면 베타 버전을 사용하여 새 디자인을 생성할 수 있으며 추가된 새로운 기능에 대해서도 알 수 있습니다.

❺ **복사(Ctrl+C)** : 도형(Shape)을 선택하여 복사할 수 있습니다.

❻ **붙여넣기(Ctrl+V)** : 선택한 도형을 붙여넣기 할 수 있습니다.

❼ **복제(Ctrl+D)** : 동일한 도형을 연속적으로 복제하여 일정한 패턴을 만들 수 있습니다.

❽ **삭제(Delete)** : 지우고 싶은 도형을 선택하고 삭제할 수 있습니다.

❾ **명령 취소(Ctrl+Z)** : 실행한 명령을 취소할 수 있습니다.

❿ **명령 복구(Ctrl+Y)** : 취소한 명령을 다시 복구할 수 있습니다.

⓫ **뷰 박스(View box)** : 작업중인 모델을 여러 각도에서 확인할 수 있습니다.

⓬ **홈** : 집 모양의 홈 아이콘을 클릭하면 작업 평면의 글자가 정면으로 화면이 돌아옵니다.

⓭ **모든 뷰에 맞춤** : 작업 중인 모델을 화면에 꽉 차게 보여줍니다.

⓮ **줌 확대** : 작업 영역이 확대됩니다.

⓯ **줌 축소** : 작업 영역이 축소됩니다.

⓰ **직교 뷰로 전환 및 투시 뷰로 전환**

⓱ **작업 평면** : 기본 쉐이프 매뉴에서 지원하는 도형을 가져와 모델링 작업하는 공간입니다.

⓲ **기본 쉐이프** : 팅커캐드에서 지원하는 각종 도형과 텍스트가 있는 패널로 디자인할 기본 구성 요소가 표함되어 있습니다. 빨간색 도형 좌측의 화살표로 감추었다 다시 나타나게 할 수 있습니다.

⓳ **그리드 편집** : 작업 평면에서 사용할 단위와 작업 평면의 모눈 크기를 수정할 수 있습니다.

⓴ **그리드 스냅** : 기본 설정값은 0.1mm 이며 최대 5.0mm 까지 설정가능하며 모델을 키보드의 화살표로 이동할 때 그리드 값을 조정하여 사용할 수 있습니다.

SECTION 05 작업 화면을 제어하는 방법

　모델링 작업을 하면서 자주 이용하게 되는 것이 작업 화면의 조작인데 모델링은 3차원 입체 형상을 디자인하지만 실제 사용자가 보고 있는 모니터 화면은 2차원의 평면 화면입니다. 팅커캐드에서는 마우스 버튼 또는 작업화면 좌측의 화면 조정 메뉴에서 할 수 있습니다.

화면 조정 메뉴

　팅커캐드는 기본적이고 아주 간단한 화면 조정 메뉴를 지원하고 있습니다. 각각의 화면 조정 메뉴들의 기능에 대해서 살펴보도록 하겠습니다.

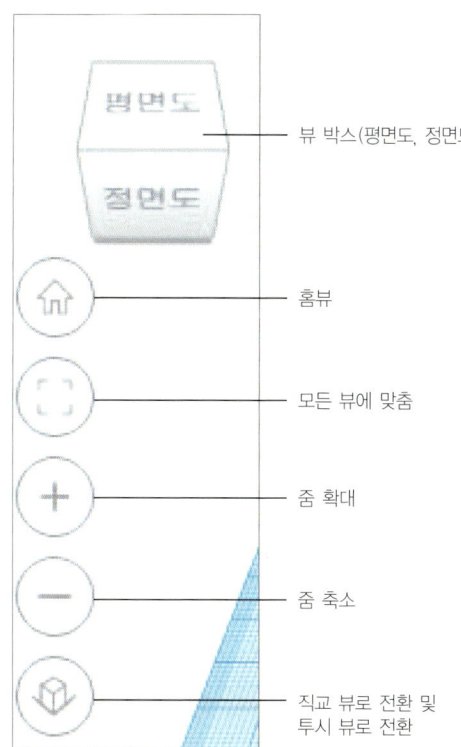

- 뷰 박스(평면도, 정면도, 배면도, 우측면도, 좌측면도, 밑면도 보기 지원)
- 홈뷰
- 모든 뷰에 맞춤
- 줌 확대
- 줌 축소
- 직교 뷰로 전환 및 투시 뷰로 전환

　집 모양의 [홈뷰]를 클릭하면 작업 초기 화면 상태로 돌아갑니다. 그 아래의 은선으로 된 정사각형 아이콘을 클릭하면 가져온 도형이 화면에 최대한 꽉차게 확대되어 보이며, 도형을 선택하지 않은 경우에는 [모든 뷰에 맞춤] 기능으로 전체 도형들을 확인할 수 있게 화면을 조정해줍니다. 그리고, 이 기능의 단축키는 F입니다.

뷰 박스

정육면체의 뷰박스는 3각법에 의한 투상처럼 쉽게 해당 면을 볼 수 있게 해줍니다. 평면도, 정면도, 좌측면도, 우측면도, 배면도, 밑면도의 6방향에서 볼 수 있는 기능을 지원합니다.

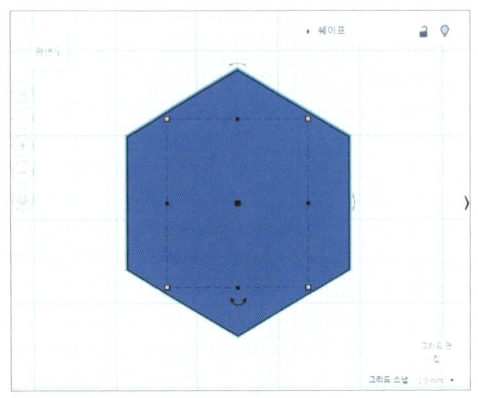 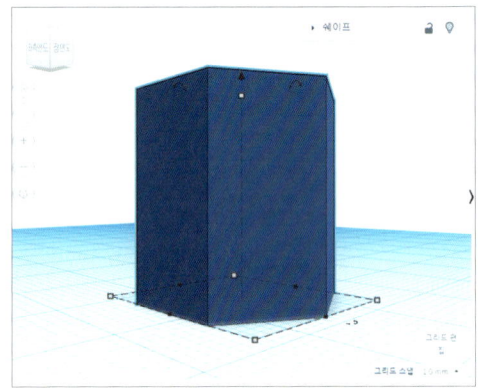

▲ 뷰 박스에서 평면도 선택 화면 ▲ 뷰 박스에서 정면도 선택 화면

작업 화면의 회전

작업 평면 상에 마우스 커서를 위치시키고 마우스 우측 버튼을 누른 채로 움직이면 작업 평면이 회전하면서 화면의 시점이 $360°$로 자유롭게 전환됩니다.

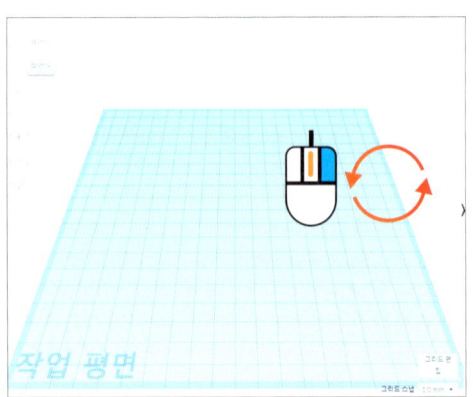 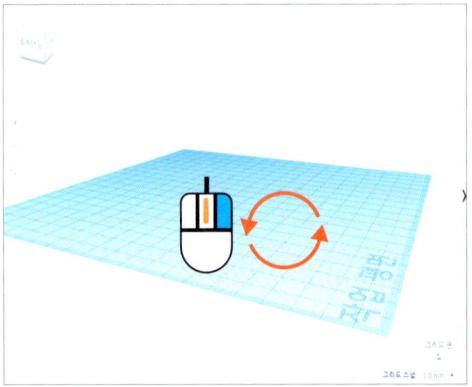

작업 화면의 확대 및 축소

작업 평면 상에 마우스 커서를 위치하고 마우스 스크롤의 휠을 앞으로 돌리면 화면이 확대되고 반대로 돌리면 화면이 축소가 됩니다.

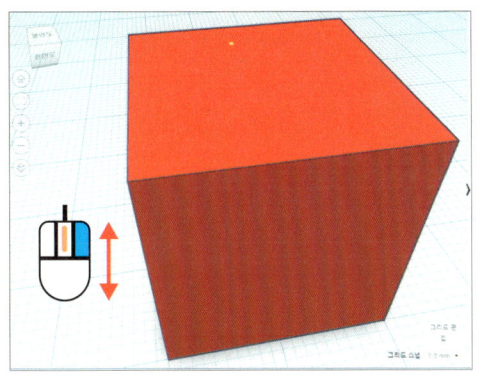 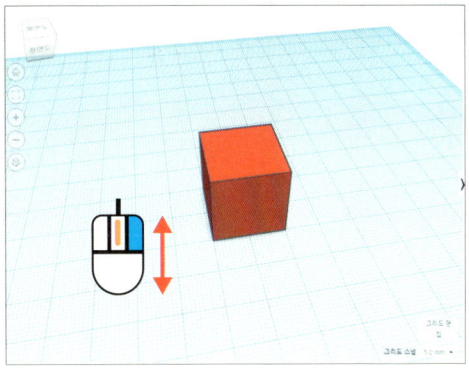

화면 이동

마우스 스크롤의 휠을 누른 채로 작업 평면 상에 마우스 커서를 이동한 후 상하좌우로 움직여보면 자유자재로 작업 평면이 움직이면서 원하는 방향으로 화면 이동할 수 있습니다.

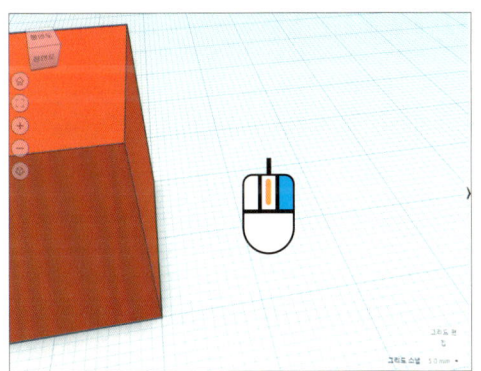 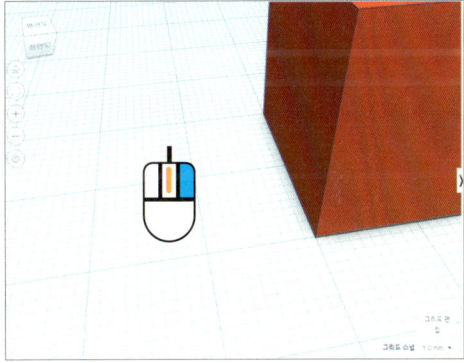

SECTION 06 마이 페이지

팅커캐드에서 새로운 디자인 작성을 시작할 수 있는 공간으로 로그인하면 작성한 디자인들이 전부 저장되어 있으며 기존 디자인을 확인, 등록, 수정할 수 있는 페이지입니다.

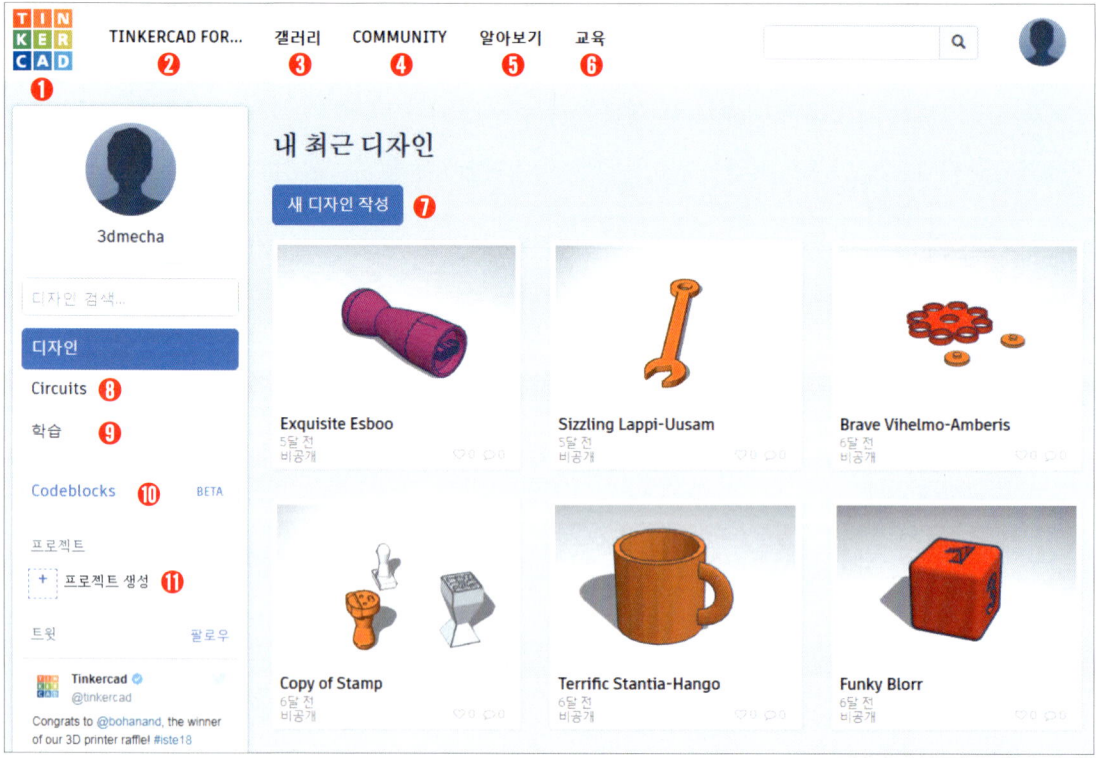

❶ 마이 페이지 바로가기
팅커캐드 마이 페이지로 이동합니다.

❷ TINKERCAD FOR...
사람들에게 인기가 많은 모델들의 활용사례를 보여줍니다.

❸ 갤러리
팅커캐드 사용자들의 다양한 작품을 볼 수 있는 Design과 Circuits 작품 갤러리입니다.

❹ COMMUNITY
팅커캐드 블로그에서 유익한 정보를 얻을 수 있습니다.

❺ 알아보기
팅커캐드 기능에 대해 안내해 줍니다.

❻ 교육
팅커캐드의 교육에 관한 정보를 제공합니다.

❼ 새 디자인 작성
새로운 모델링 작업을 시작합니다.

❽ Circuits
아두이노 회로 설계를 할 수 있습니다.

❾ 학습
완료한 학습 결과를 보여줍니다.

❿ Codeblocks
코드블록으로 모델링을 할 수 있습니다.

⓫ 프로젝트 생성
신규 프로젝트를 생성할 수 있습니다.

팅커캐드(TinkerCad) 3D 모델링과
아두이노 & 3D 프린팅 활용 가이드북

CHAPTER 02

팅커캐드 모델링 작업 기능 알아보기

팅커캐드는 직관적인 인터페이스를 제공하고 있는데 기본적으로 제공하고 있는 쉐이프들을 가져와서 수정 및 편집 등의 모델링 작업을 하는 방법에 대해서 알아보도록 하겠습니다.

SECTION 01 쉐이프 가져오기, 이동, 삭제, 크기 변경하기

앞에서 팅커캐드의 기본 화면 구성과 기본적인 조작법을 알아보았으니 이제 모델링 작업에 대해 알아보겠습니다. 도형을 작업 평면으로 가져와서 크기를 변경하거나 회전시키는 방법에 대해 알아보겠습니다.

팅커캐드는 다른 3D 모델링 프로그램들처럼 스케치를 하고 돌출시키는 등의 방법으로 모델링을 하는 것이 아니라 기본적으로 지원하는 쉐이프(Shape) 메뉴에서 필요한 도형이나 텍스트 등을 가져와서 모델링을 하는 간단한 도구입니다. 기본 쉐이프 메뉴에는 현재 상자, 원통 등을 지원하는데 상자의 경우 가로×세로×높이가 20mm로 들어오며 원통의 경우에도 지름이 20mm에 높이가 20mm로 가져오기 됩니다. 쉐이프(이하 쉐이프 또는 도형으로 호칭함)의 형상에 따라 약간씩의 치수 차이는 있습니다.

❶ 마이 페이지 바로가기

모델링 작업에 필요한 도형을 선택하고 마우스로 끌어 작업 평면에 놓습니다. 가져온 도형을 선택하여 원하는 위치로 이동시켜 작업합니다.

도형의 이동은 키보드 상의 방향키를 눌러 상하, 좌우 방향으로 움직일 수 있는데 그리드 스냅 (0.1~5.0mm)의 설정값에 따라 이동 간격이 차이가 납니다.

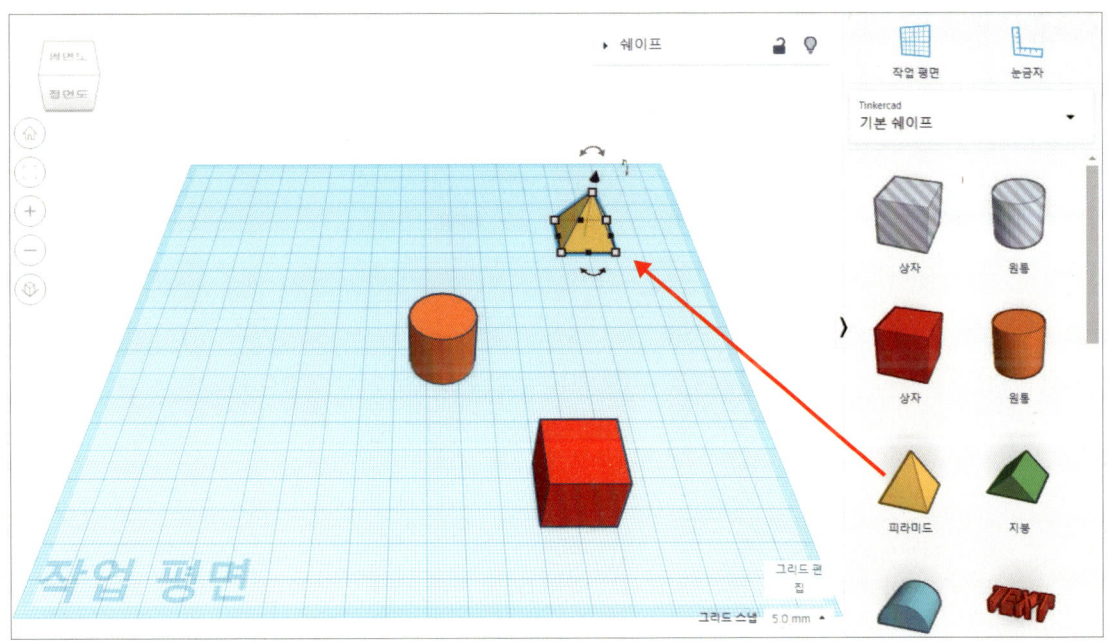

❷ 쉐이프 이동하기

　가져오기 한 도형 중에서 이동시키고 싶은 도형을 마우스 왼쪽 버튼을 클릭한 후 원하는 위치로 드래그하여 이동시킵니다.

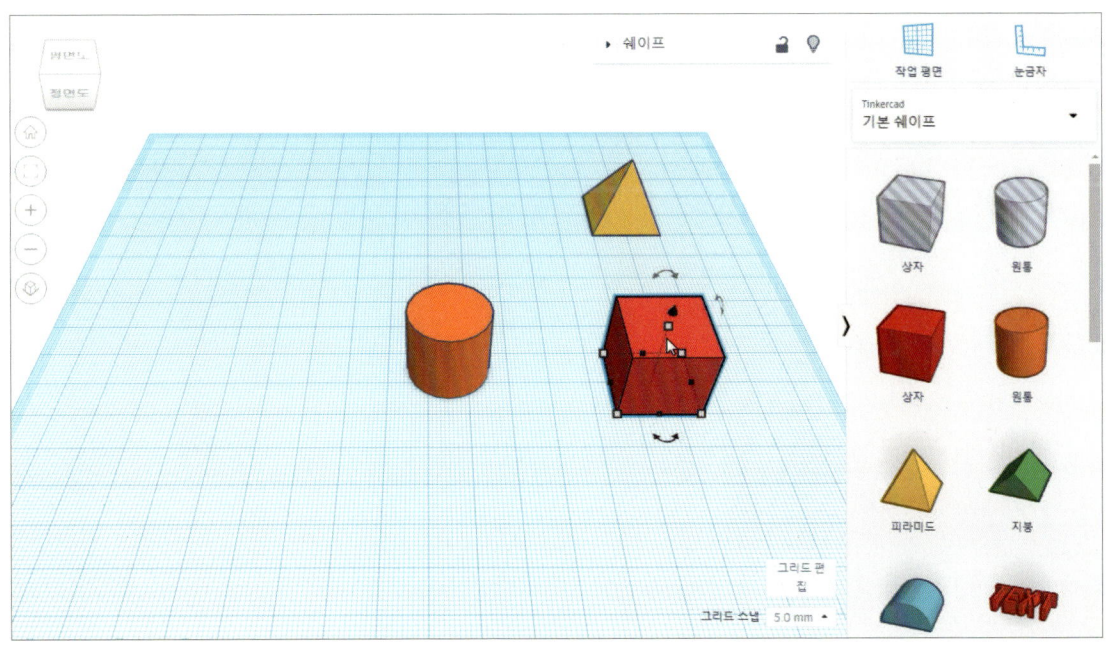

❸ 쉐이프 삭제하기

　가져온 도형 중에 불필요한 도형을 삭제하려면 해당 도형을 선택하고 좌측 상단 메뉴 중에 삭제(Delete) 버튼을 클릭하거나 키보드 상의 [Delete] 버튼을 눌러 삭제합니다.

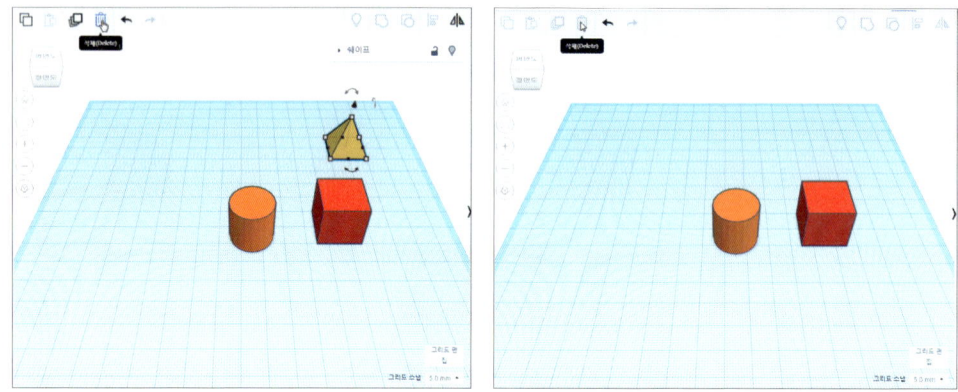

❹ 쉐이프 크기 변경하기

　가져온 도형의 크기를 확대 및 축소를 해보겠습니다. 우선 크기를 조절하고 싶은 도형을 선택한 후 도형의 모서리 부분의 흰색 사각박스를 클릭한 후 드래그하여 가로, 세로, 높이 크기를 원하는 크기로 변경합니다.

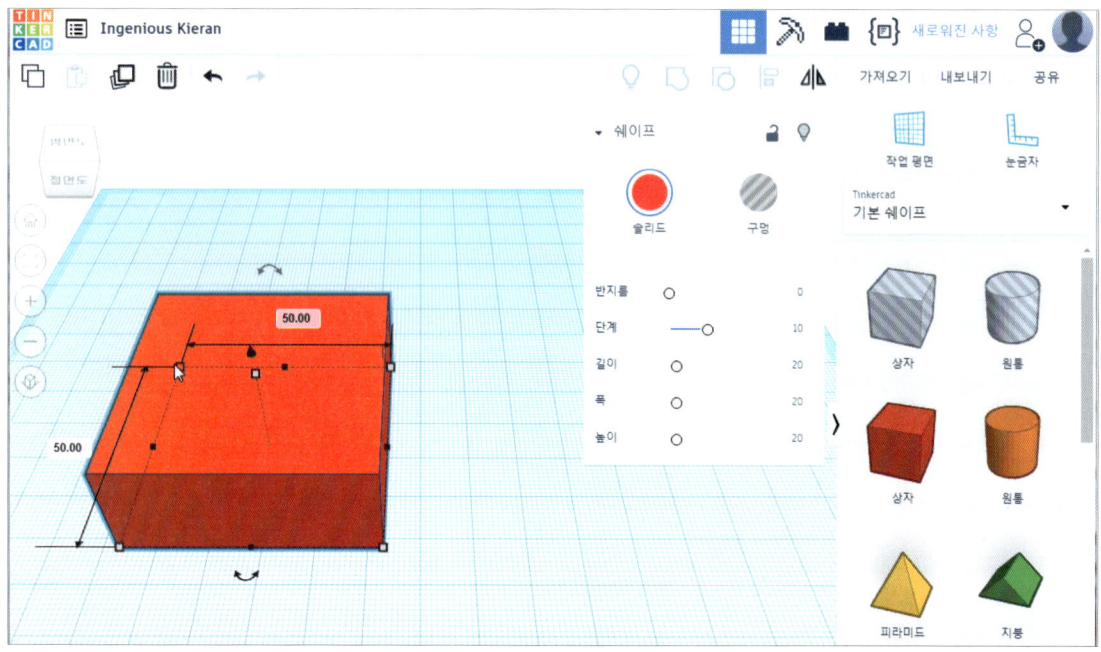

● 마우스로 도형의 크기를 변경하기

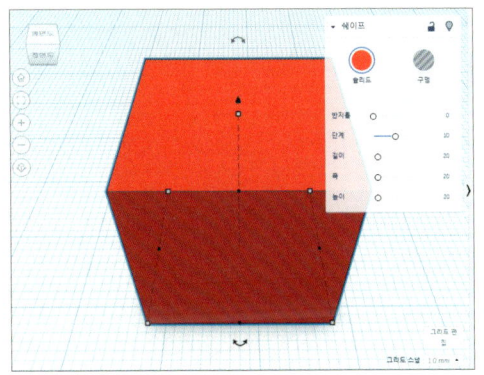 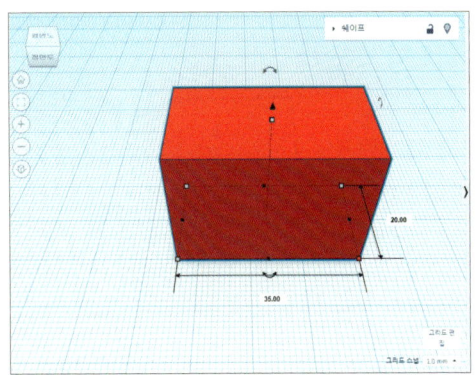

　기본 쉐이프에서 가져온 도형을 선택하면 도형의 크기를 변경하기 위한 기능들이 흰색 정사각형의 작은 박스와 검은색 정사각점들로 나타납니다. 도형의 각 모서리에 나타난 흰색 정사각점이나 검은색 정사각점을 마우스 왼쪽 버튼으로 누른 채 원하는 방향으로 늘이거나 줄이면 길이가 변경됩니다. 도형의 중간에 있는 검은색 정사각점을 잡아당기면 그 변의 길이만 변합니다.

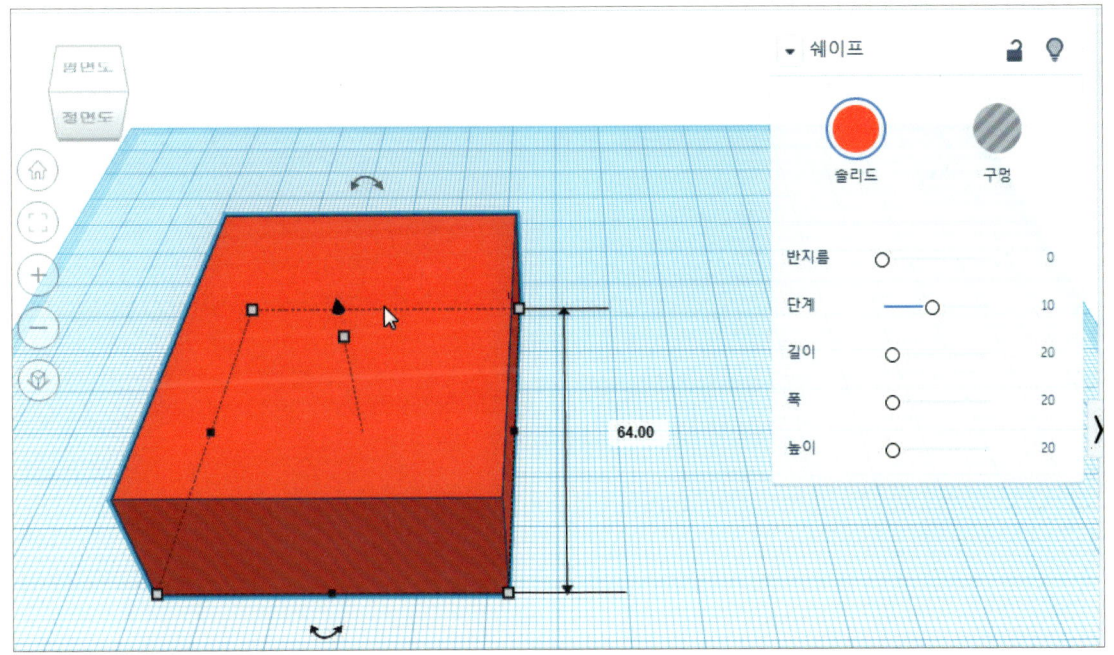

　또한 치수를 확인하려면 흰색의 정사각점이나 검은색 정사각점에 마우스 커서를 갖다 대면 해당 변의 치수가 나옵니다. 검은색 정사각점을 선택하면 서로 마주보는 변의 치수만 표시하고 모서리의 흰색 정사각점에 갖다 대면 가로와 세로의 길이가 함께 표시됩니다.

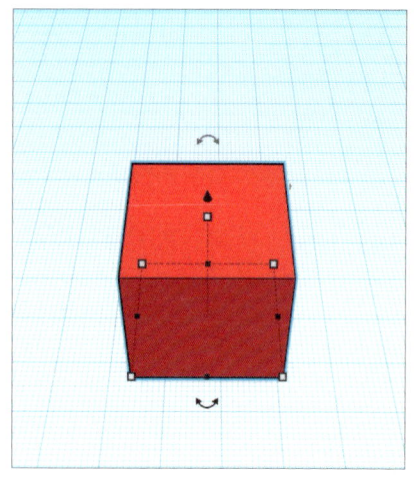 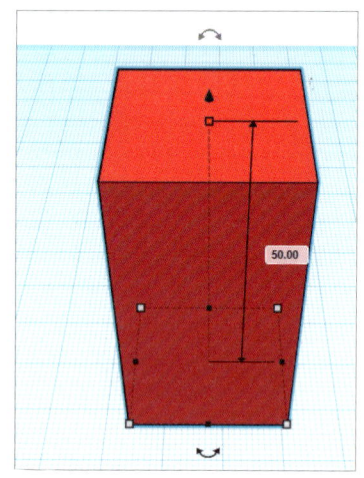

 도형의 높이를 수정하려면 도형 윗면(평면)의 흰색 정사각점을 선택하고 원하는 길이만큼 잡아당기면 크기가 변경이 됩니다.

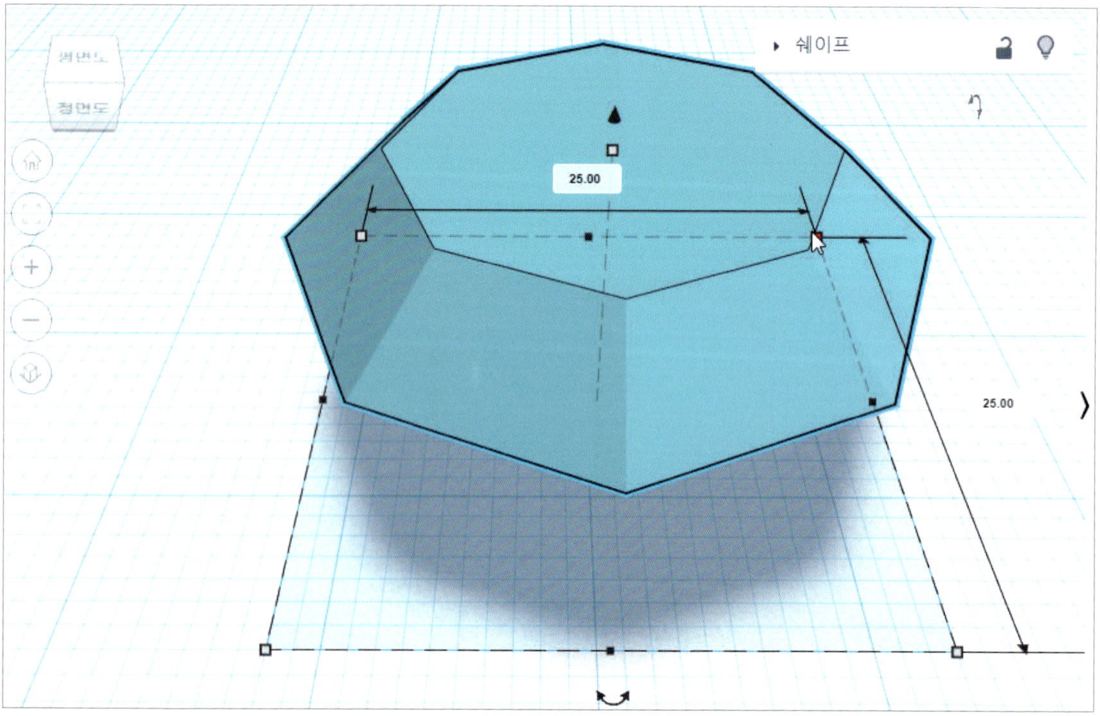

 최초 가져오기 한 도형의 크기를 변경할 때 키보드상의 [Shift] 버튼을 누른 채로 모서리의 흰색 정사각점을 드래그하면 가로 및 세로의 비율이 똑같이 변경됩니다. 크기를 서로 다르게 변경한 상태에서도 같은 치수 비율로 변경됩니다.

● 치수를 입력하여 쉐이프의 크기를 변경하기

모델링 작업을 많이 하다 보면 익숙해져 마우스 조작만으로도 도형의 크기를 자유자재로 변경할 수 있는데 좀 더 정확한 치수로 변경하려면 키보드에서 숫자를 입력하는 방법을 사용합니다.

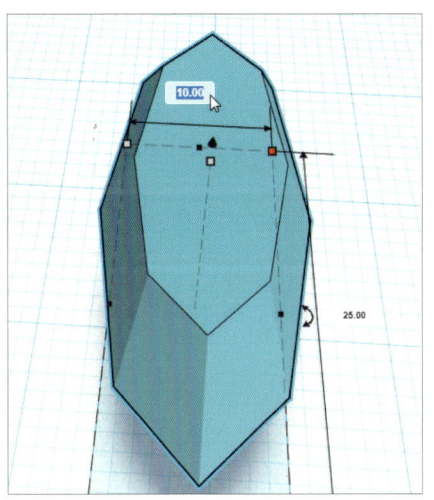

❶ 먼저 마우스 왼쪽 버튼으로 도형을 클릭하여 선택하고 흰색 정사각점에 마우스 커서를 가져가면 도형의 치수 정보가 나타납니다. 화면의 도형의 가로와 세로 및 높이의 크기는 mm 단위입니다.

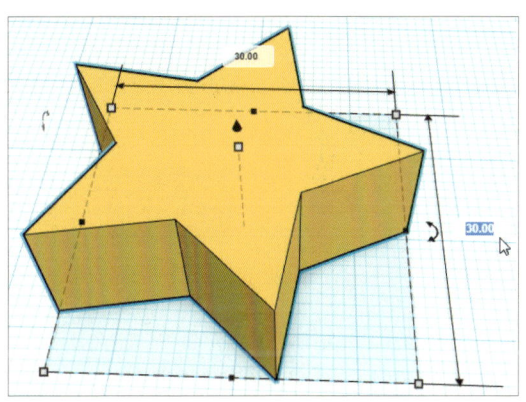

❷ 도형의 흰색 정사각점을 마우스 왼쪽 버튼으로 선택하고 크기를 변경하고 싶은 변의 치수를 클릭한 후에 원하는 치수를 입력해주고 키보드의 [Enter]키를 누르거나 마우스 우측 버튼을 누르면 입력한 치수만큼 크기가 변경됩니다.

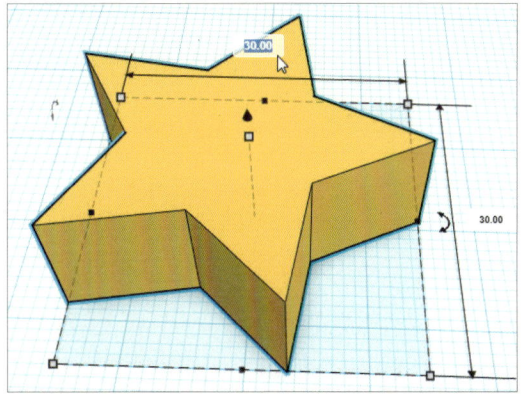

SECTION 02 명령 취소 및 명령 복구

  팅커캐드의 수정 메뉴 중 명령 취소(Undo)나 명령 복구(Redo)는 일반 CAD 프로그램에서도 지원되는 유용한 기능으로 작업한 과정들을 기억하고 있다가 한번 실행한 명령들을 취소하거나 복구하는데 명령 복구는 명령 취소한 상태에서 복구시 사용할 수 있습니다.

  작업하던 모델을 지운다거나 기본 쉐이프에서 가져온 도형 중 필요 없는 도형을 지우고 싶은 경우 해당 도형을 선택하고 키보드 상의 [Delete] 버튼을 누르거나 좌측 상단 메뉴 중 휴지통 모양의 삭제(Delete) 아이콘을 클릭하면 지워집니다.

  이 때 실수로 잘못 지운 도형을 다시 복구하려면 삭제 아이콘 우측에 있는 [명령 취소]를 누르거나 단축키 [Ctrl+Z]를 누르면 이전 바로 전 작업으로 돌아갈 수 있으며 우측의 화살표는 직전 실행한 명령을 복구하는 아이콘입니다.

SECTION 03 그리드 조정하기

　작업 평면(Workplane)의 하늘색 모눈종이 화면 속의 많은 사각형들을 그리드라고 하며 그리드(Grid)는 격자, 바둑판의 눈금과 같은 것인데 기본적으로 밀리미터 단위로 설정되어 있으며 인치로 변경하여 작업도 가능합니다. 하늘색 눈금의 작업 평면의 전체 폭과 높이 치수는 각각 200mm입니다.

　그리드 스냅을 0.1mm로 설정 후 도형을 선택하고 키보드의 화살표 키를 누르면 해당 방향으로 한 칸(0.1mm) 씩 이동하고, 최대 크기인 5.0mm로 설정하면 5칸씩 이동합니다.

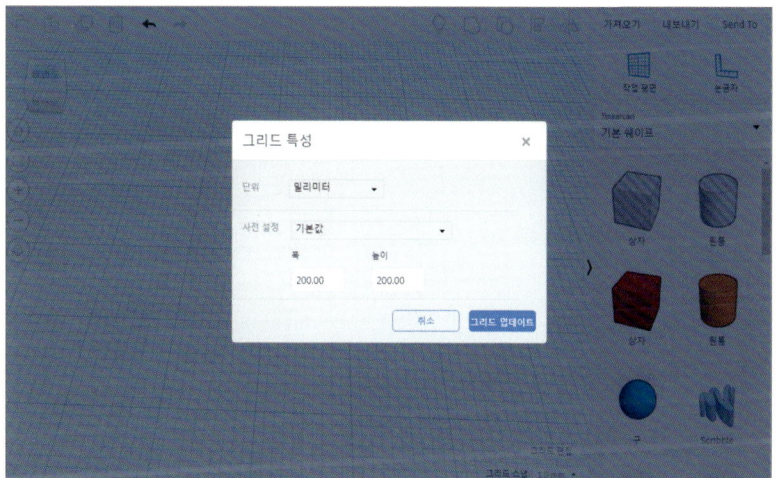
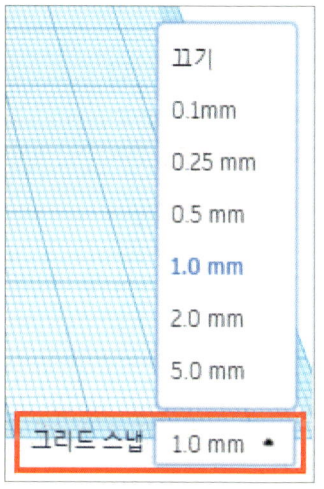

　그리고, 그리드 특성 창에서 사전 설정의 기본값이 있는 곳의 화살표를 누르면 사전에 등록된 여러 가지 3D 프린터 모델명이 나타납니다.

SECTION 04 워크플레인 기능 활용하기

팅커캐드에서 중요한 기능 중의 하나가 바로 워크플레인(Work plane)입니다. 눈금자 옆의 [작업 평면] 아이콘을 드래그하여 작업 평면 위로 올려 놓으면 마우스 커서에 파란색 상자가 따라다닙니다. 이 기능을 실행하는 단축키는 [W]입니다.

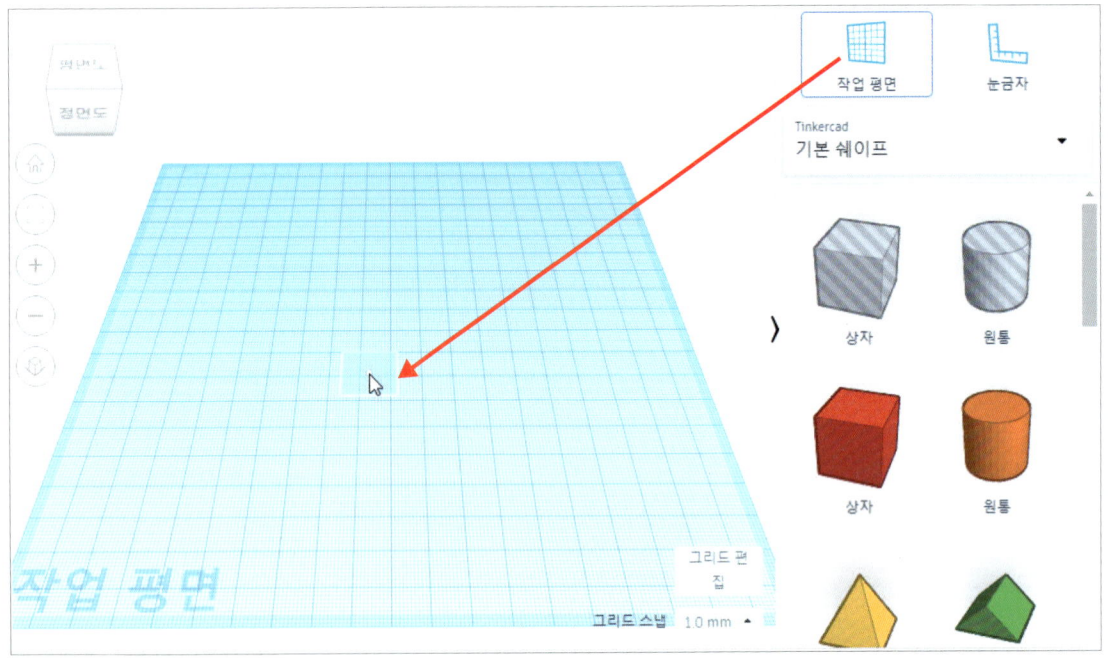

상자를 가져와서 6면체에 숫자를 간단하게 넣어보도록 하겠습니다. 먼저 작업이 용이하도록 [모든 뷰에 맞춤] 아이콘을 클릭합니다.

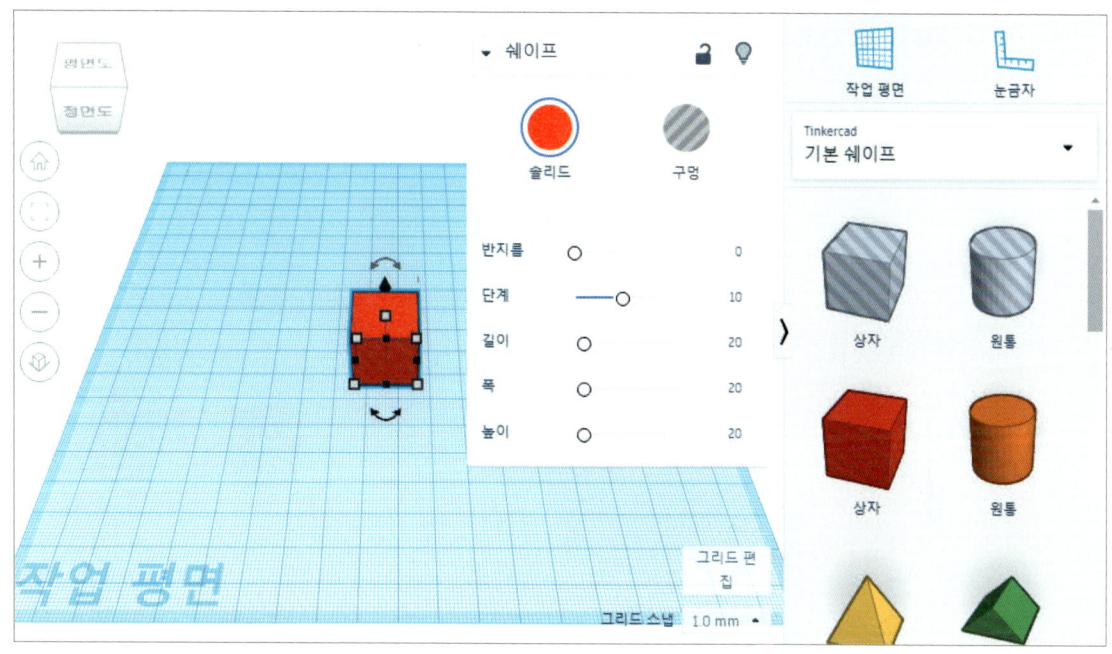

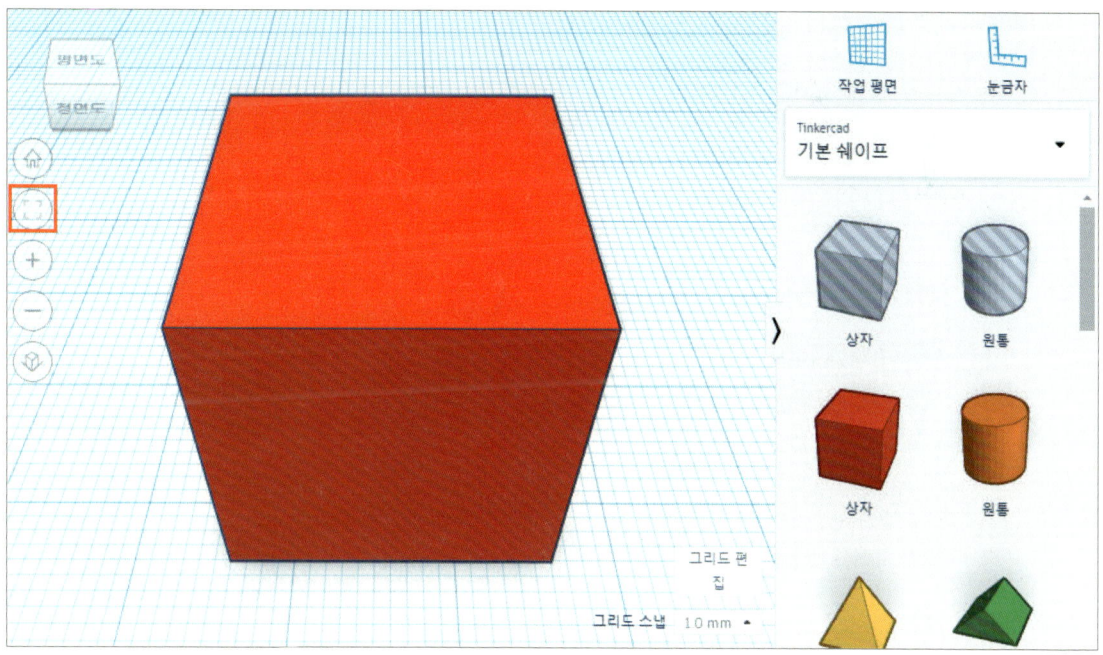

다음에 상자의 윗 면에 작업 평면을 끌어다가 올려 놓으면 해당 면에 표시가 되고 상자 윗면에 작업을 할 수 있는 준비가 되었습니다. 먼저 [문자] 패널에서 숫자 [1]을 가져가가 윗 면에 올려놓습니다.

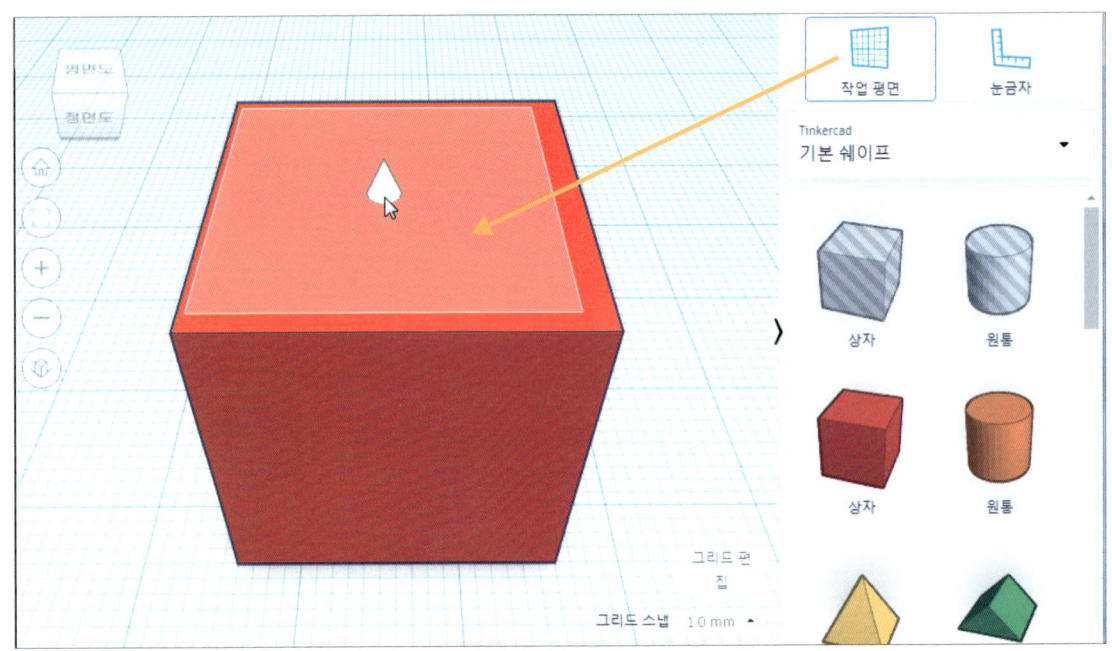

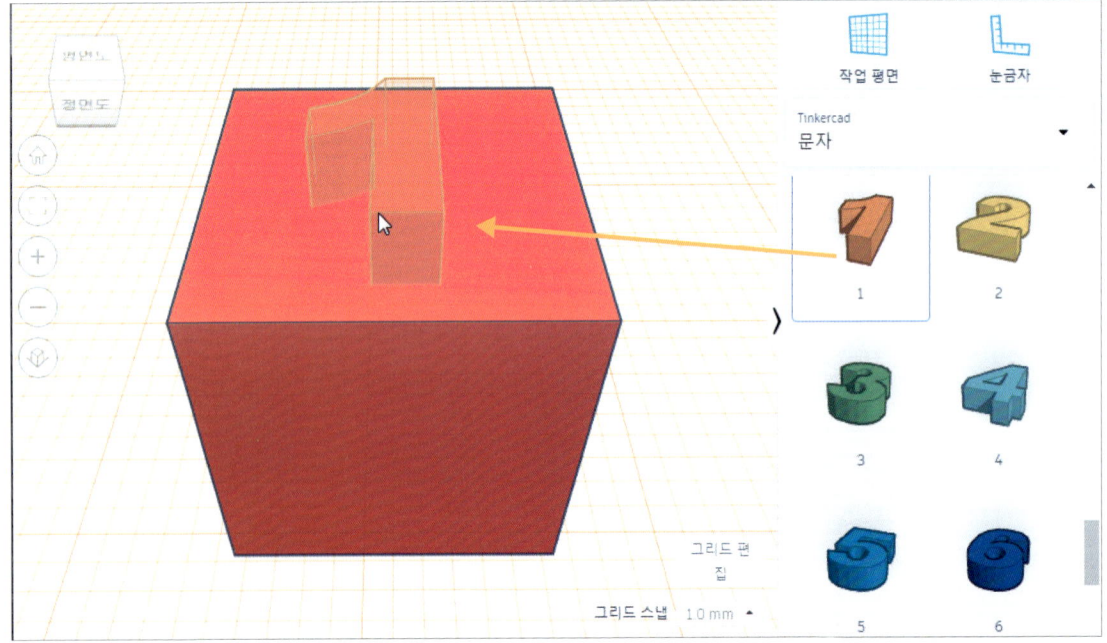

이런 방식으로 마우스 우측 버튼을 활용하여 방향을 전환해 가며 각 면에 작업 평면을 가져다 놓고 나머지 숫자들도 붙여 놓습니다. 단축키 [W]를 누르고 작업 평면의 바닥면을 클릭하면 작업 평면이 원래대로 돌아옵니다.

이렇게 작업 평면(Work plane)을 잘 활용하면 도형에 숫자나 문자같은 것을 손쉽게 붙일 수가 있습니다.

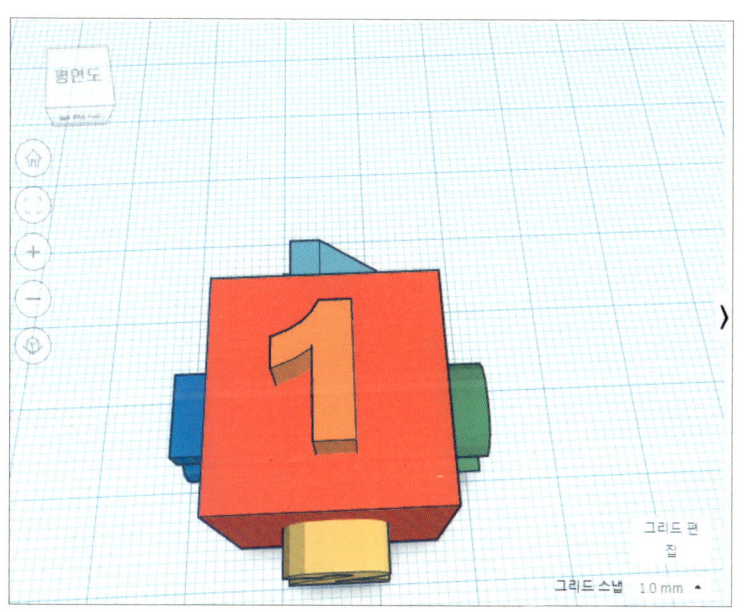

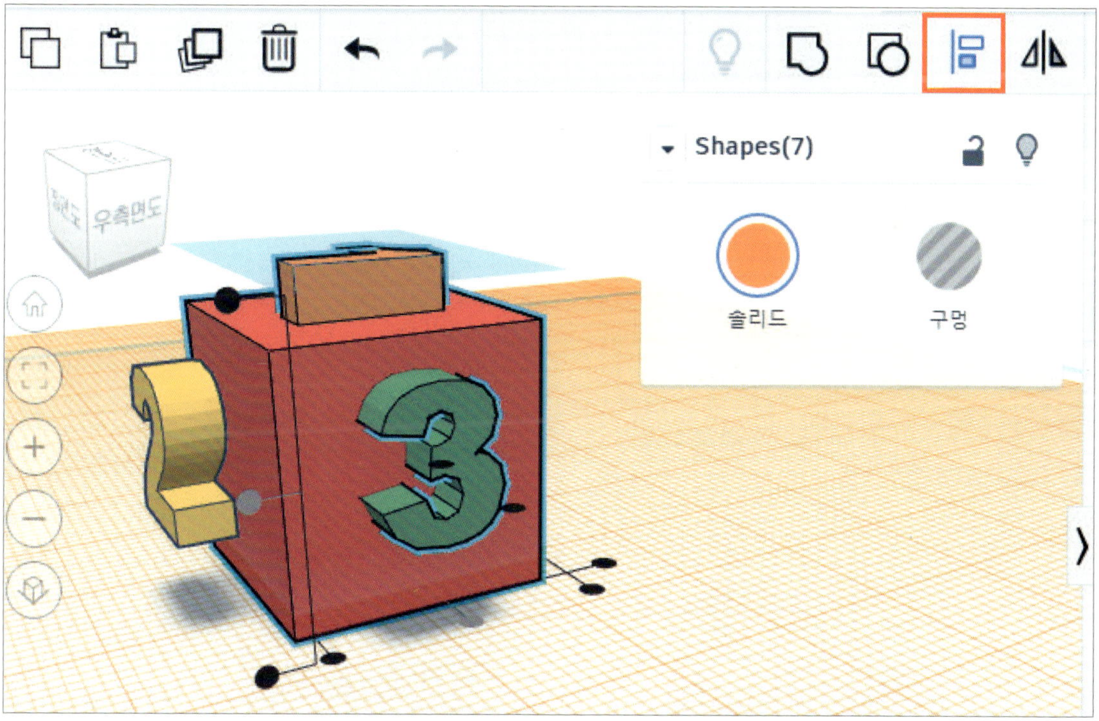

그리고, 붙여넣은 숫자들은 [정렬] 기능을 통해 보기 좋게 정렬시킬 수가 있습니다. 이렇게 글자를 붙여서 돌출시키거나 주사위처럼 상자 안으로 글씨가 패이게도 할 수 있습니다.

SECTION 05 쉐이프 회전하기

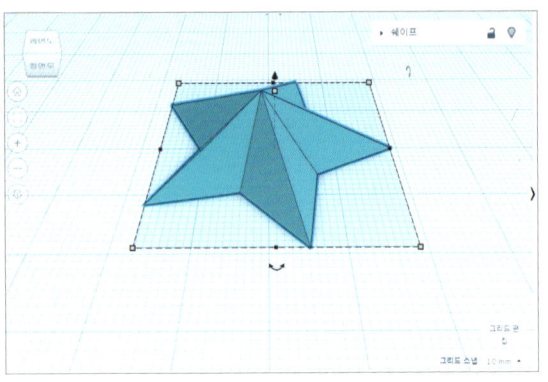 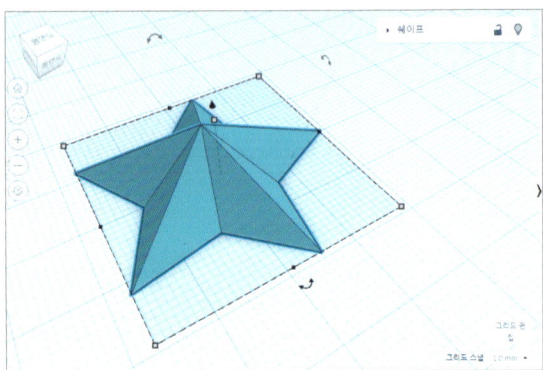

　가져온 도형을 선택하면 도형의 모서리 부분에 회전방향이 표시된 화살표가 나타나는데 X, Y, Z 방향으로 각각 회전할 수 있는 화살표가 3개가 보일 수 있도록 마우스 우측버튼을 눌러 작업 평면에 있는 도형의 입체 형상이 잘 나타나도록 움직여주면 위의 그림과 같이 3개의 화살표가 전부 나타날 것입니다.

　기본적으로 도형을 가져온 상태에서 집 모양의 홈뷰 아이콘을 누르면 위 아래에 두 개의 화살표만 보입니다.

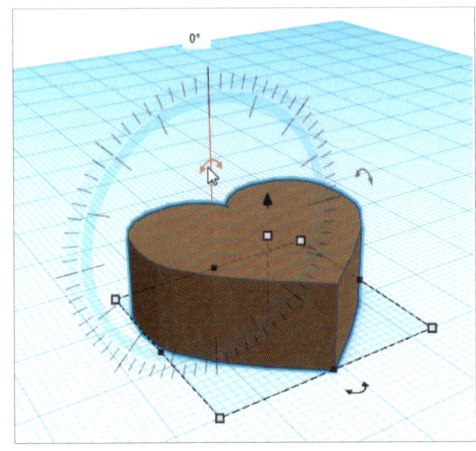 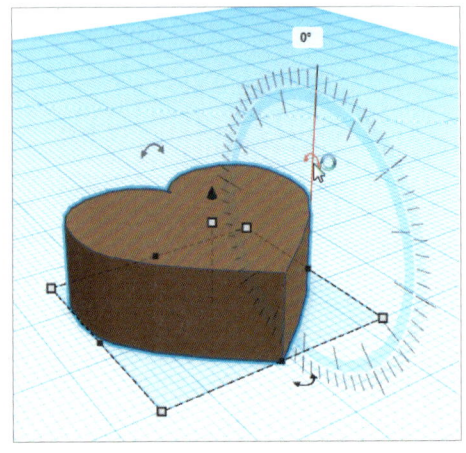

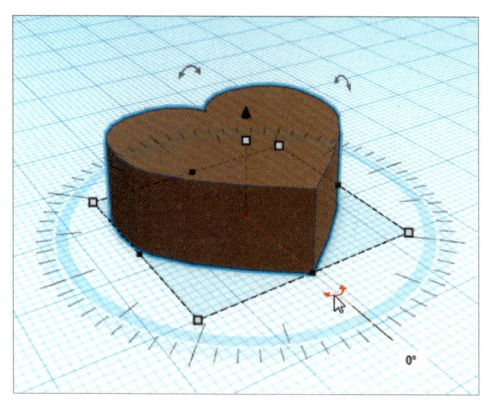

❶ 마우스를 사용하여 회전하기

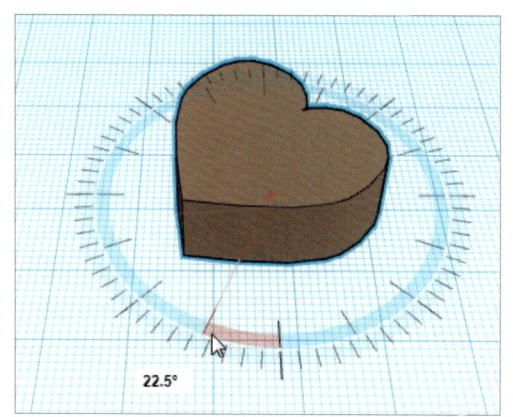
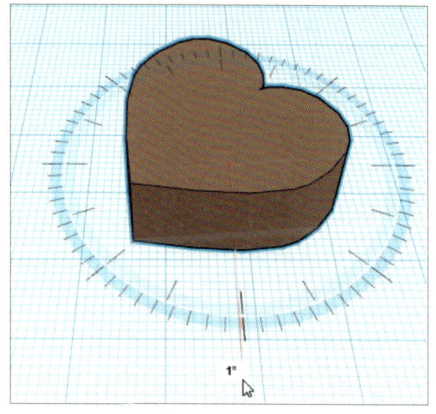

먼저 도형을 선택하고 회전시킬 방향을 정한 후 화살표를 클릭하면 도형 주위에 눈금이 360°로 나타납니다. 이 때 마우스를 움직이면 한번에 22.5°씩 정해진 각도로 회전합니다. 마우스의 커서가 눈금과 가깝게 위치한 상태에서는 22.5°씩 회전하지만 눈금 밖에서 회전시키면 1°씩 더 정밀한 단위로 회전시킬 수 있습니다.

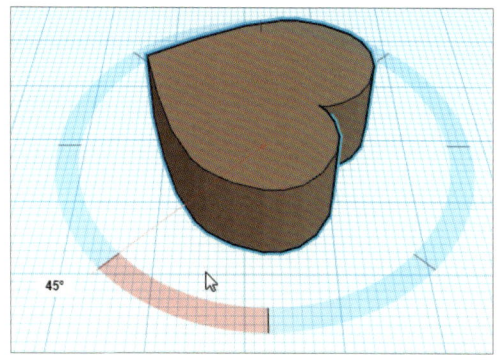

또한 키보드의 [Shift]키를 누른 상태에서 시계방향이나 반시계방향으로 회전시키면 45° 단위로도 회전시킬 수 있습니다.

❷ 각도 치수로 회전하기

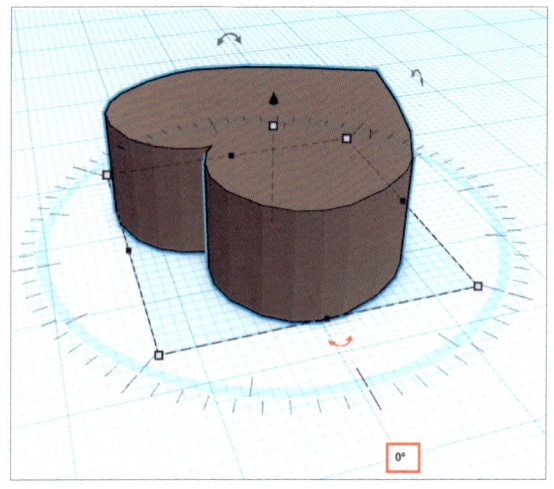

먼저 도형을 선택한 후 X, Y, Z축의 회전 화살표 중 회전시키고 싶은 방향의 화살표를 클릭합니다.

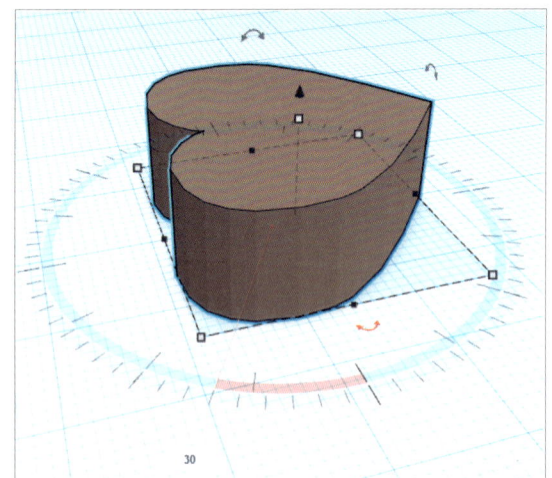 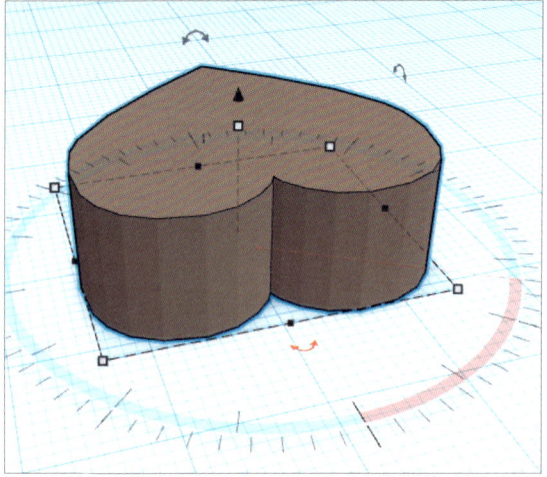

각도 치수를 선택하고 회전시키고 싶은 각도 수치를 입력합니다. 30의 양수를 입력하면 시계방향으로 30°만큼 회전합니다. 반대로 시계 반대방향으로 회전시키고 싶으면 음수로 입력해주면 되는데 여기서는 -60을 입력하여 시계 반대방향으로 60° 회전시킨 것입니다.

SECTION 06 눈금자 사용하기

❶ 우측 메뉴에서 [눈금자]를 선택합니다.

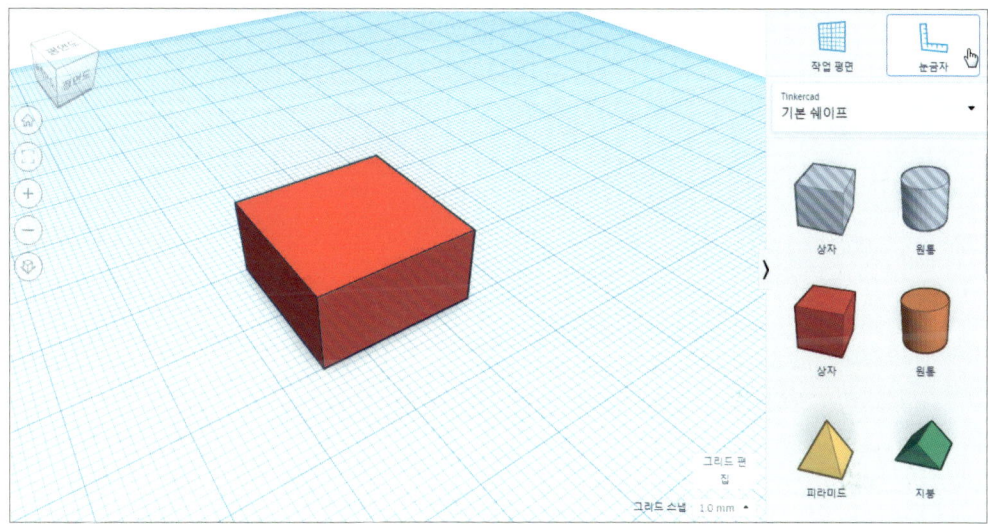

❷ 눈금자를 작업 평면으로 드래그하면 빨간 색 도넛이 표시됩니다. 이 빨간 색 도넛을 도형의 주변에 위치시킨 후 클릭합니다.

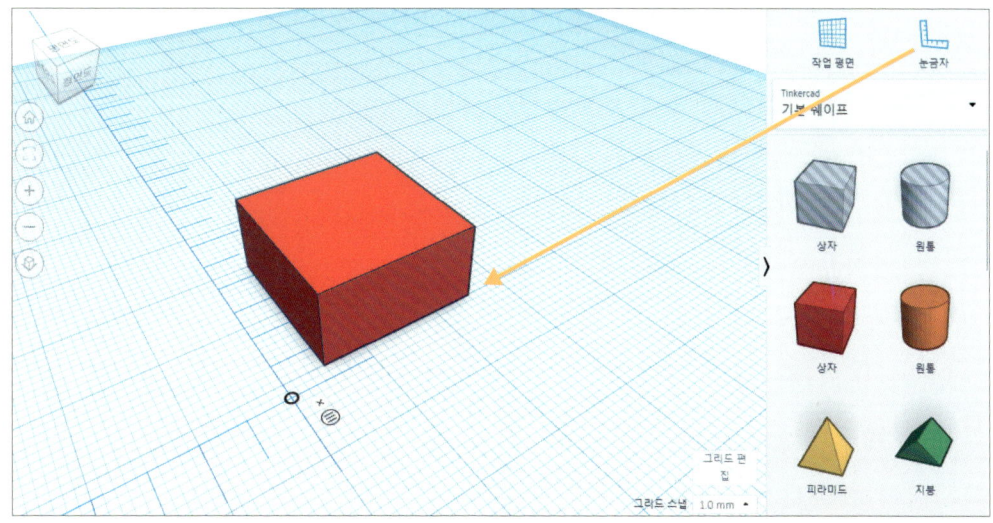

❸ 눈금자를 작업 평면에 가져다 놓고 도형을 선택하면 도형의 치수나 간격이 화면 상에 표시됩니다.

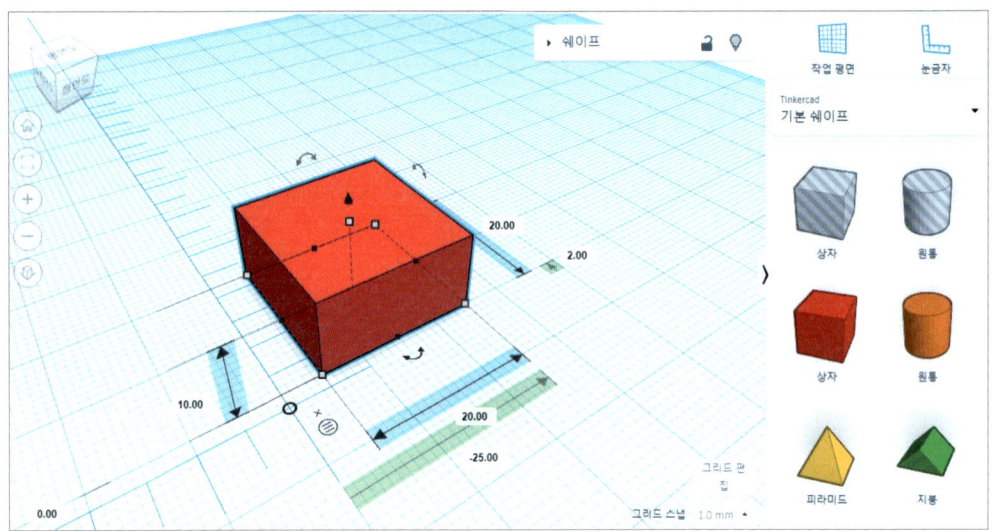

❹ 또한 도형의 치수나 눈금자와의 간격의 수치를 클릭하여 직접 입력할 수도 있습니다.

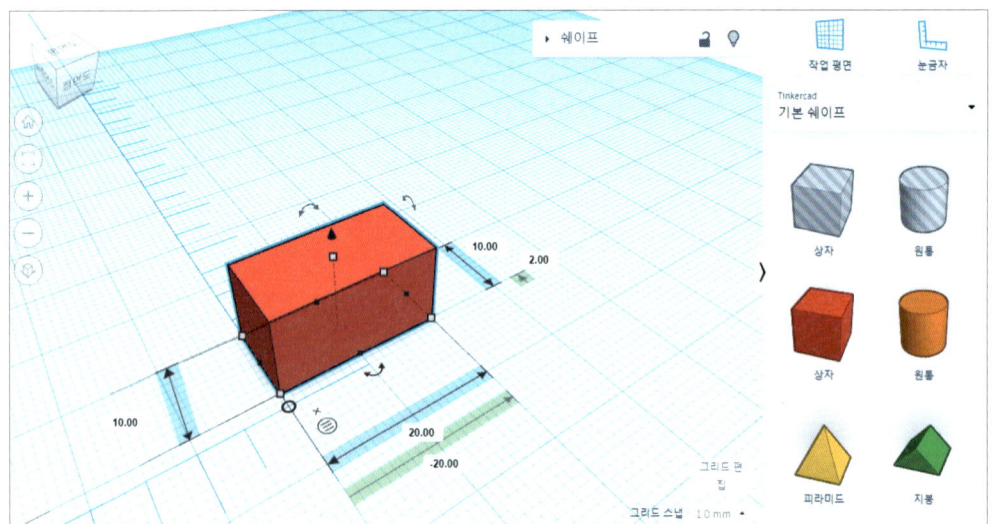

SECTION 07 팅커캐드 부가 지원 기능

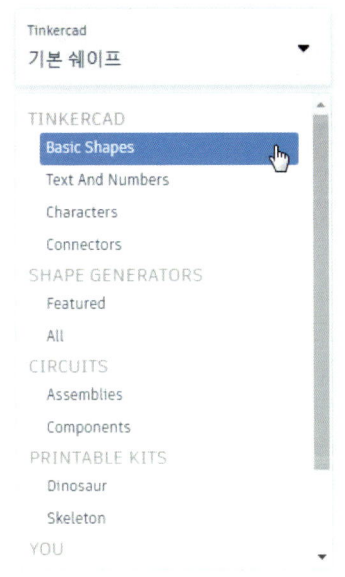

[기본 쉐이프] 우측의 화살표를 클릭하면 기본 쉐이프 외에도 문자, 기호, 커넥터, Circuit Assemblies 등이 지원되는데 계속적인 업그레이드가 이루어지며 보다 다양한 기능들이 추가될 것 같습니다.

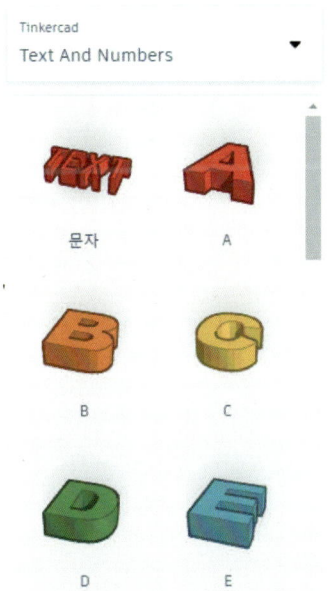

[문자]는 알파벳과 아라비아 숫자 이외에도 직접 키보드를 이용하여 입력할 수 있습니다.

[기호]는 @, &, !, ? 등과 같은 특수 문자가 지원됩니다.

[커넥터]는 연결된 도형들이 지원됩니다.

▲ Circuit Assemblies

SECTION 08 팅커캐드 모델링 순서의 이해

❶ 기본 쉐이프에서 도형을 가져와 크기 수정 및 위치 이동을 합니다.

❷ 도형의 속성을 구멍으로 변경합니다.

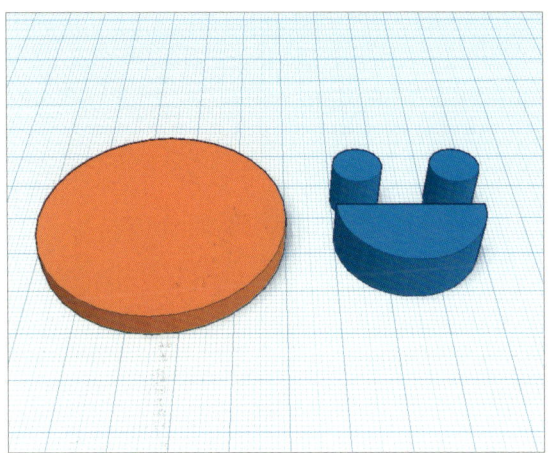
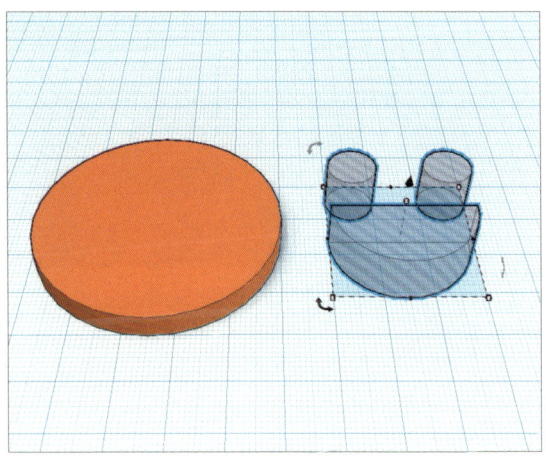

❸ 원하는 위치로 이동하여 합치기(그룹) 합니다.

❹ 모델링 완성

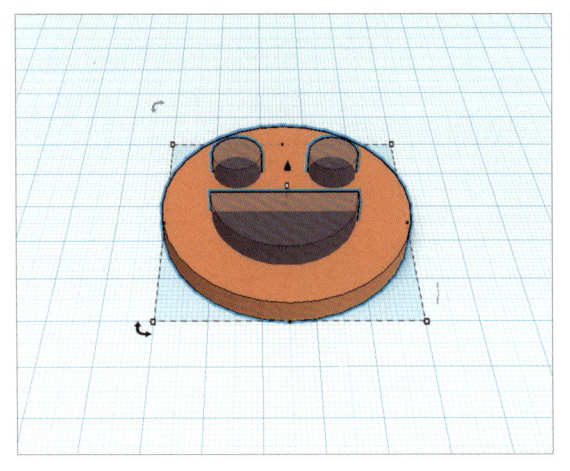

SECTION 09 가져오기

　상단 우측 메뉴의 [가져오기] 버튼을 누르면 쉐이프 가져오기 창이 나타나는데 파일을 선택하여 불러올 수 있습니다. 현재 팅커캐드는 stl, obj, svg 파일 형식을 지원하며 파일을 불러 올 수 있는 최대 크기는 25MB입니다.

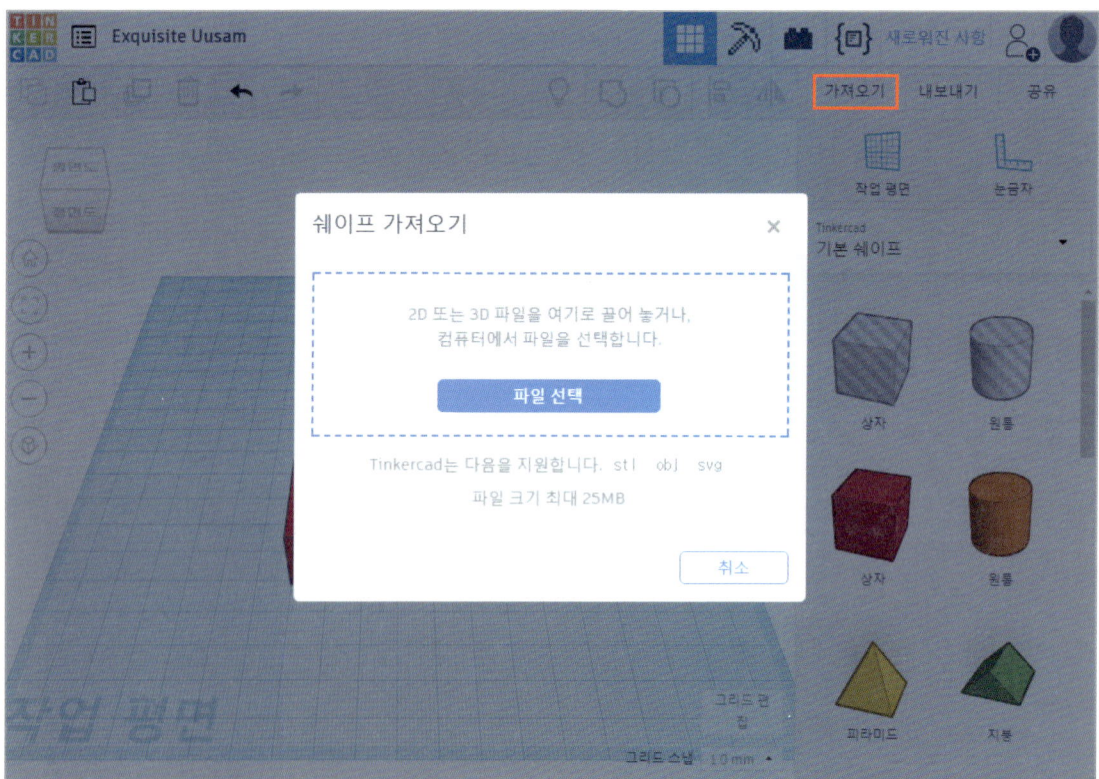

SECTION 10 내보내기

상단 우측 메뉴의 [내보내기] 버튼을 누르면 내 디자인에 있는 모든 것을 3dFormats(obj, stl) 파일 형식이나, 2dFormats(svg) 파일 형식으로 다운로드 받을 수 있으며 3dprint는 현재 MakerBot 3D 프린터가 기본값으로 설정되어 있습니다.

다운로드한 stl이나 obj 형식의 파일을 3D 프린터에서 지원하는 슬라이스 프로그램에서 열고 설정한 후 3D 프린터로 출력을 진행하면 됩니다.

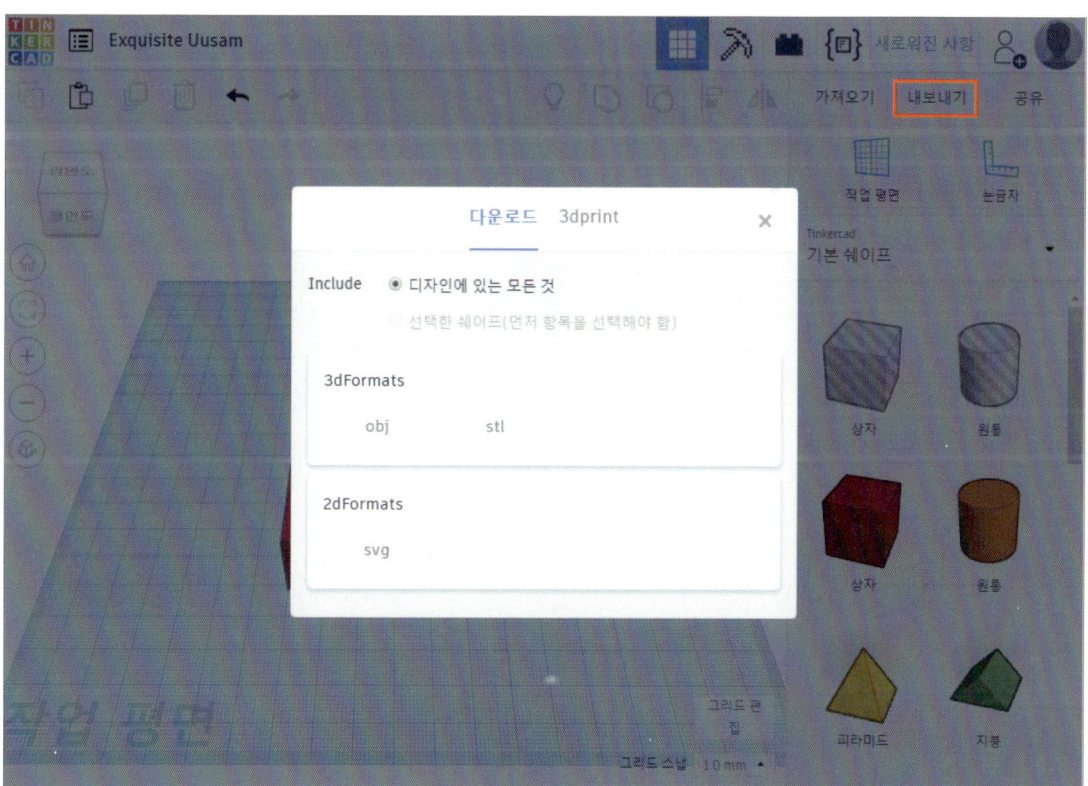

SECTION 11 쉐이프 제어하기

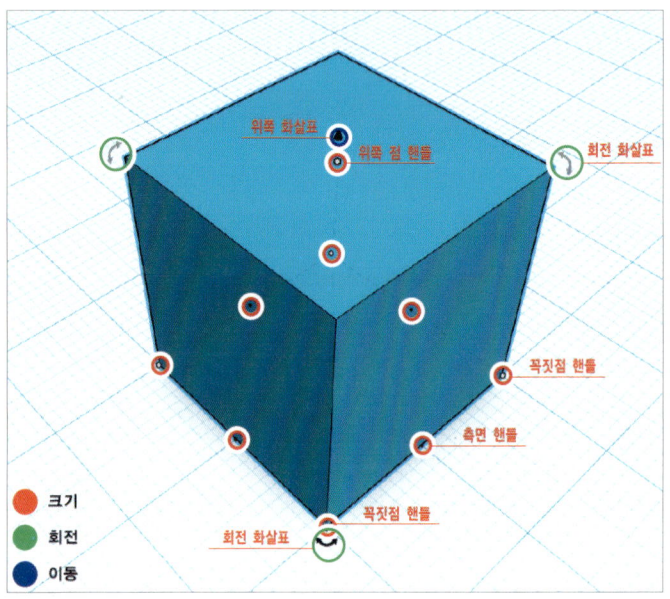

가져 온 쉐이프를 제어하는 방법으로 핸들을 사용합니다. 쉐이프를 선택하면 확인할 수 있으며, 측면, 화살표, 회전 화살표들을 마우스로 선택하여 위치 이동, 크기 변경, 도형 회전 등의 작업을 손쉽게 할 수 있어 직관적인 모델링이 가능합니다.

SECTION 12 기본 쉐이프 수정하기

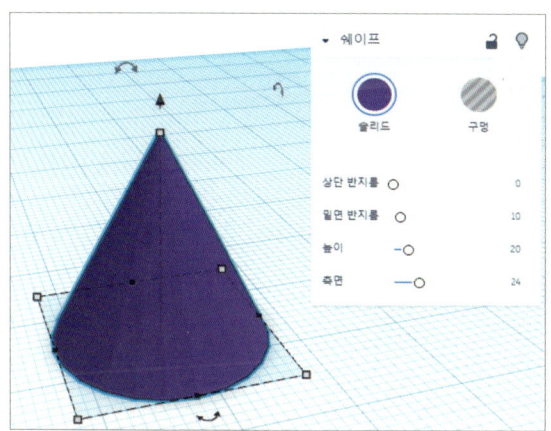
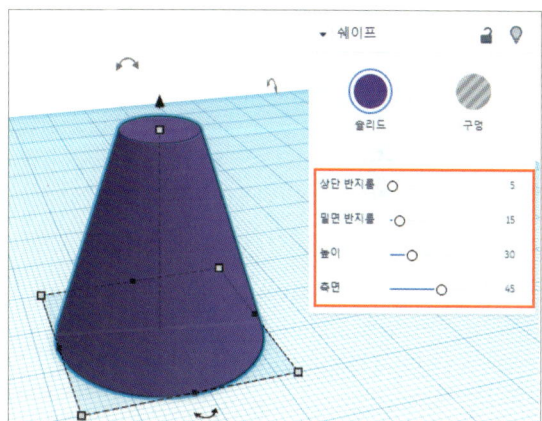

기본 쉐이프에서 원추 도형을 선택하여 작업 평면으로 가져와 클릭하면 [쉐이프]의 작업 메뉴가 나타납니다. 기본 도형을 수정할 수 있는 창으로 쉐이프의 각 요소의 둥근 바를 움직이면 도형의 수치가 변하면서 모양이 자동으로 변하는 것을 알 수 있습니다. 마우스를 이용해도 되지만 키보드 상에서 정확한 수치를 입력해 주어도 됩니다.

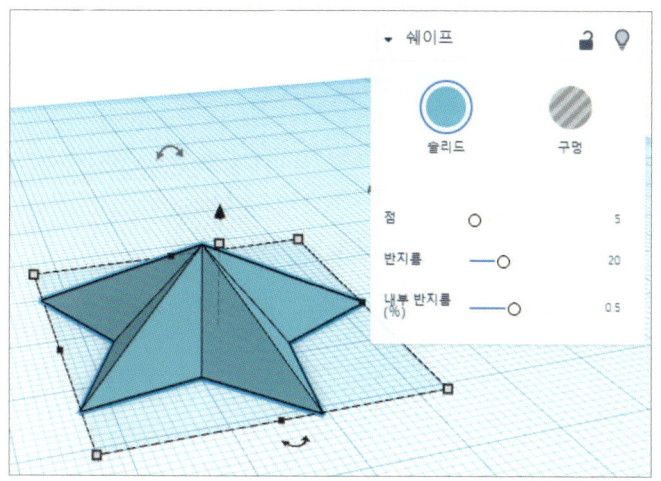
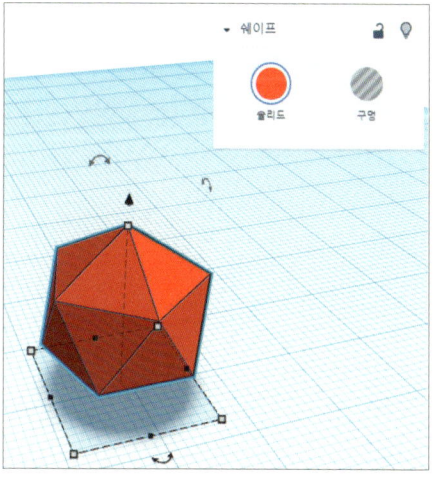

팅커캐드에서 제공되는 여러 가지 기본 도형에 따라 수정이 가능한 변수가 서로 다르므로 제공되는 기본 도형을 가져와 수정해 보기 바랍니다.

SECTION 13 쉐이프 복사하고 붙여넣기

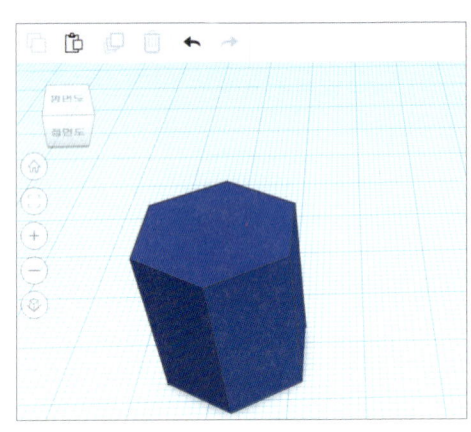

① 복사할 도형을 선택한 후 키보드에서 단축키로 [Ctrl+C], [Ctrl+V]를 누르거나 작업 메뉴의 좌측에 있는 복사, 붙여넣기 버튼을 클릭해도 됩니다.

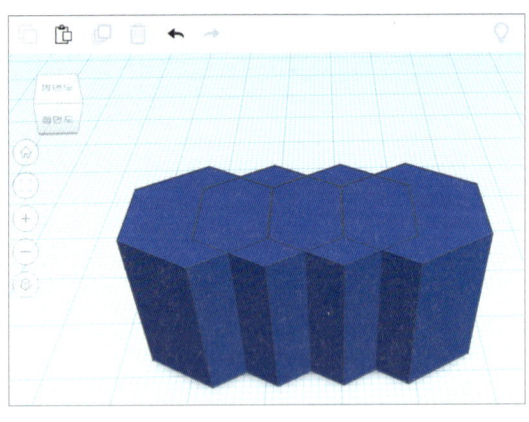

② 도형을 선택하고 [Ctrl+V]를 누르면 누른 수만큼 동일한 도형이 반복적으로 복사가 됩니다.

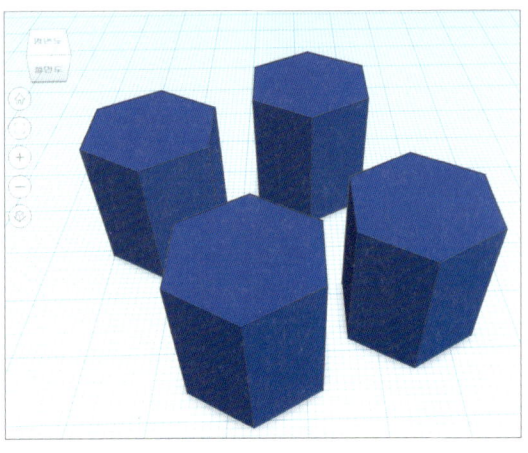

③ 복사하여 붙여넣기 한 도형들은 서로 붙어 있지 않기 때문에 각각의 도형을 선택하여 자유롭게 이동 및 수정 작업을 할 수 있습니다.

SECTION 14 나무 젓가락 모델링하기

쉐이프를 가져와 간단하게 치수를 수정하여 복사하고 붙여넣기하여 젓가락을 만들어 보겠습니다.

❶ 마이 페이지에서 [새 디자인 작성]을 클릭하고 작업 화면으로 이동합니다.

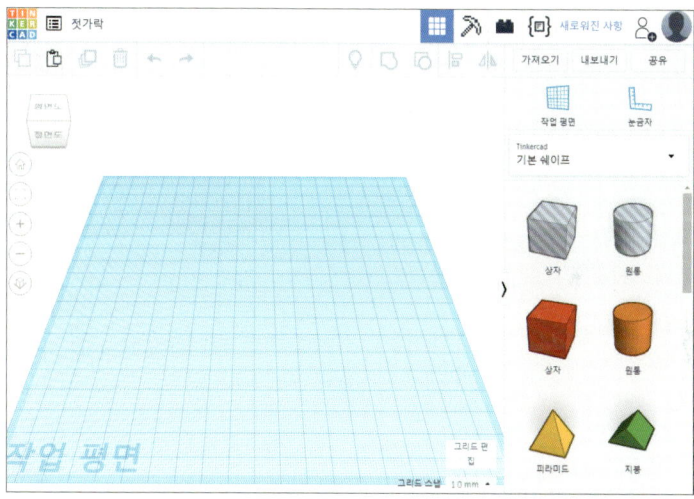

❷ 기본 쉐이프에서 상자를 선택하여 작업 평면 위로 드래그하여 가져옵니다.

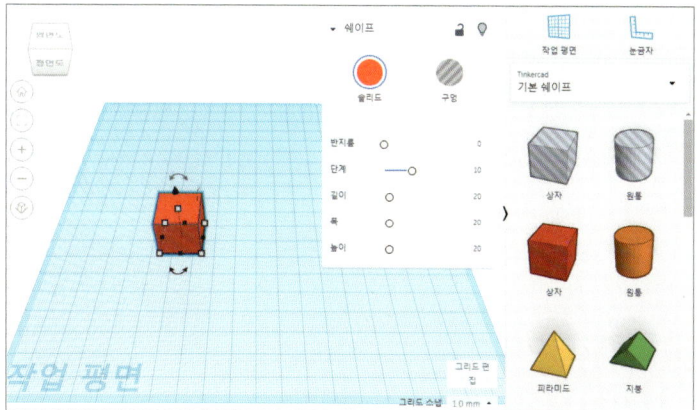

❸ 박스를 선택하고 꼭지점 핸들을 화살표 방향으로 드래그하여 가로 및 세로의 크기를 각각 4.00mm로 크기를 줄여줍니다. 이 때 키보드의 [Shift]+[Alt]를 누른 상태에서 마우스 왼쪽 버튼을 눌러 꼭지점 핸들을 조정하면 가로 및 세로의 크기가 동일한 비율로 줄어듭니다.

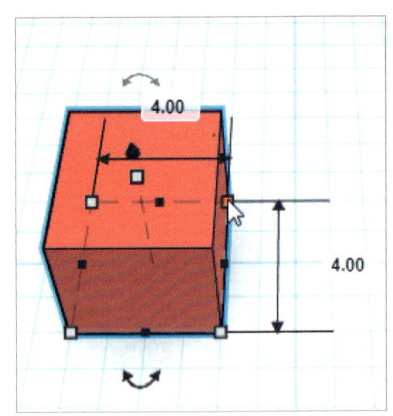

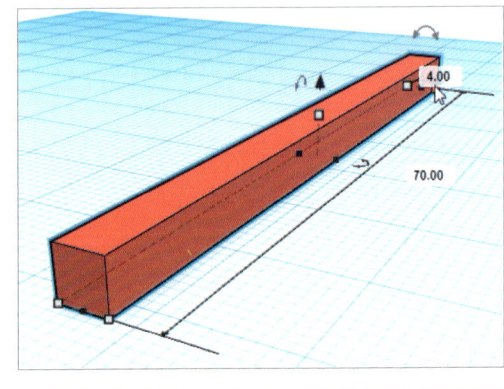

❹ 다시 박스를 선택한 후 이번에는 측면 핸들을 드래그하여 길이를 70.00mm로 늘려줍니다.

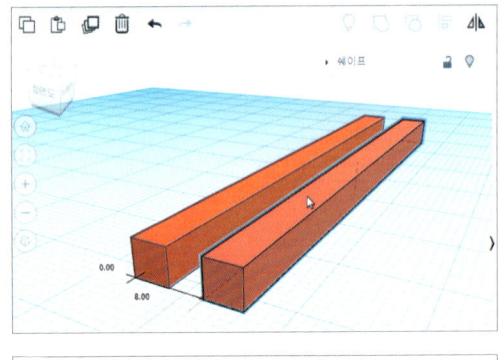

❺ 연장된 긴 박스를 선택하고 [Alt]키를 누른 상태에서 화살표 방향으로 드래그하여 8.00mm를 이동 복사합니다. 이 때 좌측 상단 메뉴에서 복사하기를 선택 후 붙여넣기 해도 같은 작업을 할 수 있습니다.

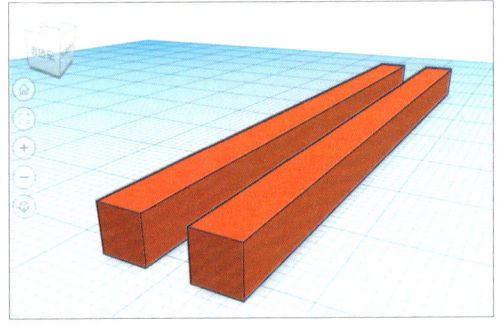

❻ 간단한 나무 젓가락 모델링이 완성되었습니다.

SECTION 15 쉐이프 합치기와 그룹 해제

❶ 서로 떨어져 있거나 또는 붙어 있는 각각의 도형들을 하나의 덩어리로 합치는 작업을 팅커캐드에서는 [그룹 만들기]라고 합니다. 그룹을 만들기 위해서는 마우스로 도형 전체를 드래그하거나 키보드에서 [Shift] 키를 누른 상태에서 그룹 만들기를 할 도형들을 각각 선택해 주어야 합니다.

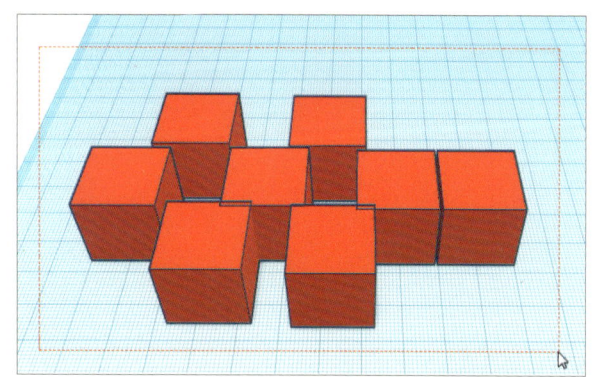

❷ 그룹화할 도형들을 선택한 후 상단 메뉴의 [그룹 만들기, Ctrl+G] 버튼에 마우스 커서를 갖다 대면 버튼이 진한 색으로 변하면서 클릭하면 선택한 도형들이 그룹화 됩니다.

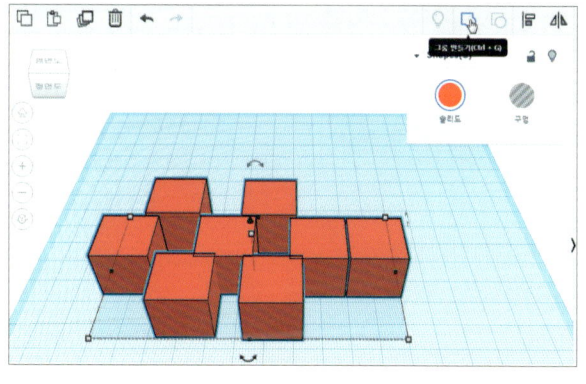

❸ 그룹화시킨 도형들은 이제 서로 떨어지지 않고 이동시에도 전체가 하나의 덩어리로 합쳐져 함께 이동하는 것을 알 수 있습니다. 그룹으로 합쳐진 도형들은 상단 메뉴의 [그룹 해제, Ctrl+Shift+G]버튼을 눌러주면 다시 해제가 되어 각각 움직일 수 있습니다.

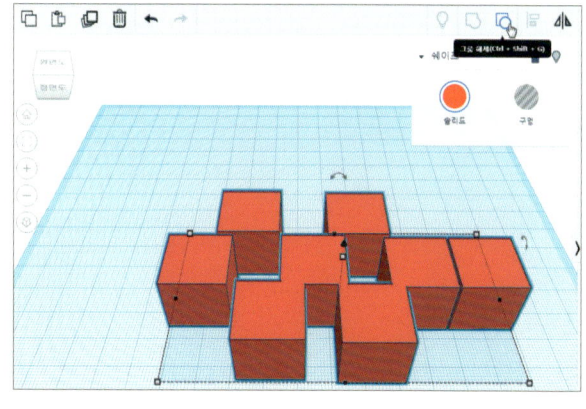

❹ 모양이 서로 다르고 붙어 있지 않은 도형들도 전체 선택을 하여 [그룹 만들기]하면 하나의 덩어리로 만들 수 있습니다.
마찬가지로 마우스로 드래그하여 그룹화시킬 도형들을 선택하고 [그룹 만들기]를 클릭하면 하나의 덩어리가 되어 이동시에 전부 함께 움직이는데 이 때 한 덩어리가 되었다는 의미로 동일한 색상으로 변합니다.

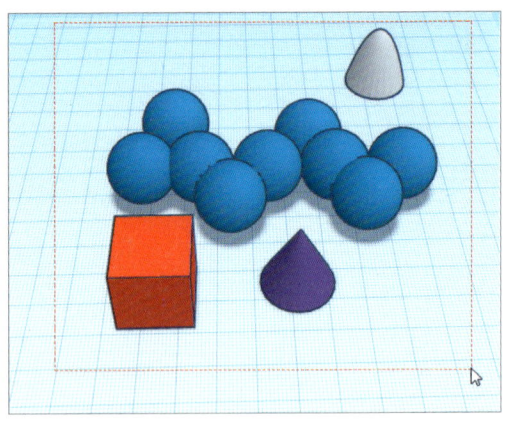

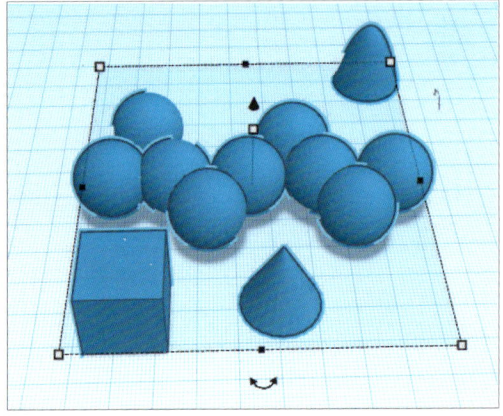

SECTION 16 레고 블록 모델링하기

이번에는 [그룹 만들기] 명령을 이용하여 간단한 레고 블록을 하나 만들어 보겠습니다.

① 먼저 기본 쉐이프에서 상자와 원통 도형을 드래그하여 작업 평면으로 가져옵니다.

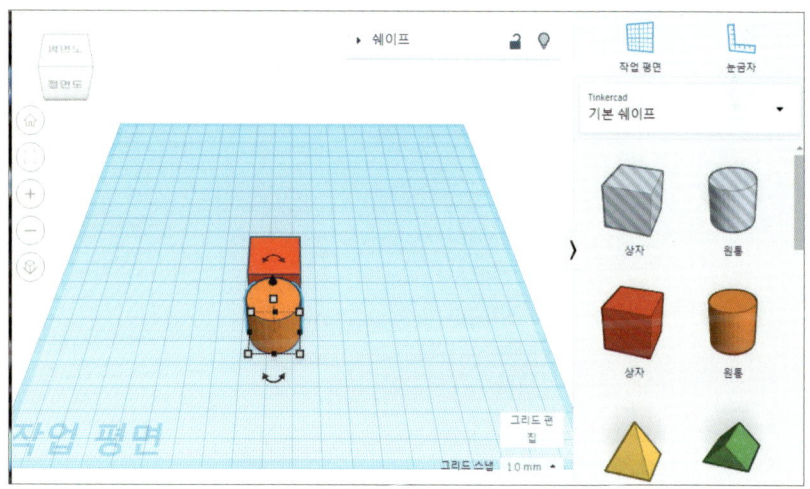

② 모델링 작업하기 좋게 마우스의 스크롤을 앞으로 굴려 화면 시점을 확대하거나, 뷰 박스 아래의 [선택 항목에 보기 맞춤]을 클릭합니다. 이 기능의 단축키는 [F]입니다.

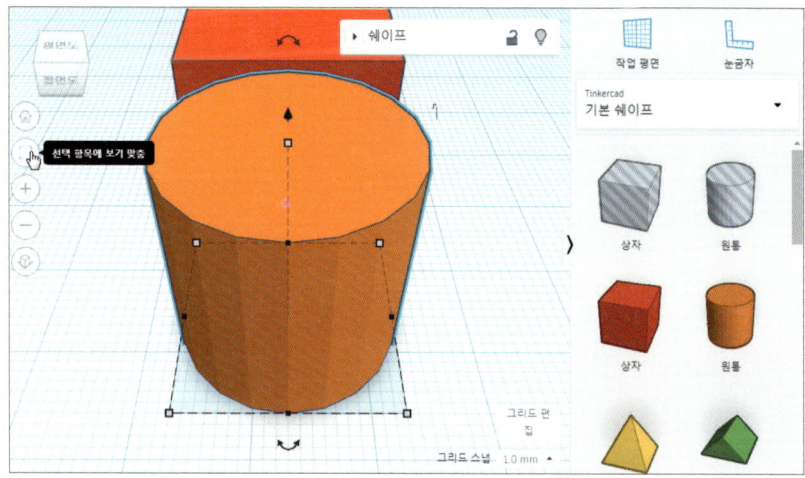

❸ 다음은 원통을 선택하고 모서리 핸들을 [Shift]키를 누른 채로 화살표 방향으로 드래그하여 지름의 크기를 8.00mm로 줄여 줍니다.

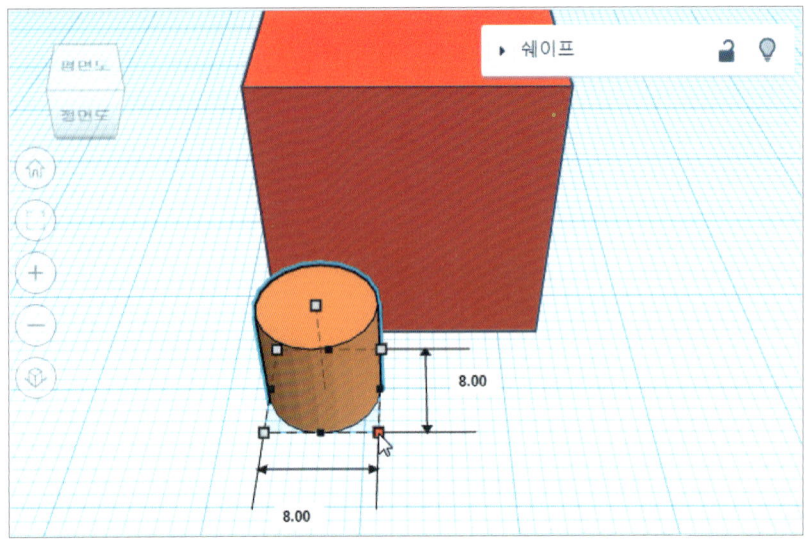

❹ 다시 원통을 선택하고 [Alt]키를 누른 채로 우측 방향으로 10.00mm 드래그하여 복사합니다.

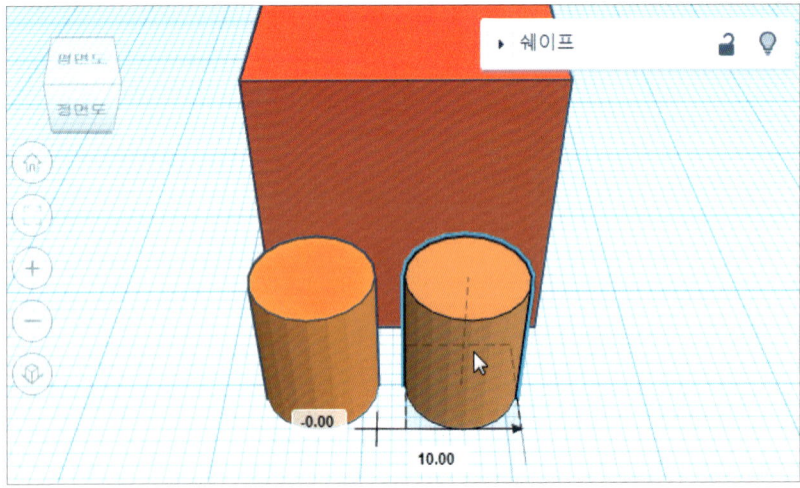

❺ [Shift]키를 누르고 두 개의 원통을 선택한 후 [Alt]키를 누른 채 앞으로 10.00mm 복사해 둡니다.

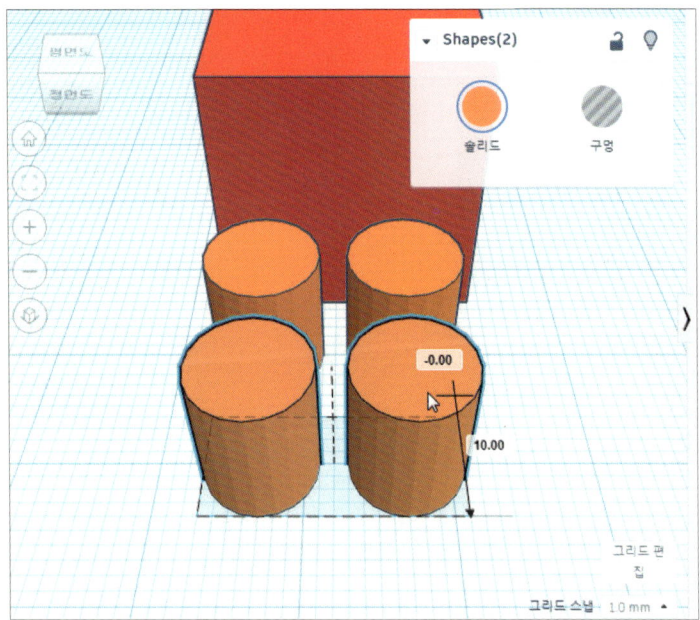

❻ 이번에는 마우스로 드래그하여 4개의 원통을 선택하거나, [Shift]키를 눌러 원통들을 선택하고 나서 상단 메뉴에서 [그룹 만들기]를 클릭합니다.

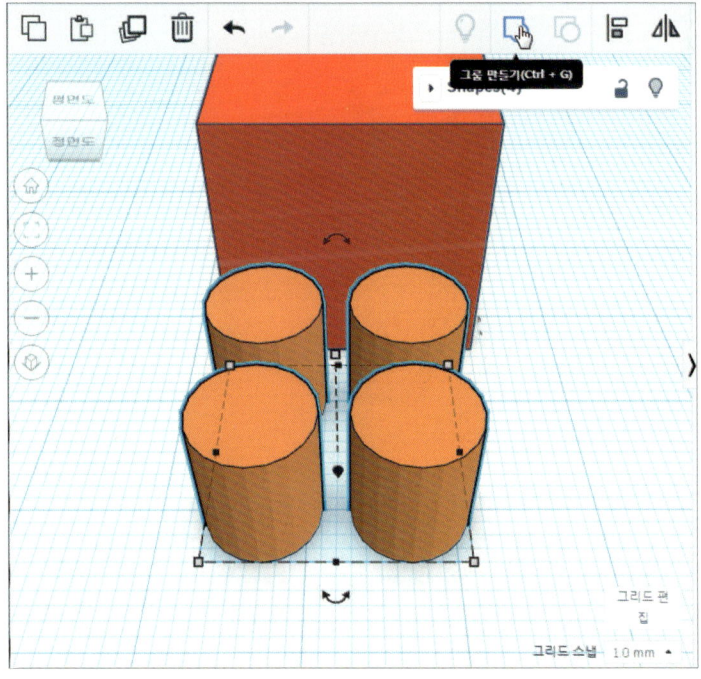

❼ 하나의 그룹으로 만들어진 원통들을 위쪽 중앙 화살표를 드래그하여 14.00mm 이동시킵니다.

❽ 원통을 선택하여 상자 위로 이동시킵니다.

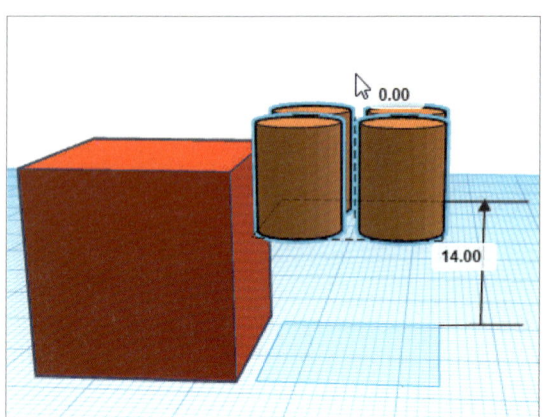
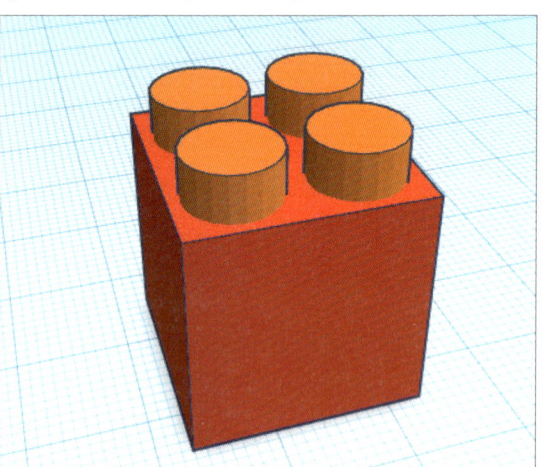

❾ 마우스를 드래그하여 상자와 원통을 전부 선택한 후 [그룹 만들기]를 클릭합니다.

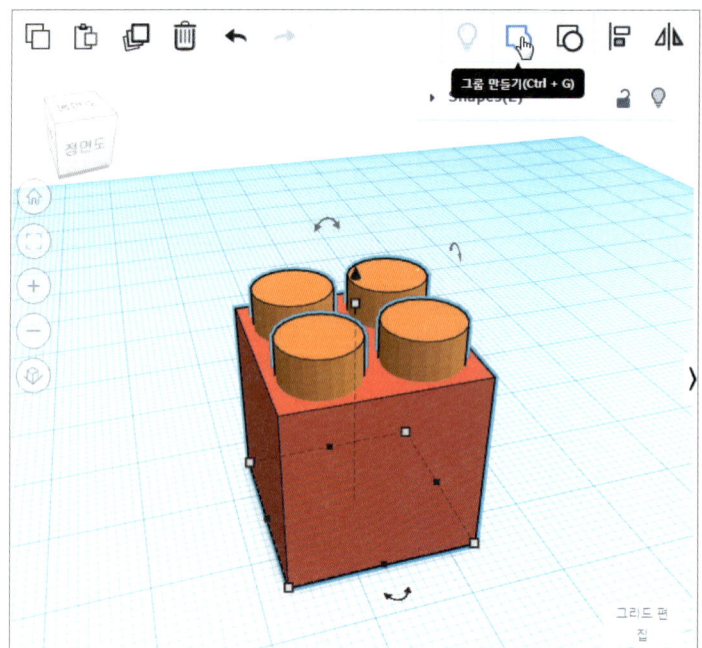

❿ 그러면, 하나의 그룹이 되었다는 표시로 원통의 색상이 변하면서 레고 블록이 완성되었습니다.

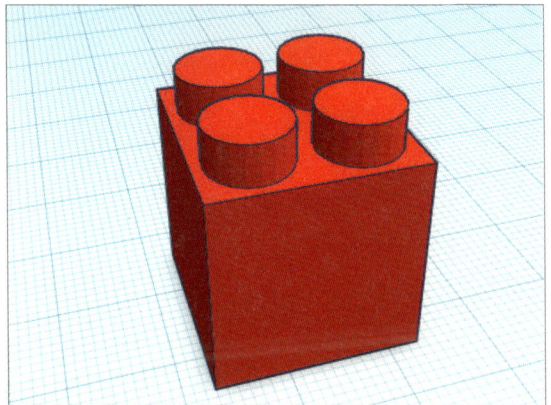

SECTION 17 쉐이프 색상 변경하기

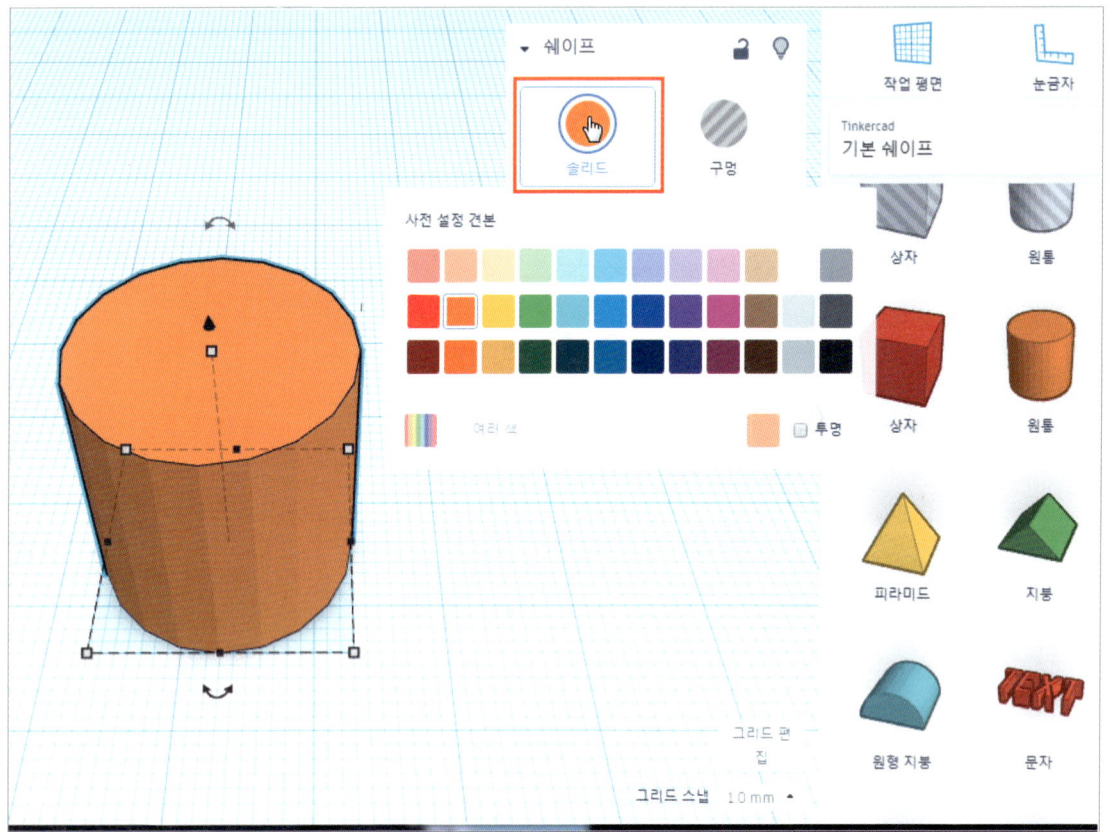

　기본 쉐이프에 있는 도형들은 기본 설정값으로 색상들이 정해져 있지만 다양한 색상으로 변경이 가능합니다. 도형을 가져오거나 혹은 작업 중 도형을 선택하면 [쉐이프] 메뉴가 활성화 되는데 이 때 [솔리드] 메뉴를 누르면 여러 가지 색상표가 나타납니다.

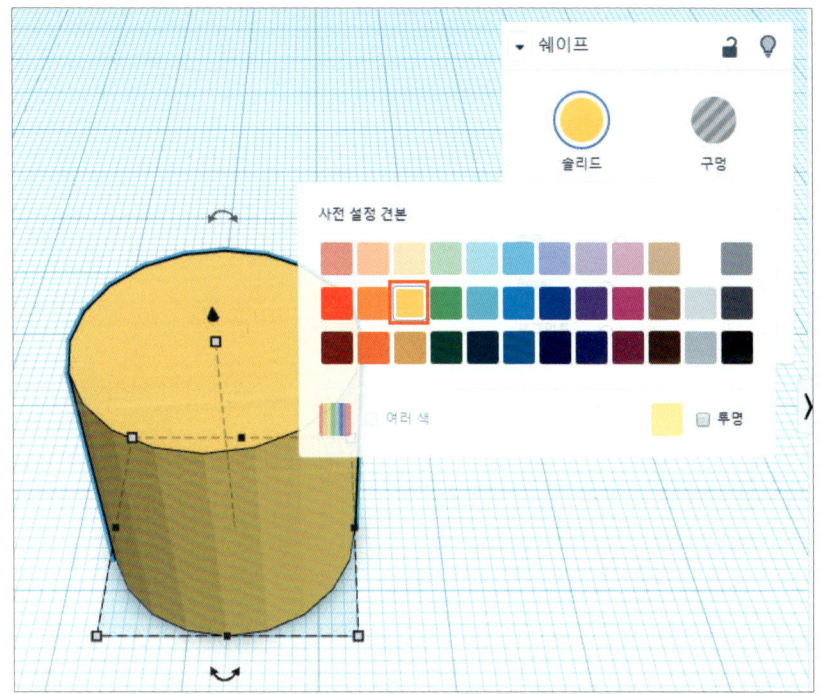

색상표에서 변경하고 싶은 색상을 선택하면 도형의 색상이 바로 변경됩니다. 여러 가지 색상별로 불러온 도형을 그룹화 시킨 후 색상을 선택하면 모든 도형이 하나의 색상으로 통일됩니다.

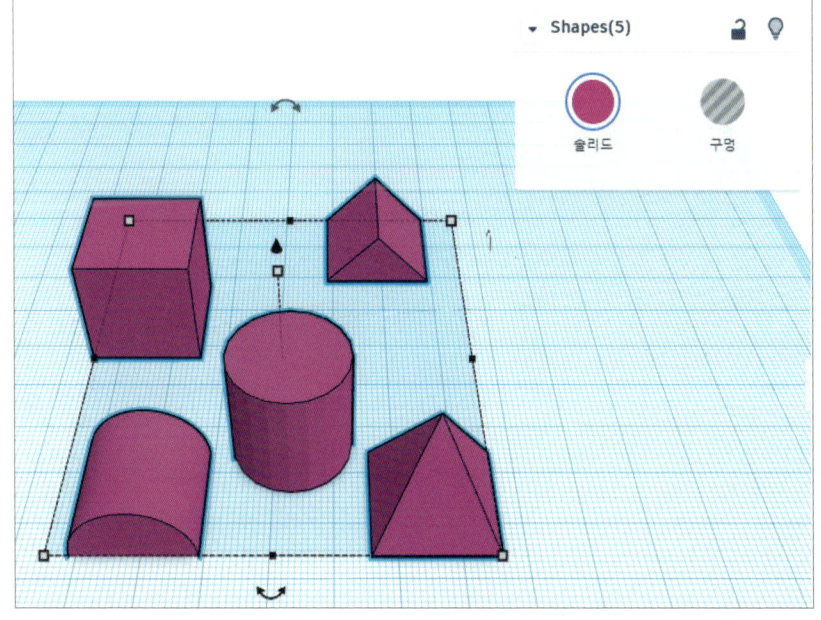

SECTION 18 팅커캐드 검색창 활용하기

 화면 좌측 상단의 TINKERCAD 로고를 클릭하면 메인 페이지로 이동합니다. 여기서 우측 상단의 검색창에 찾고자 하는 디자인이나 모델의 이름을 입력 후 검색을 해보시기 바랍니다. 전 세계의 많은 메이커들이 공유한 작품들을 찾아 보면 의외로 놀라운 작품들이 많이 검색이 됩니다.

저는 [ROBOT]이라는 검색어로 검색해 보았습니다. 먼저 맨 위에는 ROBOT이라는 단어가 들어간 아이디를 가진 사용자들이 나열됩니다.

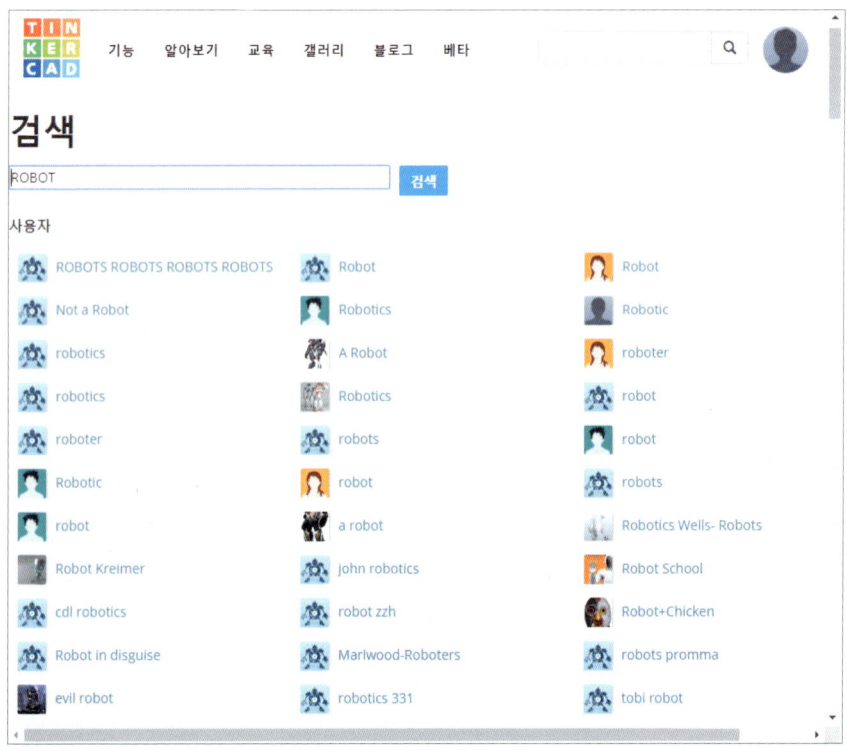

우측의 스크롤 바를 내리면 사용자들이 공유한 로봇 디자인들을 확인할 수 있습니다. 이 중에 마음에 드는 디자인을 선택하여 클릭합니다.

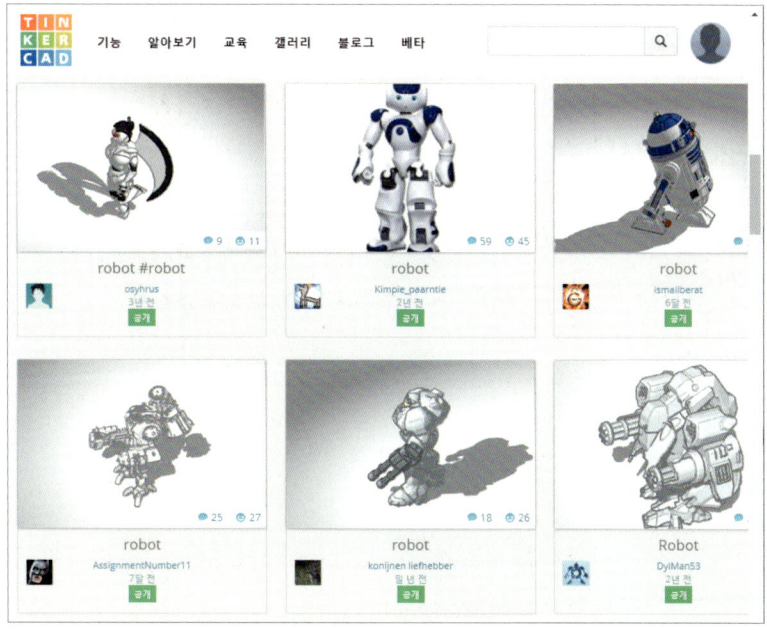

미리보기로 보여지는 디자인은 3D 보기로 입체적으로 볼 수 있어 상당히 편리합니다. 만약 3D 프린터가 있다면 적당한 모델을 다운로드하여 출력할 수 있으며 Minecraft용으로도 다운로드 가능합니다.

SECTION 19 구멍 쉐이프와 그룹을 이용한 특정 모양 뚫기

기본 쉐이프의 상단에는 사각형이나 원통 형태의 구멍을 만들 수 있는 기본 구멍 도형으로 [상자]와 [원통]이 지원되는데 구멍 도형과 그룹 만들기를 이용하여 작성한 도형에서 특정한 모양으로 뚫는 방법을 알아보겠습니다.

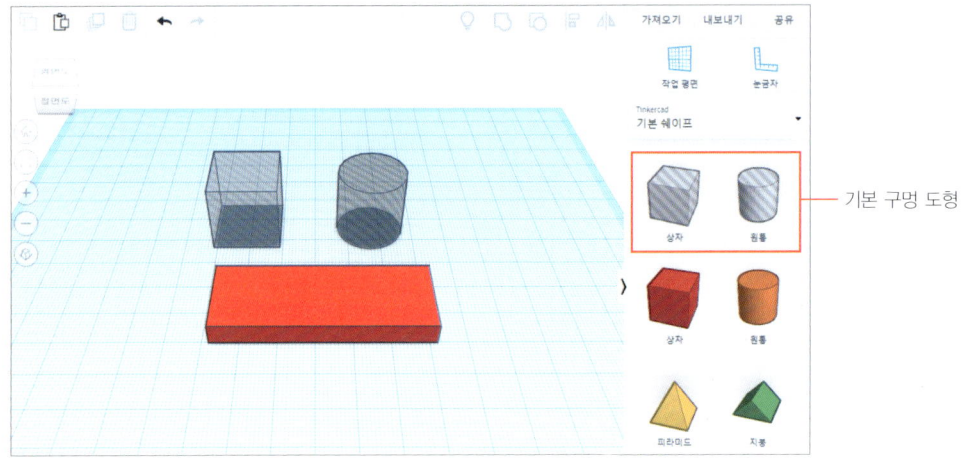

다른 도형들과 다르게 그레이 색상의 빗살무늬가 있는 상자와 원통 도형 두 개가 구멍 도형으로 다른 도형들처럼 크기 변경 뿐만 아니라 복사하고 회전도 할 수 있습니다.

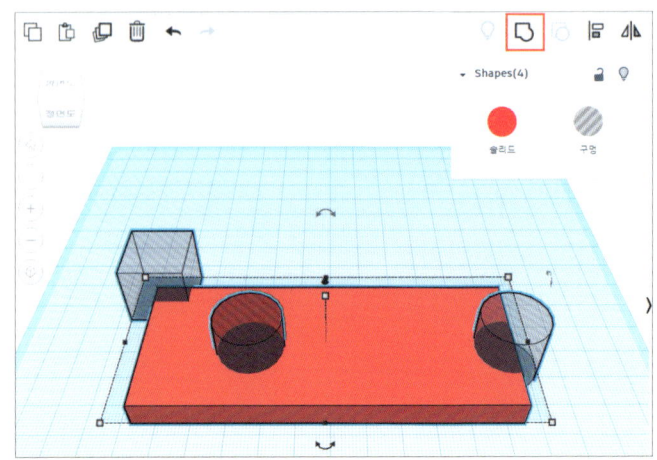

앞에서 알아본 [그룹 만들기] 명령을 이용할 것인데 우선 도형 전체를 마우스로 드래그하여 선택합니다. 상단의 [그룹 만들기] 아이콘이 활성화 되면서 클릭하면 구멍 도형과 겹쳐져 있던 부분만 모양이 빠지게 됩니다.

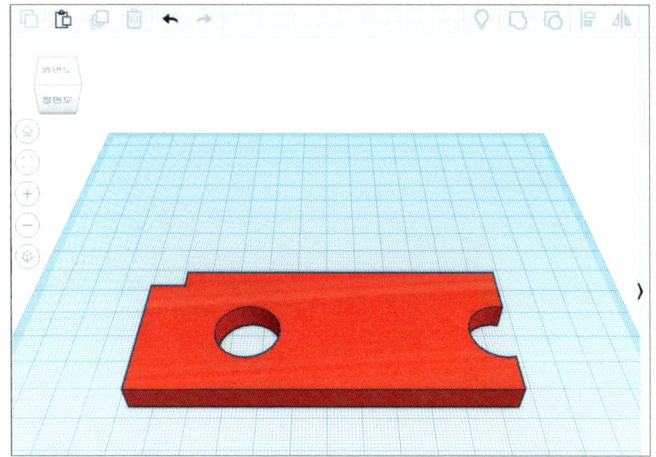

구멍이 뚫린 도형을 선택하고 [그룹 해제]를 선택하면 구멍 뚫기 전의 원래 상태로 돌아옵니다.

 # SECTION 20 여러 가지 쉐이프를 활용한 구멍 뚫기

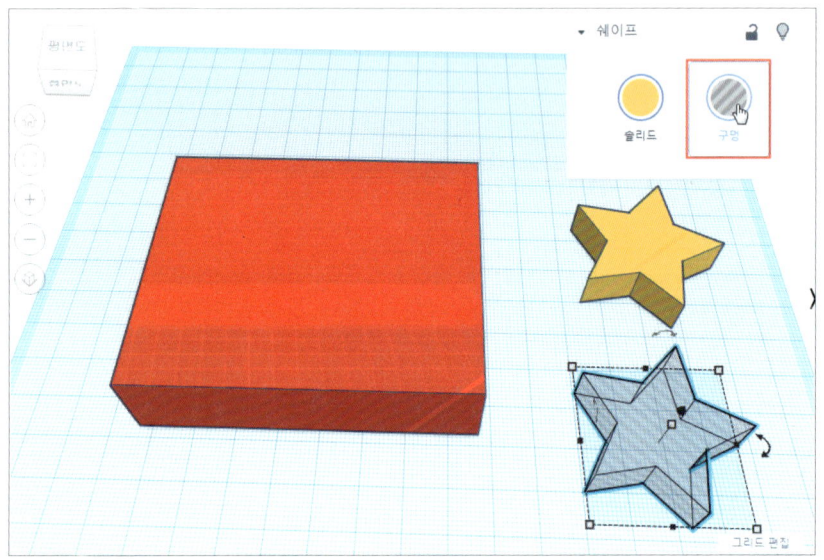

팅커캐드에서 제공되는 모든 도형을 이용하여 구멍 도형으로 만들 수 있습니다. 도형을 클릭하면 [쉐이프] 창이 뜨는데 여기서 [구멍]을 선택하면 그레이 색상의 구멍 도형이 됩니다.

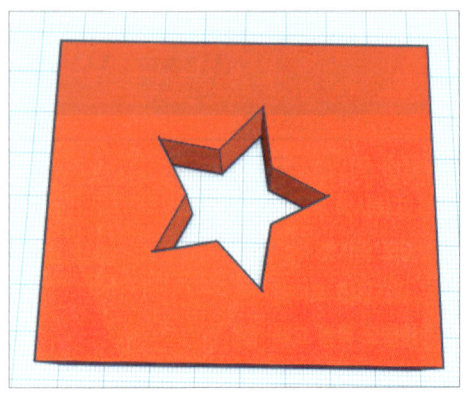 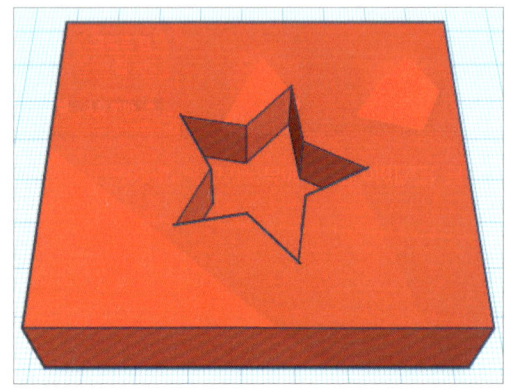

구멍 도형을 이용하여 겹쳐진 부분만큼 빼어내기도 하지만 관통하는 구멍을 만들 수도 있으며 구멍 도형의 높이를 조절하여 홈을 만들 수도 있습니다.

구멍도형 응용 실습해보기

　기본 쉐이프에서 지원하는 구멍도형인 상자와 원통 이외의 쉐이프를 활용하여 다양한 형상의 구멍도형을 생성하여 모델링해보고 3D프린터로 출력하여 실생활에서 활용할 수 있는 디자인을해 봅니다. 아래 예제뿐만 아니라 자신만의 아이디어나 만들고 싶은 제품을 모델링해보고 출력해 보세요.

▲ 쥬얼리 케이스

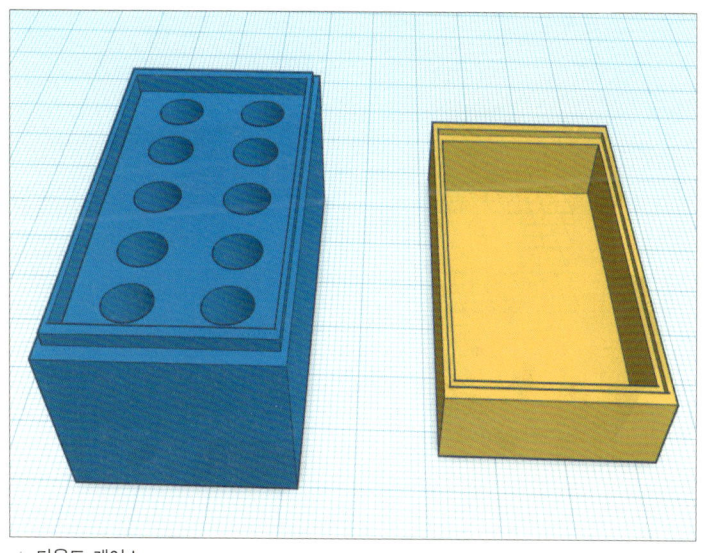
▲ 다용도 케이스

▲ 머그컵

▲ 번호판

▲ 스마트폰 케이스

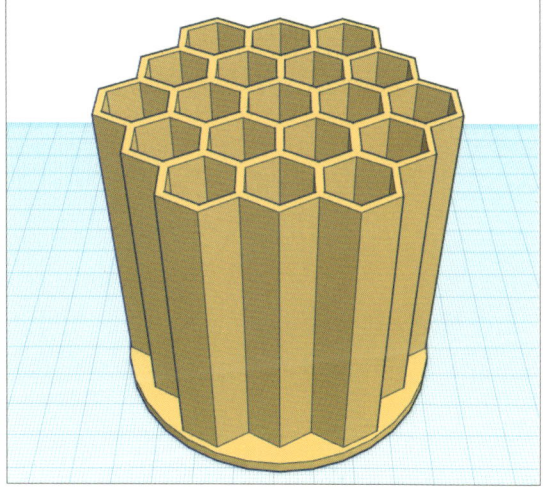
▲ 벌집모양 연필꽂이

SECTION 21 단추 모델링하기

간혹 일상생활 중에 옷에서 단추가 떨어져버리는 경우가 있습니다. 이럴 때 간단하게 단추를 모델링하여 3D 프린터로 출력하여 임시방편으로 사용할 수 있습니다.

❶ 도형 가져오기

먼저 원통 도형을 선택하여 가져옵니다.

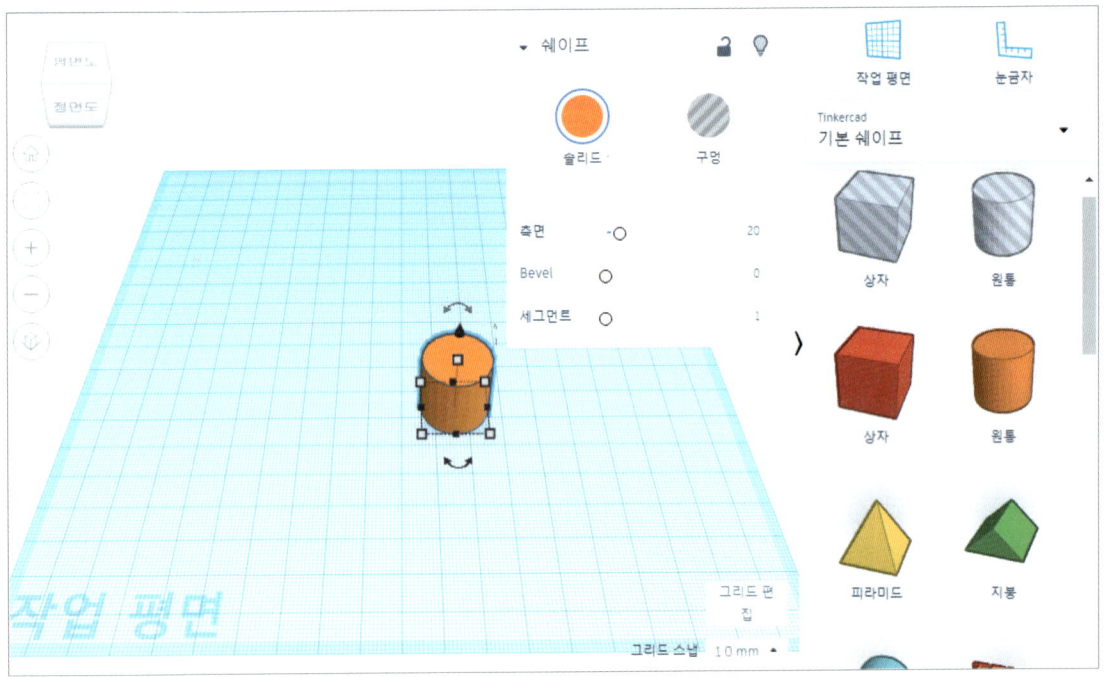

❷ 단추 모양 만들기

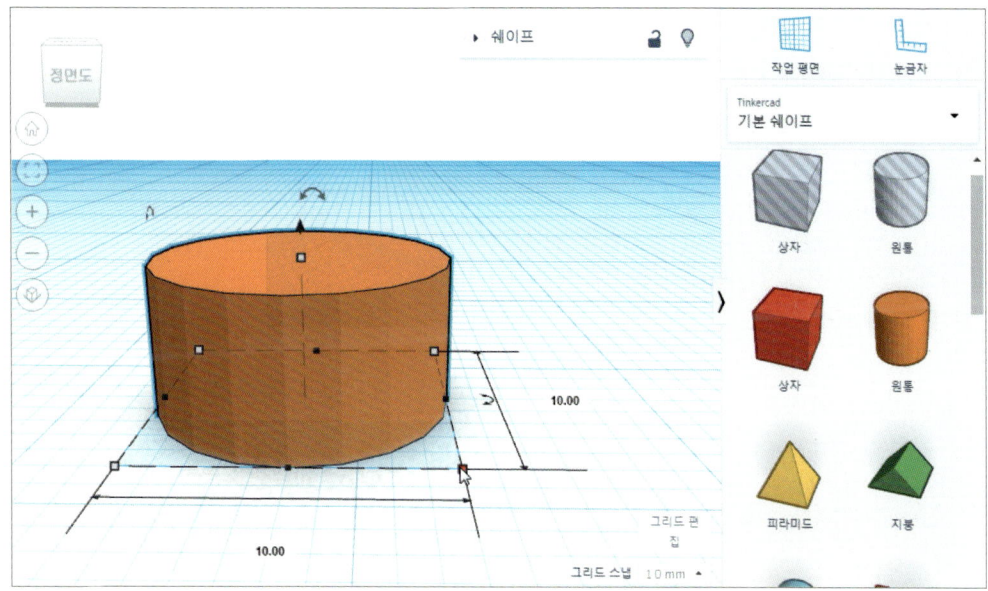

단추의 크기를 높이 5mm로 크기를 맞추고 지름을 10mm로 만들어 줍니다. 그리고 나서 상단 그레이색 원통 도형을 새로 하나 가져옵니다. 단추 구멍을 만들기 위한 도형으로 지름을 2mm로 변경합니다.

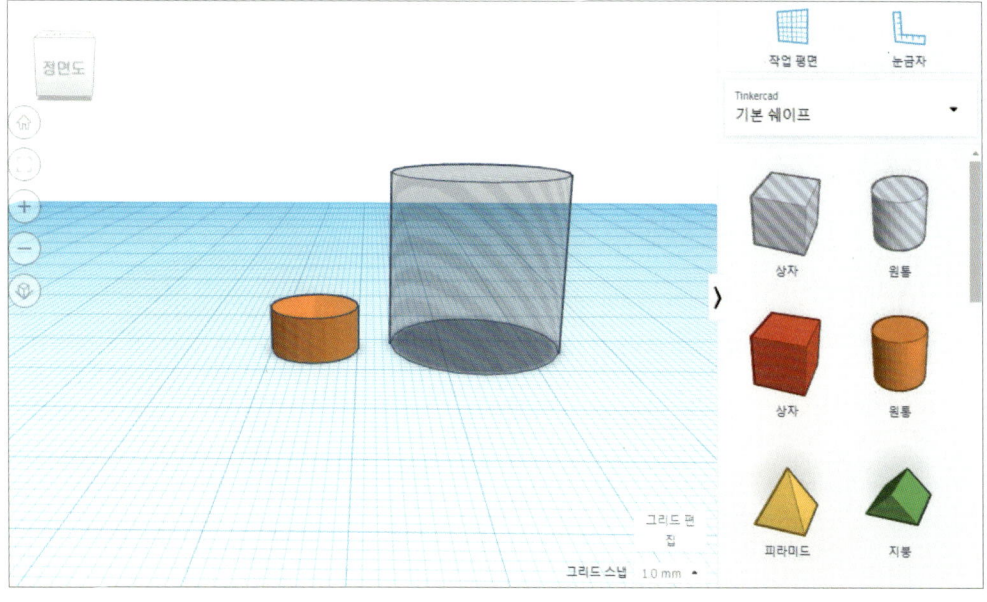

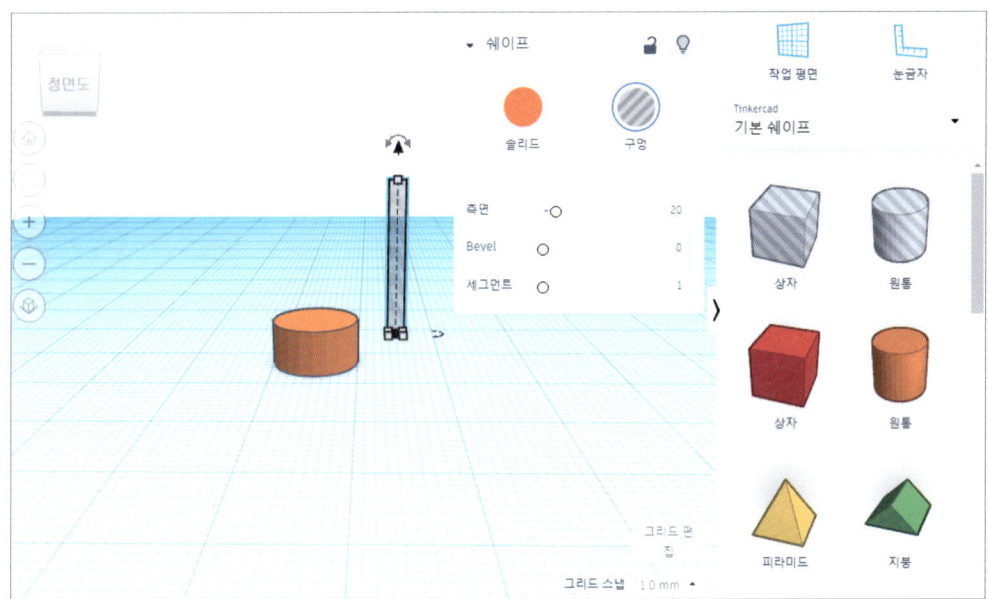

❸ 단추 구멍만들기

단추 구멍을 만들기 위해 도형을 이동합니다. 그리고 나서 도형을 선택한 후 복사하여 구멍을 만들고자 하는 위치로 이동합니다.

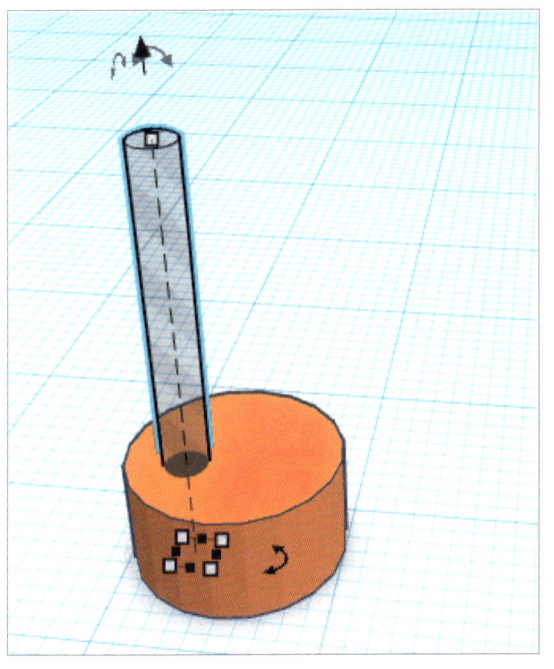
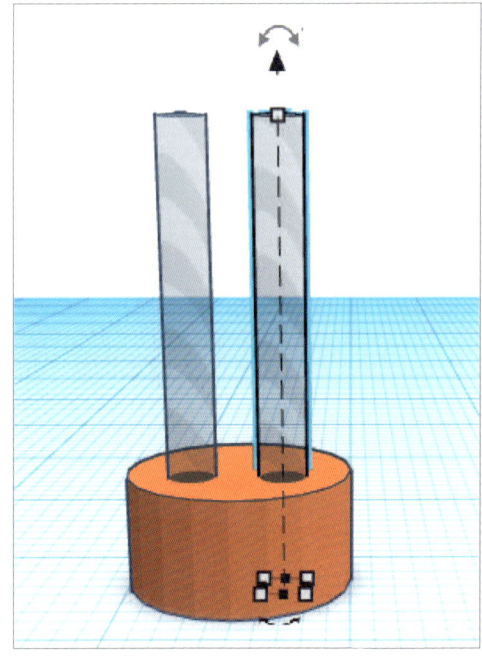

❹ 그룹 만들기

3개의 도형을 전체 드래그하여 선택한 후 상단 메뉴의 [그룹 만들기]를 클릭합니다. 그러면 간단하게 단추 구멍이 뚫립니다.

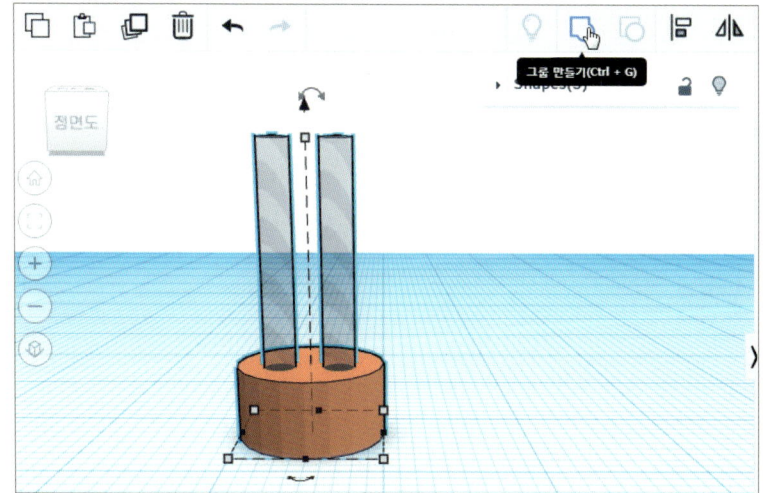
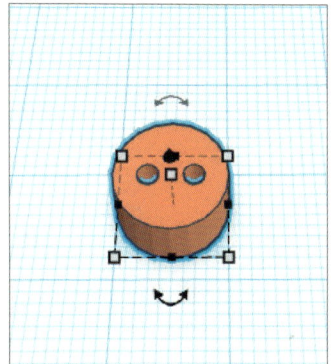

SECTION 22 도너츠 모델링보기

실제 먹어볼 수는 없지만 먹음직한 도너츠를 만들어 보겠습니다. 3D 프린터에 사용하는 소재가 계속 발전하고 있으며 초콜릿이나 밀가루 반죽, 생크림 등을 재료로 먹을 수 있는 Food 3D 프린터의 개발도 시도되고 있습니다.

만약 먹을 수 있는 재료를 3D 프린터로 출력할 수 있다면 팅커캐드에서 모델링한 도너츠를 직접 만들어 먹는 날도 올 수 있을 것입니다.

❶ 기본 쉐이프에서 도너츠 형태와 유사한 [토러스]를 가져와 그림과 같이 크기를 변경해 줍니다.

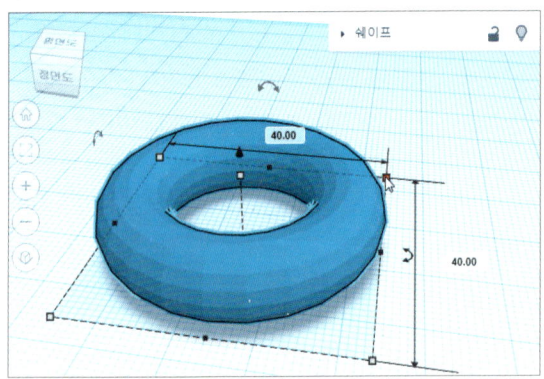 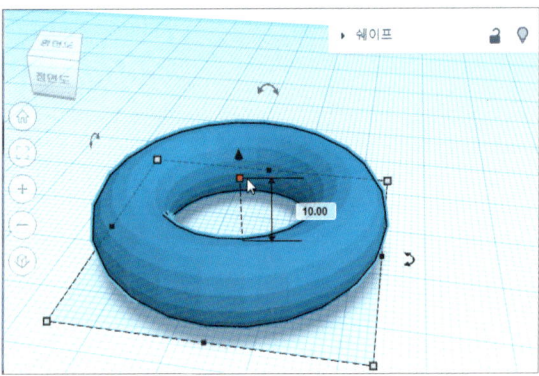

❷ 이번에는 [토러스]를 복사+붙여넣기하여 높이를 6.00mm로 변경하고 그림과 같이 색상을 노란색으로 변경합니다. 그리고 나서 Z축 삼각형 이동 핸들을 이용해 바닥에서 6.00mm 정도 이동시켜줍니다.

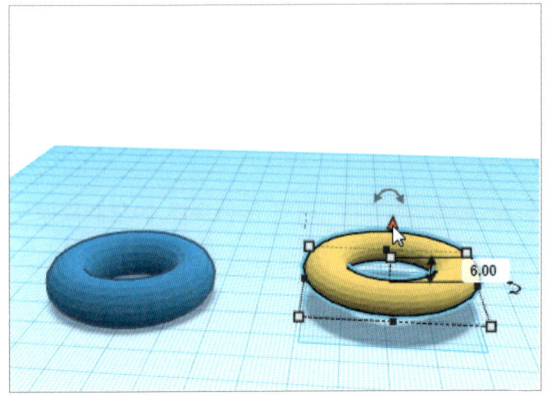 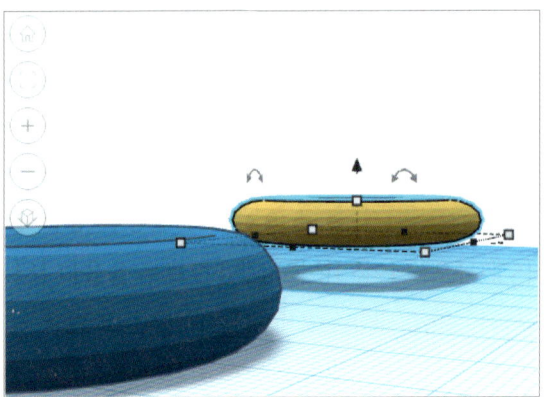

❸ 서로 떨어져 있는 두 개의 도형을 정확한 센터로 위치를 맞추어 주기 위해 도형들을 선택하고, 상단 메뉴에서 [정렬]을 클릭하면, 검은 색 점들이 도형의 주위에 나타나는데 가운데 정렬을 위해 두 점을 클릭해줍니다. 이제 두 개의 도형이 자동으로 정렬되었습니다. 우측에 검은색 점을 클릭해보고 Z축의 정렬은 어떤 식으로 되는지 직접 확인해보시기 바랍니다.

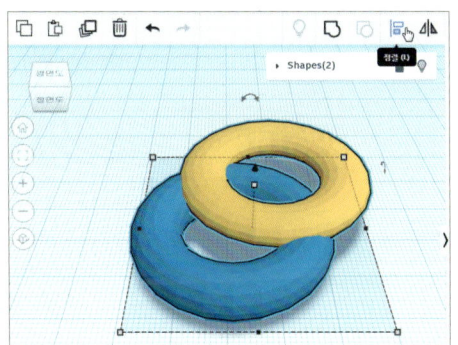
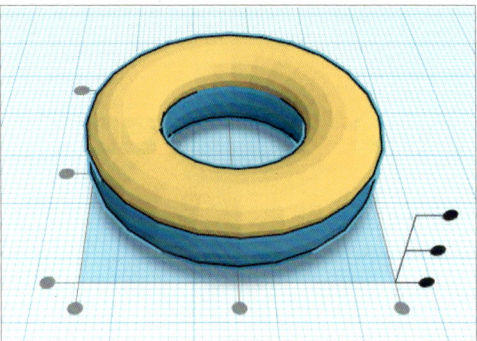

❹ 도너츠 위에 장식을 만들기 위해 [기호]에서 별 모양을 가져오고 도형을 선택한 후 [솔리드]를 클릭하고 색상을 핑크색으로 변경해줍니다. 별 장식의 크기도 5mm에 높이 2mm로 변경해 줍니다.

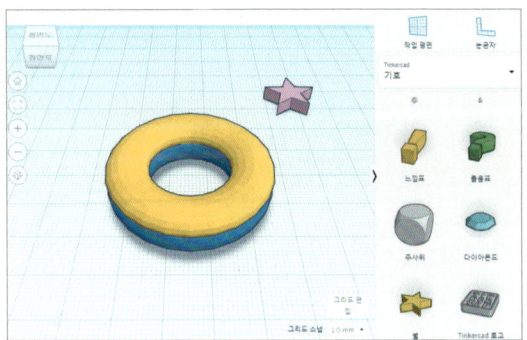
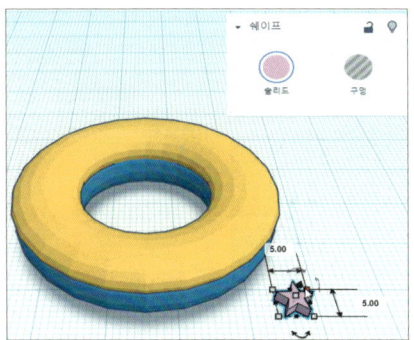

❺ 별 장식을 바닥면에서 10mm 정도 띄운 후 이동시켜 적당한 위치에 올려둡니다.

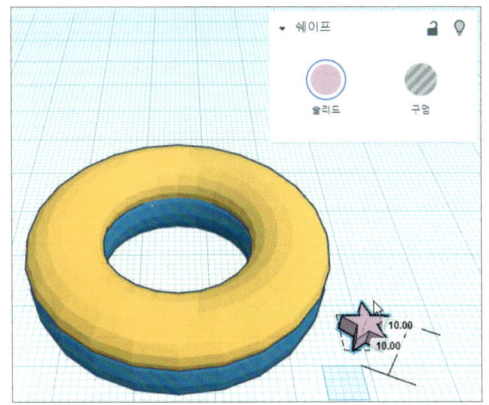
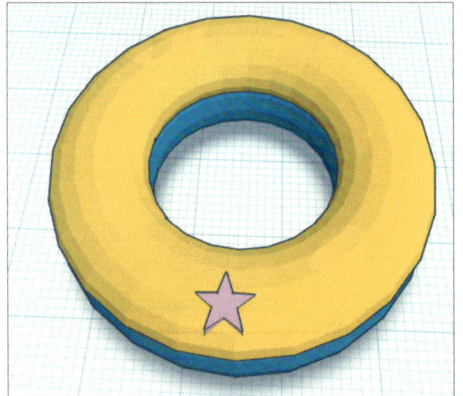

❻ 별 장식을 원하는 위치에 복사하여 붙여넣기 하고 원하는 색상으로 변경한 후, 마지막으로 도너츠를 전체 선택한 후 [그룹 만들기] 합니다. 참고로 그룹으로 만들면 [솔리드]에서 지정된 색상으로 통일됩니다.

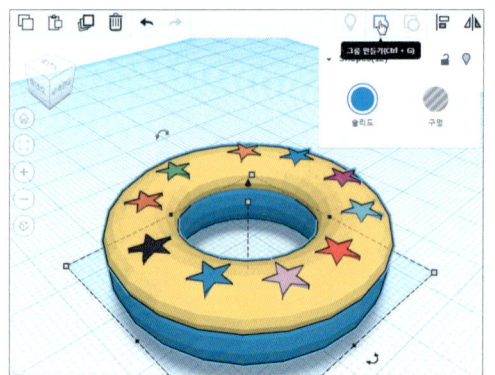 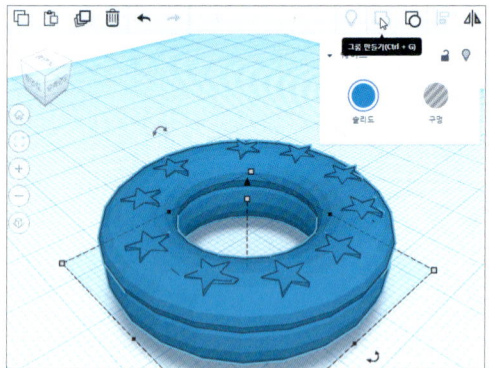

▲ FOOD 모델링

SECTION 23 쉐이프의 정렬(L) 기능 알아보기

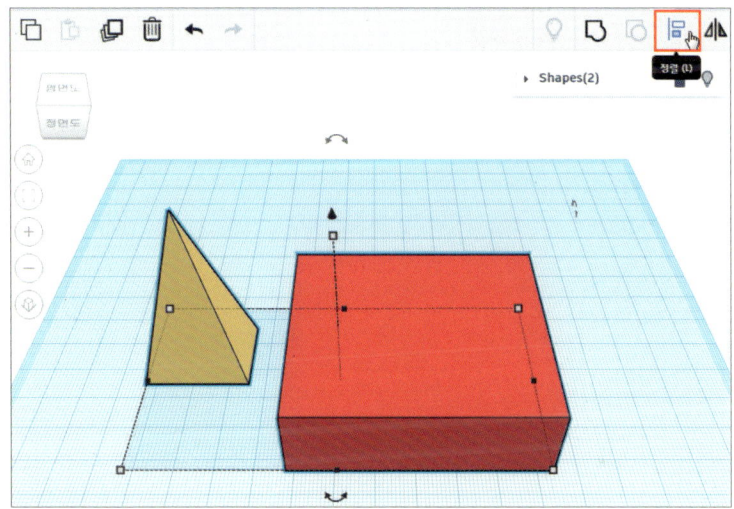

두 개의 서로 떨어진 쉐이프를 원하는 정확한 위치로 정렬할 수 있는데 우선 정렬하고 싶은 도형들을 마우스로 드래그하여 선택합니다. 도형이 선택되면 우측 상단의 메뉴 중에 [정렬(L)] 아이콘이 진한색으로 활성화 됩니다.

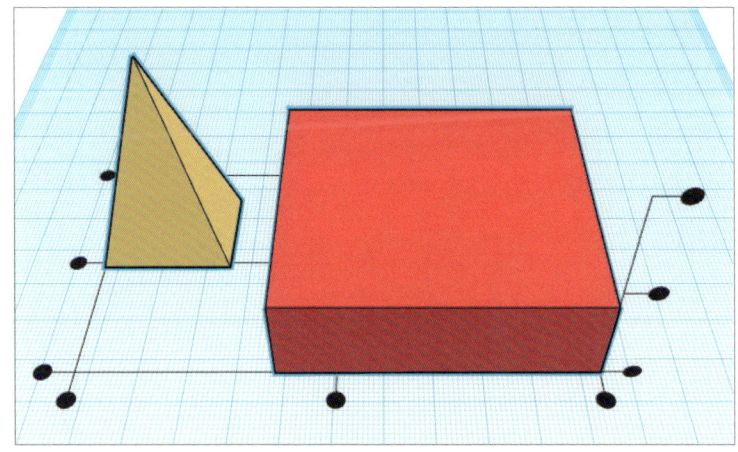

[정렬(L)] 아이콘을 클릭하면 도형의 주변에 검은색 둥근 점들이 나타나며 점의 위치에 따라 왼쪽, 중앙, 오른쪽 정렬을 나타내 주는 것입니다.

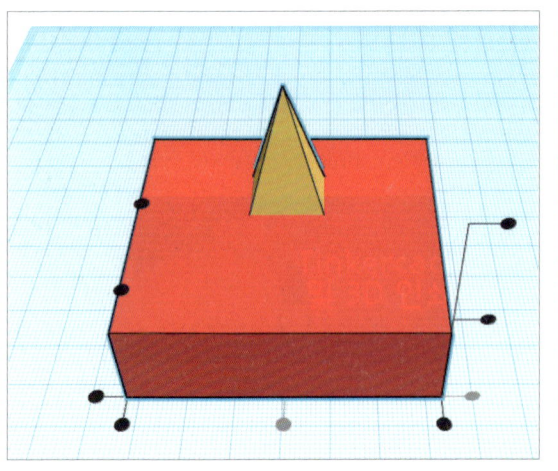 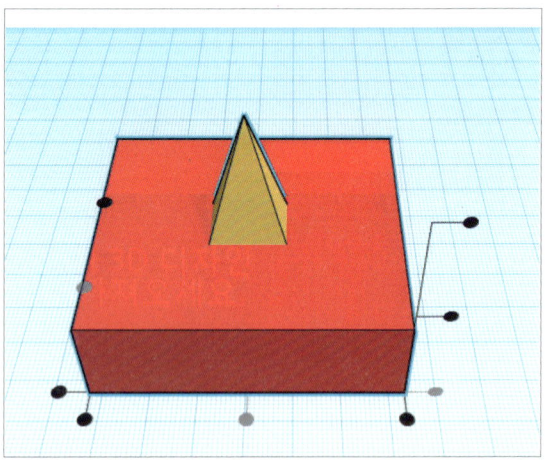

정렬하고자 하는 위치의 검은색 둥근점을 클릭하면 도형이 이동하며 자동으로 정렬이 이루어집니다. 정렬 작업을 실시한 상태에서 도형을 잘못 움직여버리면 정렬한 것이 흐트러질 수 있으니 정렬을 완료한 도형은 가급적 [그룹 만들기] 해주는 것이 좋습니다.

SECTION 24 쉐이프의 반전(M) 기능 알아보기

반전 기능은 도형을 반대 방향으로 뒤집어 주는 기능으로 CAD 프로그램에서 자주 사용하는 좌우 대칭 형상으로 만들어 주는 미러 기능과는 좀 차이가 있습니다.

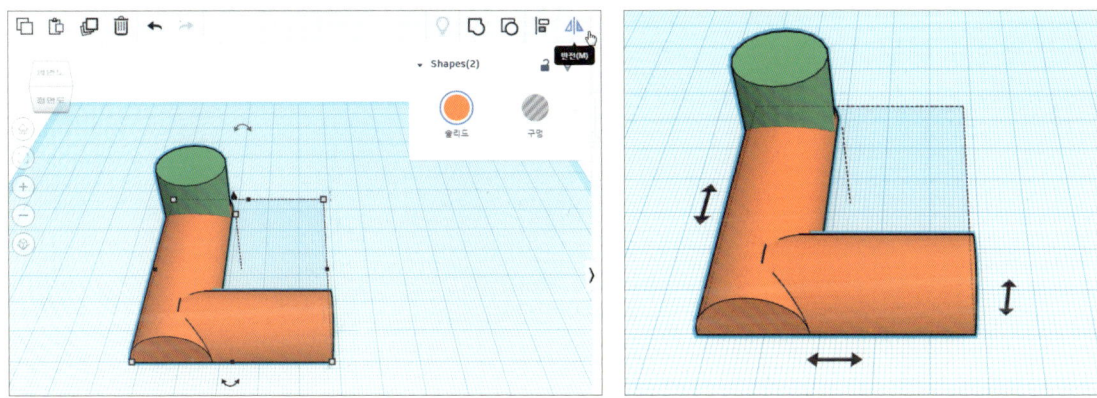

반전시키고 싶은 도형을 선택하면 우측 상단의 [반전(M)] 아이콘이 진하게 활성화 되며, [반전(M)] 아이콘을 클릭하면 도형 주변에 3개의 검은색 화살표가 나타납니다.

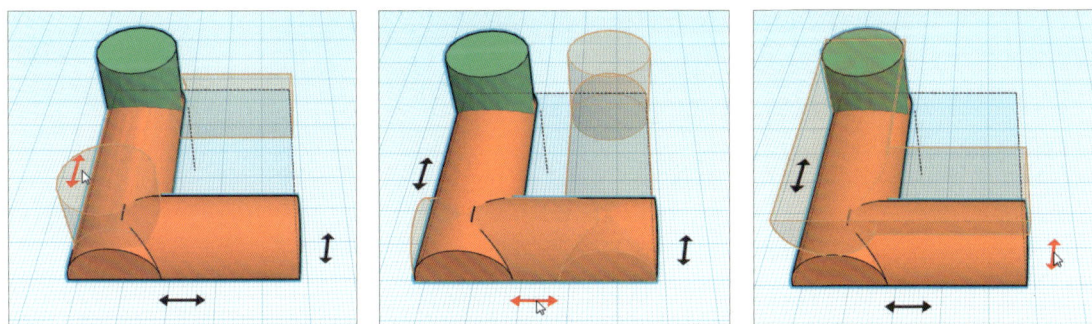

반전을 원하는 각 방향의 화살표에 마우스 커서를 갖다 대면 뒤집힌 모양의 도형이 만들어집니다. 참고로 미러 기능이 아니므로 뒤집기 전의 도형은 없어집니다. 만약 도형을 좌우 대칭으로 만들고 싶다면 미리 하나의 도형을 복사하여 붙여놓기를 해놓고 나서 반전 기능을 사용하면 좋습니다.

SECTION 25 각진 모서리에 라운딩하기

3차원 CAD 프로그램에서 유용하게 사용하는 기능 중의 하나가 각진 모서리를 둥글게 해주는 필렛(Fillet)기능인데 아쉽게도 팅커캐드에서는 이 기능이 직접 지원되지 않습니다. 하지만 팅커캐드의 쉐이프에서 지원하는 [반지름] 기능을 활용하면 손쉽게 둥근 모서리를 만들 수가 있습니다.

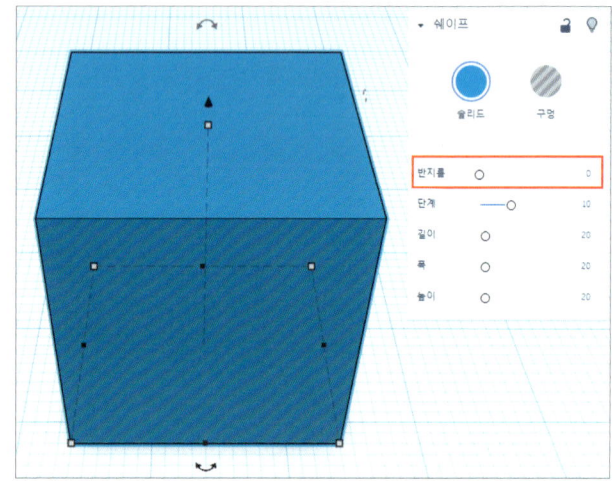

우선 상자 도형을 가져와서 도형을 클릭하면 [쉐이프] 메뉴가 나오는데 여기서 반지름 값을 보면 [0]으로 되어 있는 것을 확인할 수 있습니다. 이 반지름 값을 조정하면 모서리가 둥글게 변하는데 수치를 [5]로 조정해 보겠습니다. 바로 각진 모서리에 둥글기가 적용된 것을 확인할 수 있습니다. 단, 반지름 기능은 특정 부분의 한 군데만 둥글기를 적용할 수 없으며 모든 모서리가 동시에 같은 값으로 둥글게 변한다는 것을 잊지 말아주시기 바랍니다.

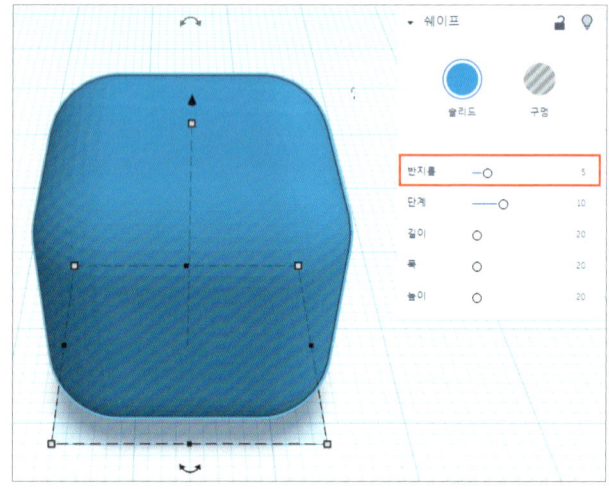

SECTION 26 한쪽 모서리에 라운딩하기

원통 구멍 도형의 크기를 40으로 변경한 후 상자 도형에 다음과 같이 위치시킵니다.

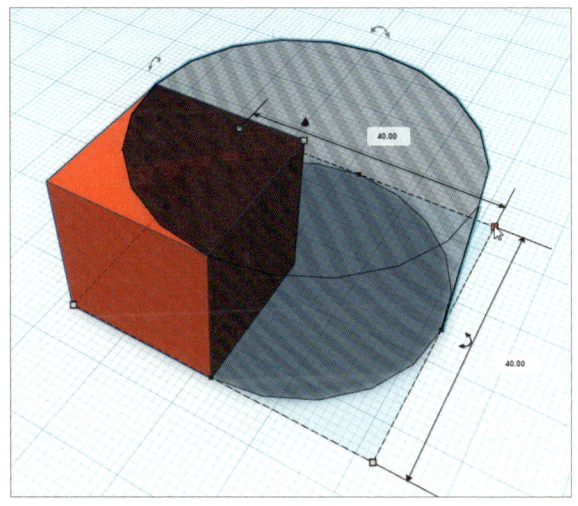

그리고 나서 두 도형을 전부 선택하여 [그룹 만들기]를 클릭합니다.

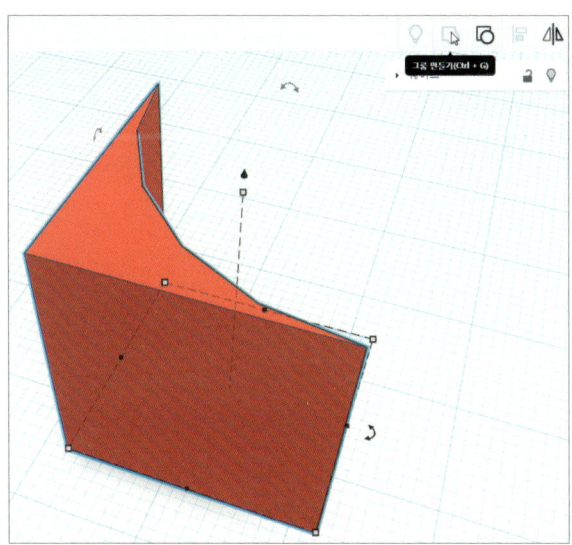

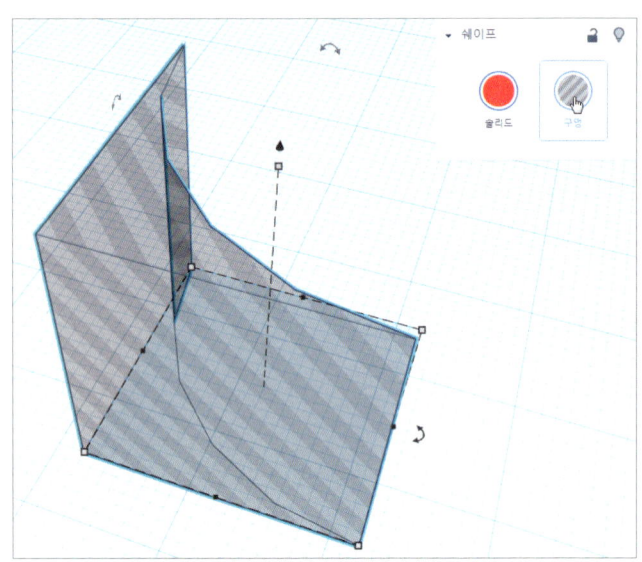

도형을 선택하고 [쉐이프]의 구멍을 클릭하여 구멍 도형으로 만들어 줍니다.

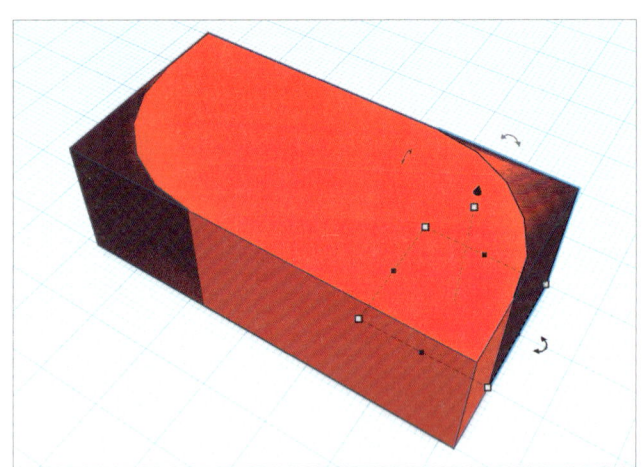

상자 도형을 하나 가져와서 모서리를 둥글게 하고 싶은 부분에 생성된 구멍 도형을 갖다 놓습니다.

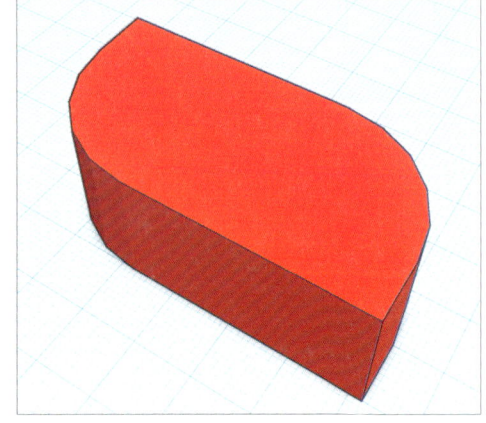

전체 도형을 선택하고 [그룹 만들기]를 눌러 주면 해당 면에만 둥글게 수정됩니다. 여러 모서리에 둥글게 하는 작업을 하고 싶다면 구멍 도형을 복사하여 회전시켜 사용하면 됩니다.

SECTION 27 쉘 기능 활용하기

팅커캐드는 사용법이 간단한 대신에 다른 모델링 프로그램에서 지원하는 유용한 기능들이 없다는 단점도 있습니다.

그 중에서 컵이나 화분과 같이 모델의 일정 부분에 두께만 남기고 내부 속을 비워주는 쉘(Shell) 기능이 별도로 없습니다. 하지만 기본 기능을 활용하면 쉘처럼 모양을 만들 수가 있습니다.

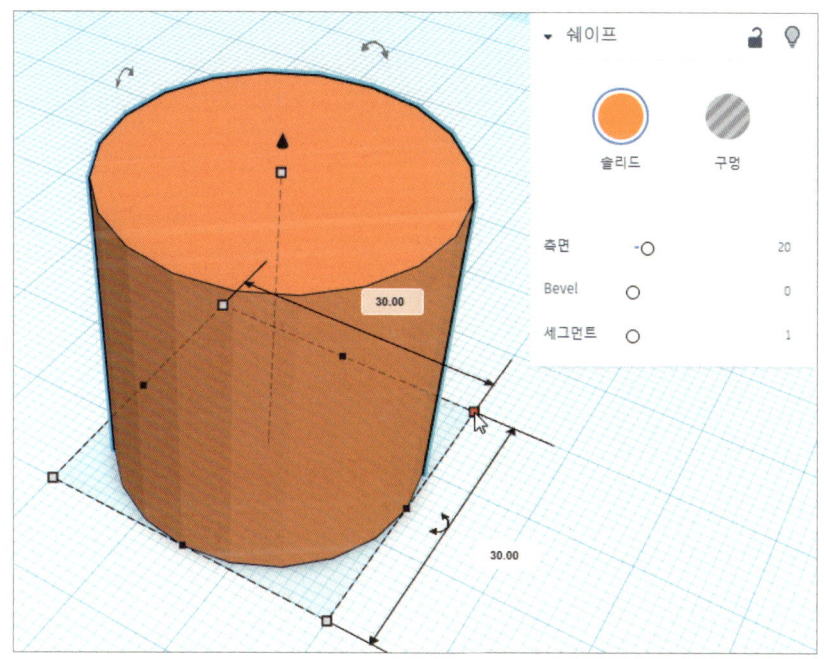

먼저 쉘 모양을 만들고 싶은 도형을 작업 평면 위로 가져옵니다. 기본 쉐이프에서 제공하는 [튜브]는 구멍이 관통되어 있기 때문에 속이 꽉찬 [원통] 도형을 사용하여 간단한 컵 모양을 만들 것입니다.

가져온 원통 도형의 X, Y, Z 치수를 각각 30으로 만들어 줍니다. 원통 도형을 선택한 후 좌측 상단 메뉴의 [복제] 아이콘이나 키보드에서 [Ctrl+D]를 누릅니다. 동일한 자리에 똑같은 크기의 도형이 하나 더 생깁니다.

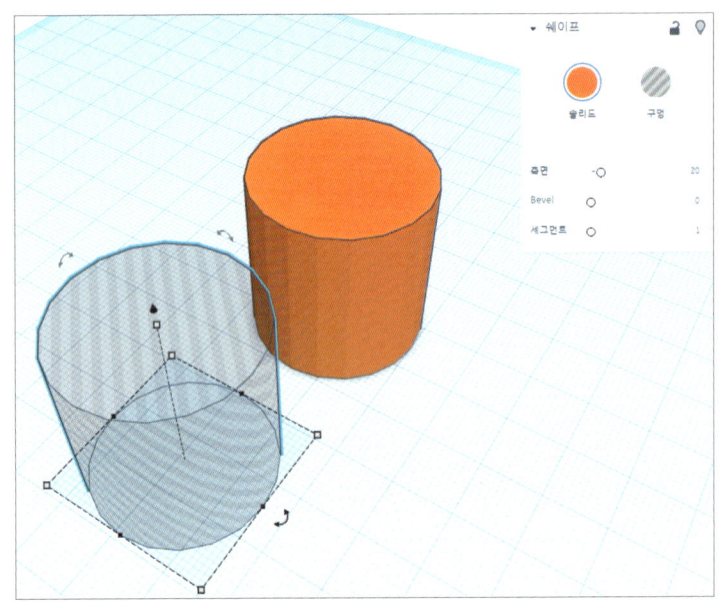

하나 더 복제된 도형을 선택하여 쉐이프에서 구멍 도형으로 변환시킵니다. 똑같은 크기의 주황색 도형과 구멍 도형이 겹쳐져 보이게 됩니다.

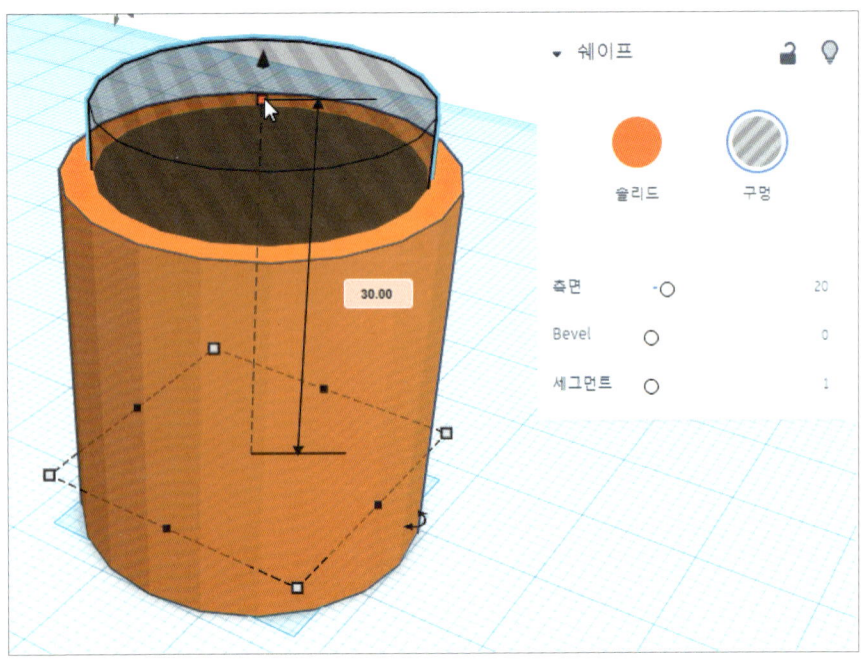

구멍 도형의 크기를 조절해 줍니다. 구멍 도형을 [Shift+Alt]키를 누른 상태에서 마우스를 움직여 X, Y축 치수를 조절하거나 직접 치수를 키보드로 입력하여 25로 수정해 보겠습니다.

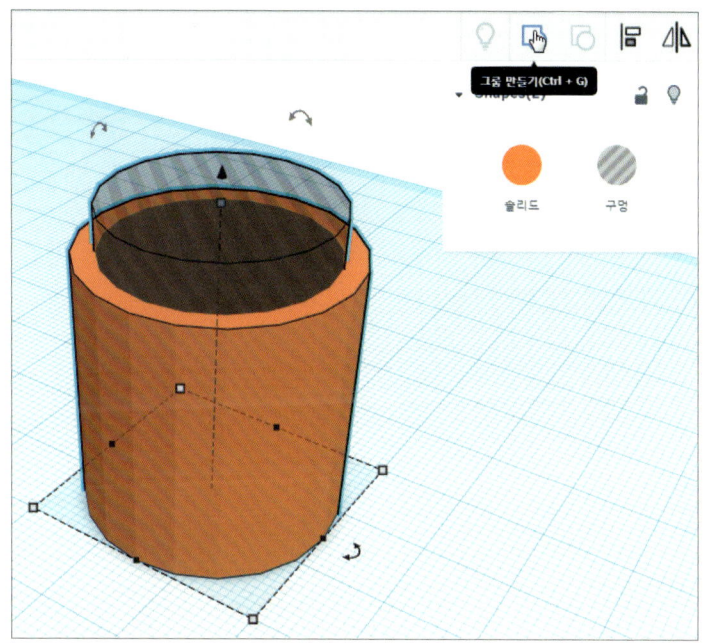

다음으로 전체 도형을 선택하고 [그룹 만들기]를 실시합니다.

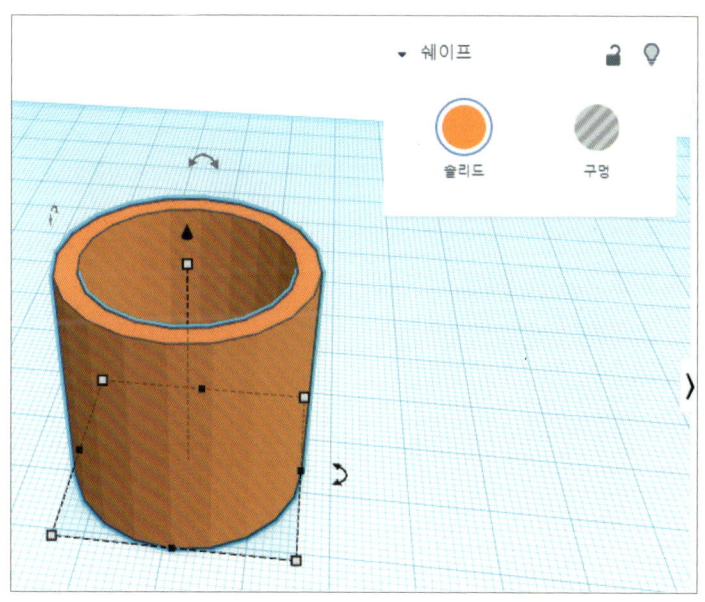

[그룹 만들기]한 후 원통에 내부가 꽉 찬 모습으로 보이는 것은 구멍 도형이 생성은 되었지만 구멍 도형을 작게 조정하면서 Z축도 동일한 비율로 조절되었기 때문에 안보이는 것입니다. 이 때는 간단하게 원통을 180° 뒤집어보면 속이 빈 것을 확인할 수 있습니다.

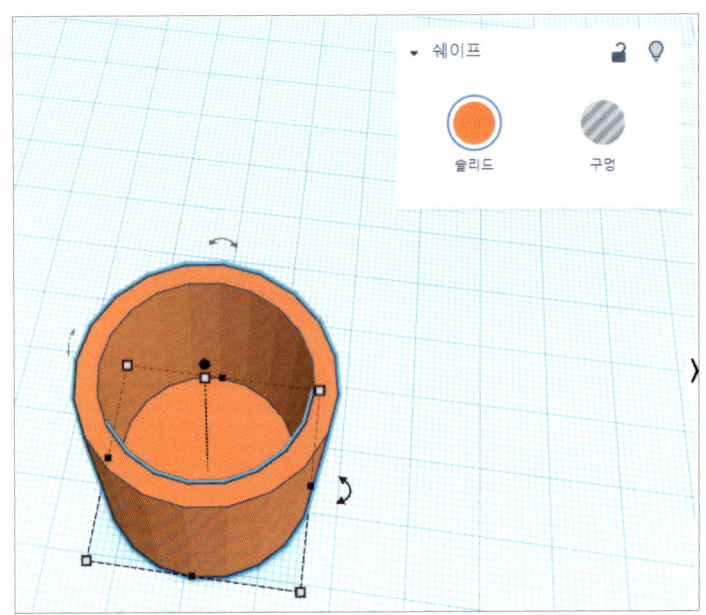

마우스 우측 버튼을 작업 평면 상에 위치하고 돌려보면 관통되지 않은 채 원통의 내부가 비워진 도형이 생성된 것을 확인할 수 있습니다.

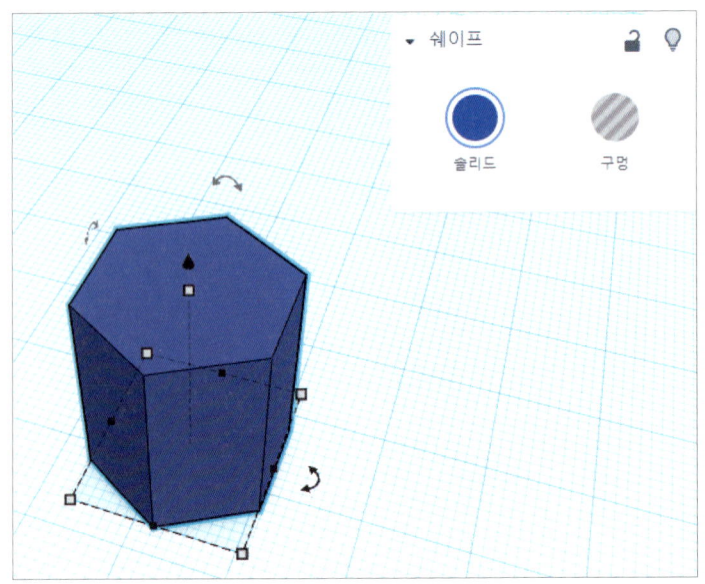

이번에는 [폴리곤] 도형을 가지고 내부가 빈 형상을 만들어 보겠습니다. 마찬가지로 기본 쉐이프에서 [폴리곤] 도형을 가져와 위의 과정으로 복제한 후 구멍 도형으로 변환하여 크기를 변경해 줍니다.

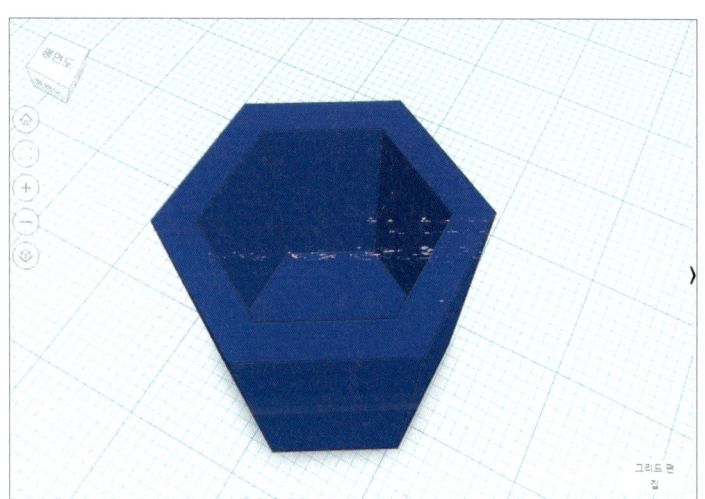

그리고 180° 뒤집어보면 일정한 두께만을 남기고 내부가 빈 형상만이 남습니다. 이처럼 구멍 도형을 활용하여 셸처럼 일정한 두께를 가진 속이 빈 모양의 형상을 만들 수가 있습니다.

SECTION 28 복제 기능으로 패턴 만들기

복제 (Ctrl+D) 기능은 도형을 복사할 뿐만 아니라 앞에서 작업을 실행한 명령까지도 기억하고 복제함으로써 반복적인 모양의 패턴을 만드는 경우에 유용하게 사용할 수 있는 기능입니다. 이 기능은 CAD 작업에서 유용한 기능 중에 하나인 수직, 수평 배열(Array)기능과 유사합니다.

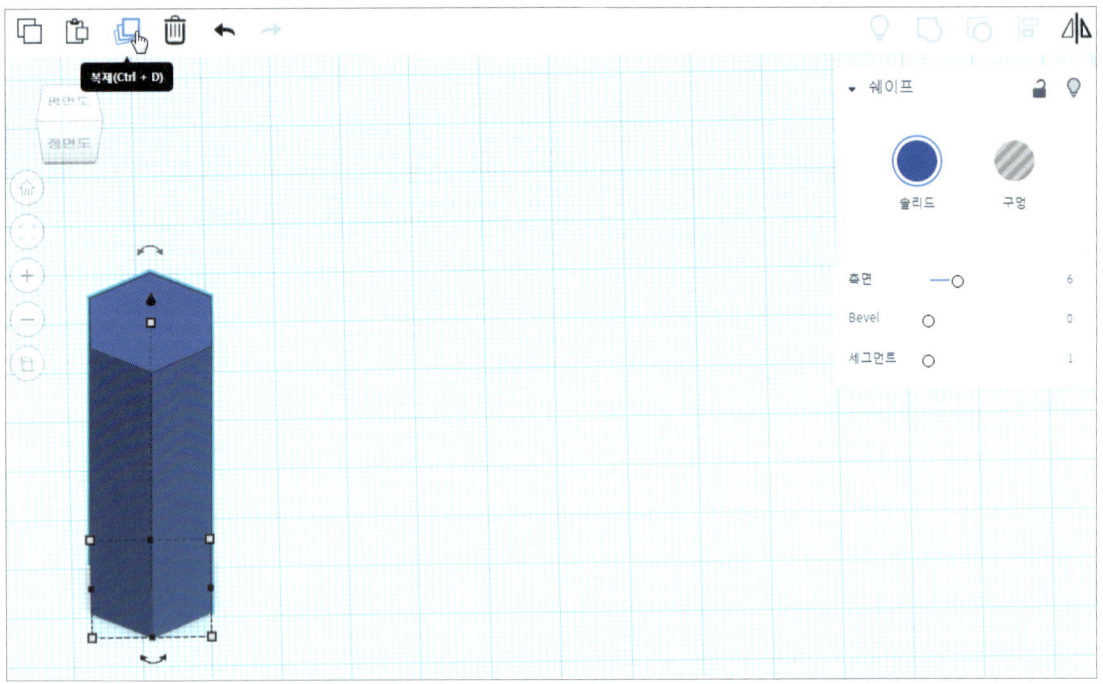

동일한 간격으로 복제할 도형을 작업 평면에 만들어 선택하고 [복제] 아이콘이나 키보드에서 [Ctrl+D]를 누르면 같은 위치에 똑같은 크기의 도형이 하나 더 만들어집니다.

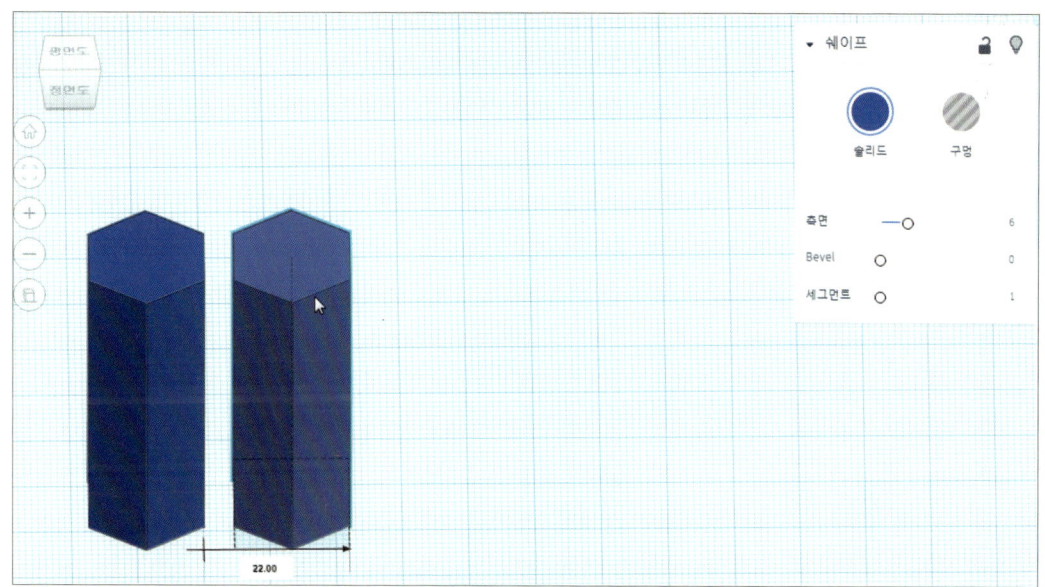

복제된 도형을 선택하여 [Shift]키를 누른 상태로 도형을 이동시키면 일직선 상으로 이동하게 되는데 22mm 만큼 이동해 보겠습니다.

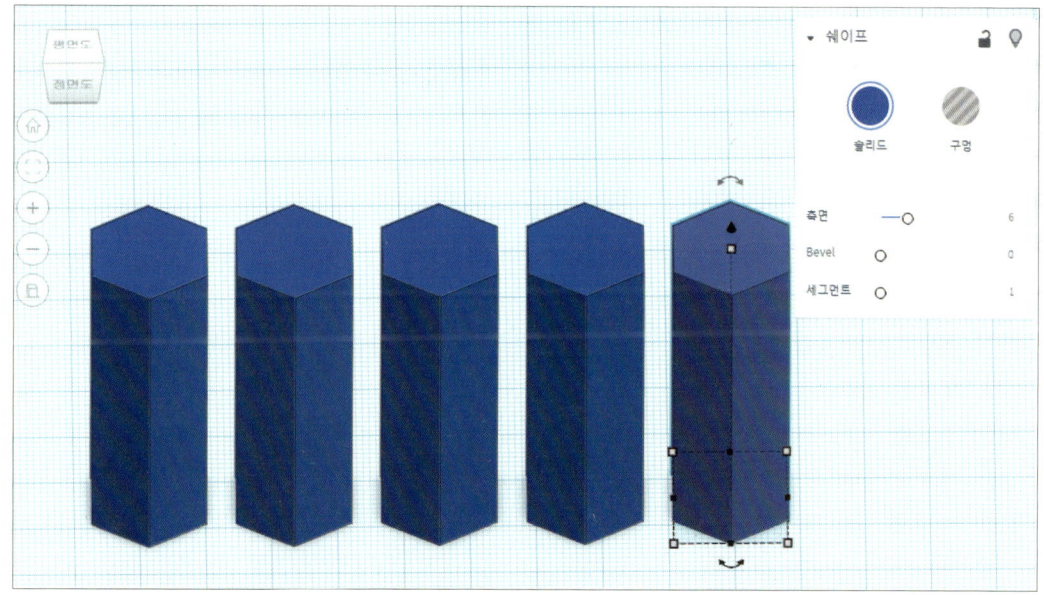

다음에 반복적으로 복제하고 싶은 수만큼 [Ctrl+D]를 눌러 주면 도형을 복사하는 것 뿐만 아니라 앞에서 22mm 만큼 이동했던 명령을 기억하여 동일한 간격으로 복제해줍니다.

[Ctrl+D]기능을 사용할 때 작업 중간에 다른 도형을 클릭하면 기억된 정보가 사라져 복제를 반복해서 할 수 없는 점은 기억하기 바랍니다.

SECTION 29 원형 패턴 만들기

이 기능은 CAD 작업에서 유용한 기능 중에 하나인 원형 배열(Array)기능과 유사한데 잘만 활용하면 재미있는 디자인을 쉽게 할 수가 있습니다.

이번에는 원주 방향으로 동일한 도형을 가지고 원형 회전 패턴을 만들어 보도록 하겠습니다. 먼저 패턴을 만들 도형을 가져와서 모양을 만들고 [Ctrl+D]를 눌러 복제해 줍니다.

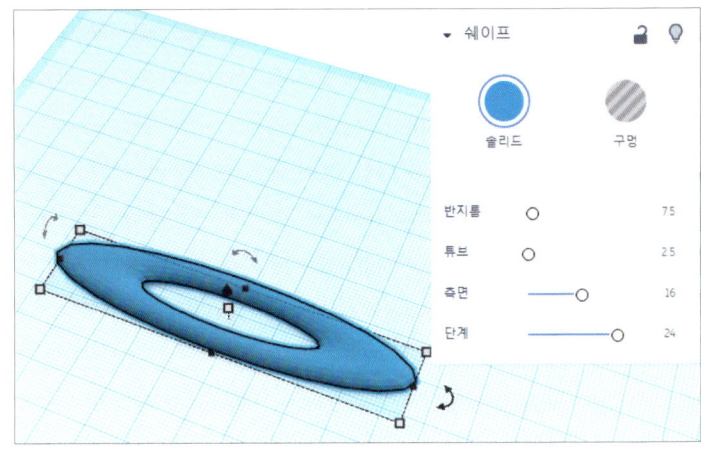

복제한 도형을 선택하고 도형 옆의 검은색 화살표를 이용하여 시계 방향으로 22.5° 회전시킵니다.

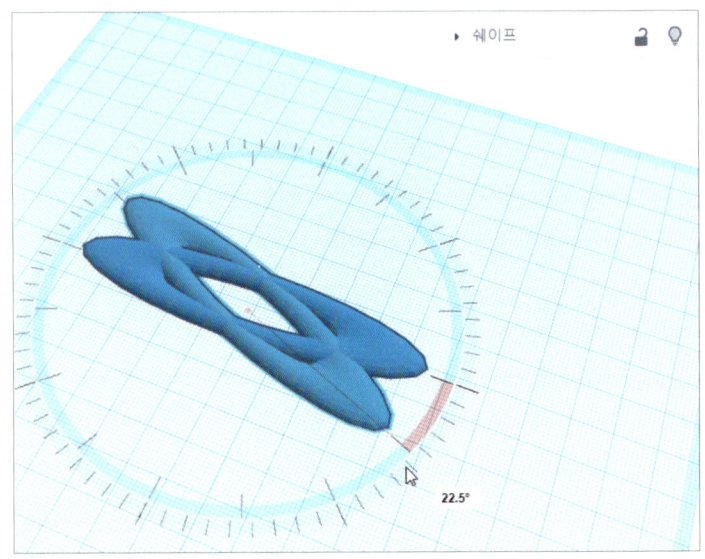

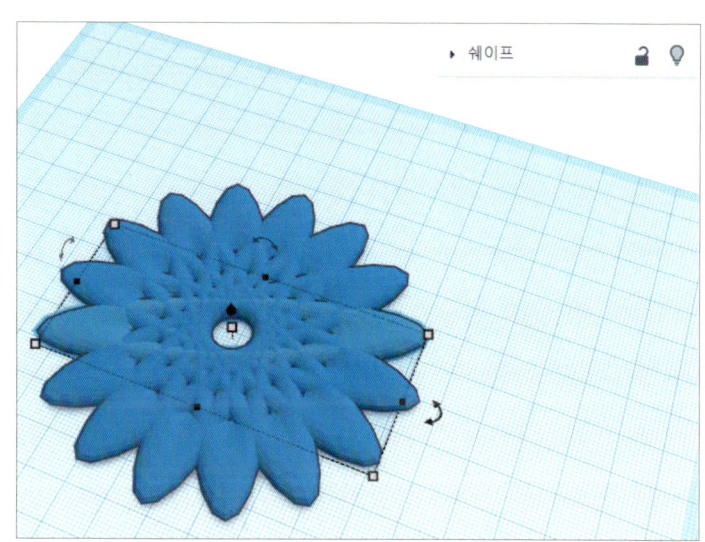

그리고 나서 [Ctrl+D]를 연속적으로 눌러주면 도형을 복제하면서 앞에서 회전시킨 각도를 기억하며 동일한 각도로 원형 패턴이 만들어집니다.

다음으로 반구를 가져와 중앙에 위치시킨 후 복제한 도형의 색상을 변경해주면 예쁜 꽃모양이 완성됩니다.

SECTION 30 외부에서 파일 가져오기

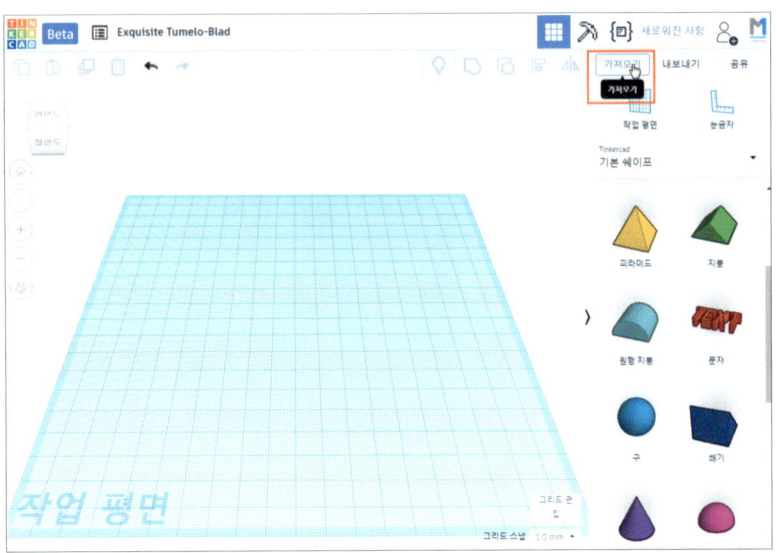

팅커캐드에서는 외부에서 작업한 파일이나 모델링 공유 사이트 등에서 내려 받은 파일을 가져와서 간단하게 수정할 수 있습니다. [가져오기]를 클릭하면 쉐이프 가져오기 창이 뜨는데 내 컴퓨터에 저장된 파일을 선택하거나 2D 또는 3D 파일을 마우스로 드래그하여 가져와도 됩니다.

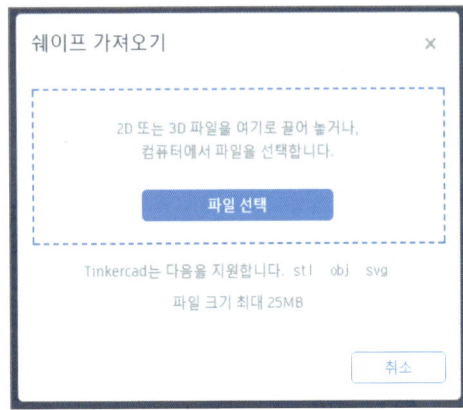

stl 파일을 3D 쉐이프 가져오기 창에서 [가져오기]하게 되면 원본 파일의 100% 크기로 가져오게 됩니다. 원하는 비율로 축척을 수정하여 가져오기해도 됩니다.

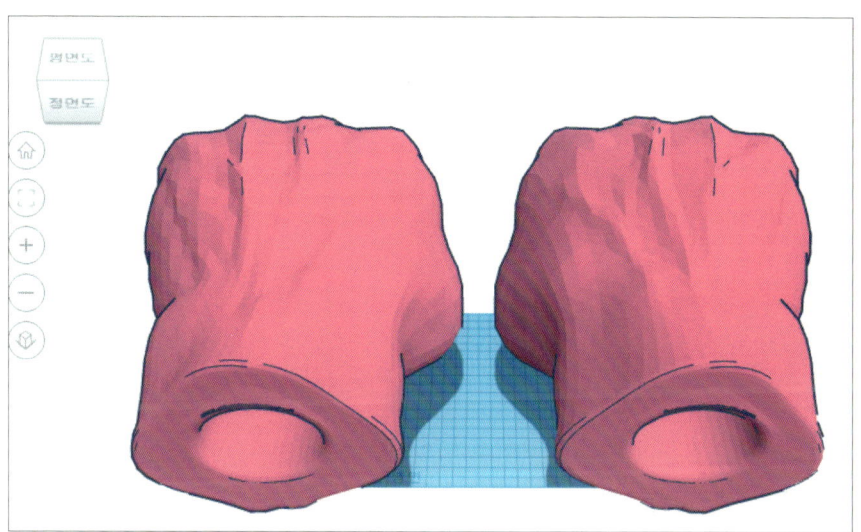

100% 비율로 가져오기 한 모델 파일이 작업 평면을 벗어난 크기로 되어 비율을 20%로 줄여서 가져오기한 후 회전 명령을 이용하여 3D 프린터로 출력하기 좋은 자세로 만든 것입니다.

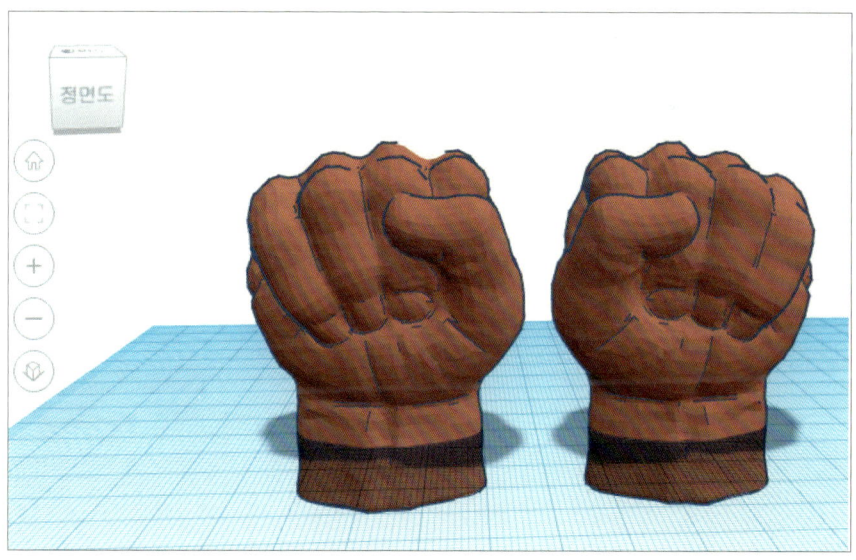

팅커캐드에서 [가져오기]로 불러 온 [stl]파일은 출력을 위한 최종 모델링 파일로 모델링 작업을 한 모든 과정이 저장되어 있지 않으며 일부분을 떼어낼 수도 없이 하나의 객체로 들어오게 됩니다. 하지만 팅커캐드에서 지원하는 도형들을 이용하여 가져오기 한 모델을 수정할 수 있습니다. 그리고, 수정된 파일을 다시 [내보내기] 메뉴를 이용하여 수정된 [stl]파일로 만들 수가 있습니다.

SECTION 31 한글 모델링 및 문자 활용하기

팅커캐드가 외국에서 만든 프로그램이지만 문자(TEXT) 도형을 활용하여 한글을 모델링할 수 있습니다. 기본 쉐이프에서 각종 도형을 활용하여 학교에서 아이들에게 한글이나 영어 알파벳 등을 교육하는 경우 공책에 연필로 쓰는 연습과 더불어 자신의 이름이나 숫자, 알파벳 등을 모델링하는 소프트웨어 교육을 시도해 보면 어떨까 하는 생각이 듭니다.

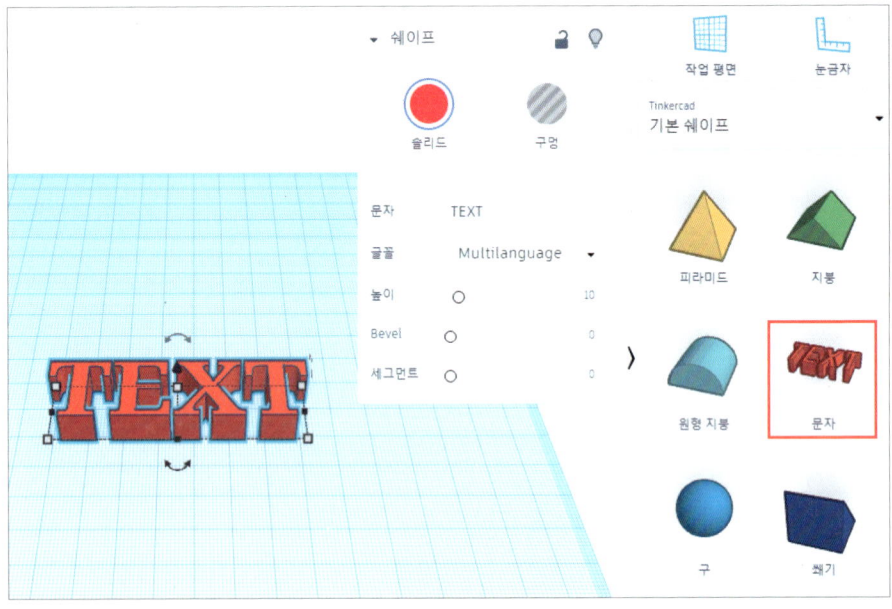

먼저 기본 쉐이프에서 [문자] 도형을 작업 평면으로 가져옵니다.

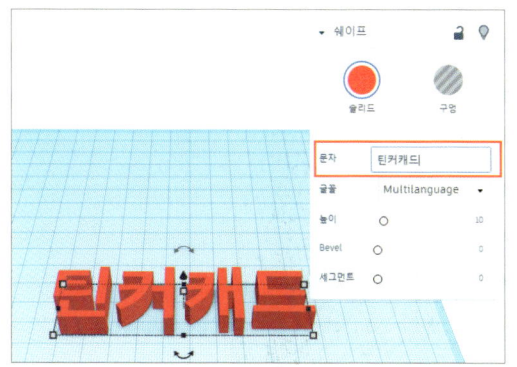 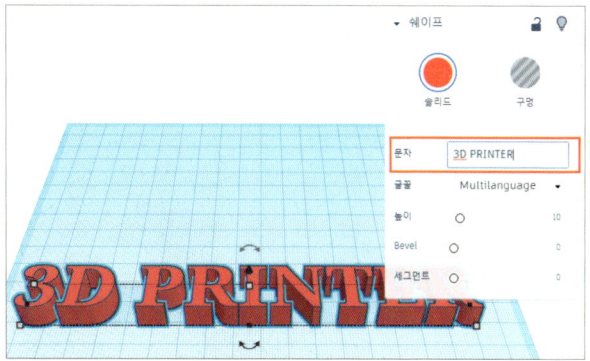

쉐이프 메뉴에서 문자 입력 창에 한글이나 영문을 입력하면 문자 도형이 만들어집니다.

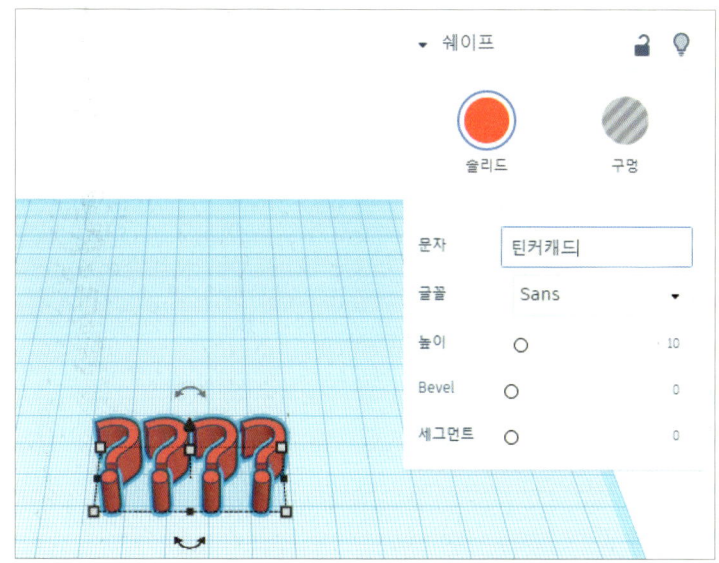

한글을 입력할 수 있는 글꼴은 [Multilanguage]하나 뿐인데 만약 글꼴을 다른 것으로 바꾸게 되면 한글이 물음표로 나옵니다.

만약 팅커캐드에서 지원되지 않는 글꼴로 한글 모델링을 하고 싶다면 이미지 파일을 모델링 파일로 만드는 방법을 응용해 볼 수 있습니다. 궁서체 등의 한글 작업을 한 파일을 그림 파일로 변환하여 저장한 후 [svg]형식의 파일로 변환합니다. 그리고, [가져오기] 아이콘을 눌러 변환된 [svg]파일을 가져와 한글 모델링을 만들 수 있습니다.

비단 문자 뿐만 아니라 태극기나 우리나라 지도, 문화유산 등을 모델링해보면 역사적 의미를 알게 되고 학습 능률이 보다 효과적이지 않을까 합니다.

■ 3D 프린팅 태극기

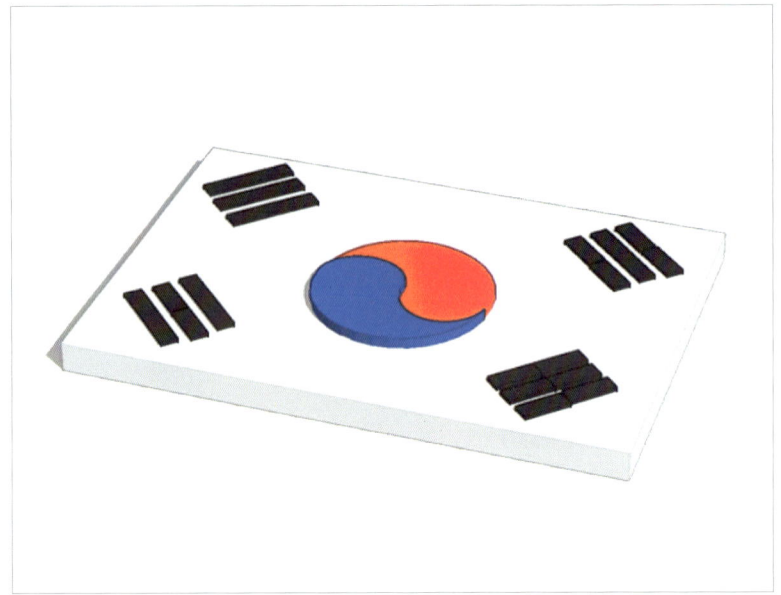

ⓒ https://www.thingiverse.com/thing:1381192

■ 3D 프린팅 한국 지도 퍼즐

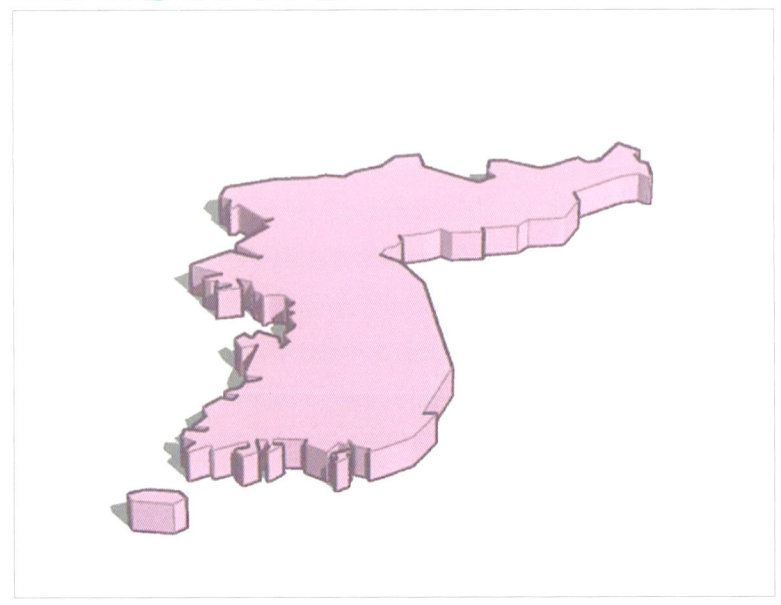

ⓒ https://www.thingiverse.com/thing:1313751

■ 점자 보드와 주사위

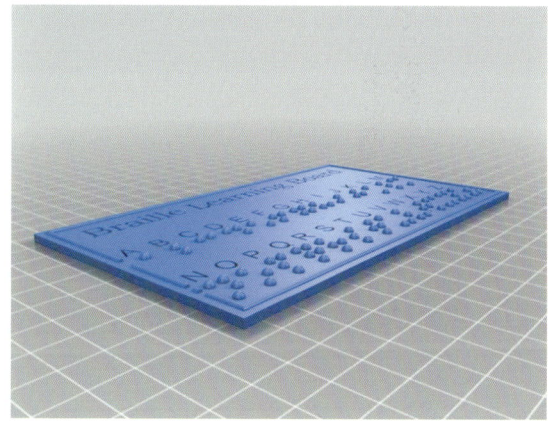

ⓒ https://www.thingiverse.com/thing:1261935

■ 3D 프린팅 다보탑

ⓒ https://www.thingiverse.com/thing:988090

또한 인터넷 상에서는 무료로 다운로드 받을 수 있는 3D 파일은 무궁무진하여 여러 가지 자료들을 활용하여 교육에 소요되는 시간을 절약하고 보다 효율적인 학습을 할 수 있기에 3D 프린터는 그 어떤 교구보다 다재다능한 능력을 갖춘 디지털 도구라고 할 수 있겠습니다.

SECTION 32 모델링 공유하기

팅커캐드는 웹에서 작업이 이루어지며 클라우드 서버에 저장되어 내가 만든 모델링 작품을 전 세계의 사용자들과 간단하게 공유도 할 수 있습니다.

현재 작업한 모델링을 공유하려면 작업화면 상단의 [My Designs]을 클릭합니다.

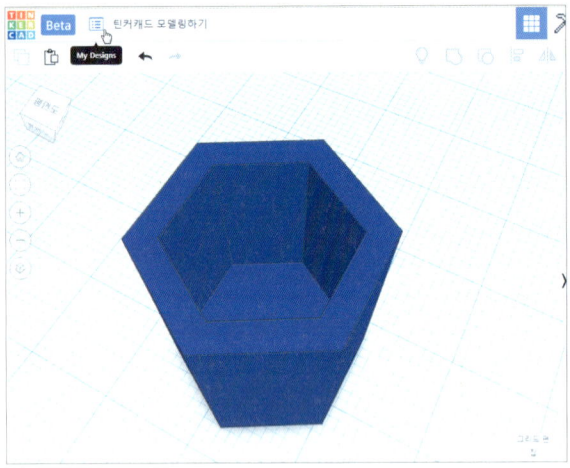

그러면 다음과 같은 창이 나타나는데 타인과 공유를 하고 싶다면 [공용]을 선택한 후 [변경 사항 저장] 버튼을 누르면 됩니다.

팅커캐드의 [갤러리]로 이동하면 사람들이 공유한 모델링 파일들을 볼 수 있으며, 우측 상단의 검색창에서 검색어를 입력하면 더 많은 결과물을 볼 수 있습니다.

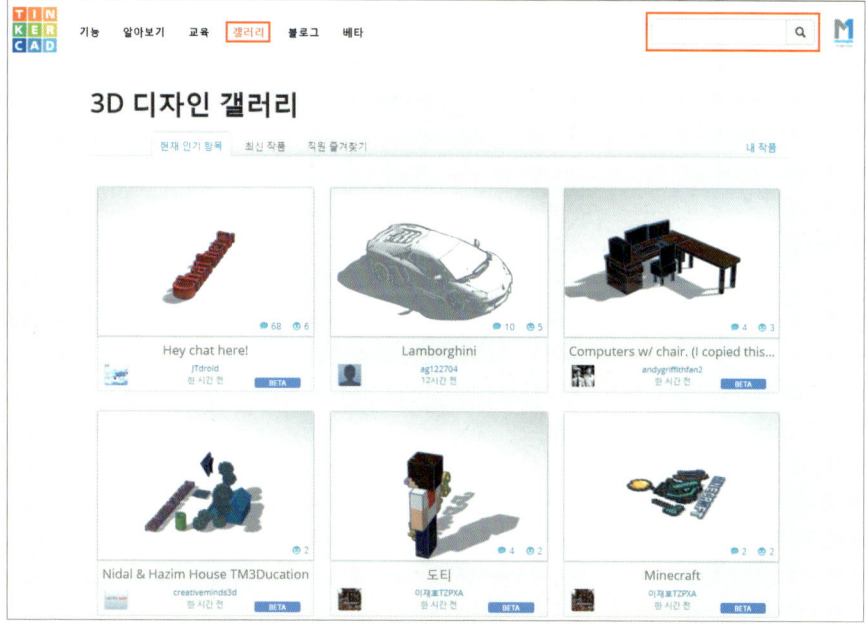

예를 들어 검색창에서 [House]를 입력 후 검색해보면 다양한 작품들이 검색되고 원하는 모델링을 찾아 수정하여 사용할 수 있습니다.

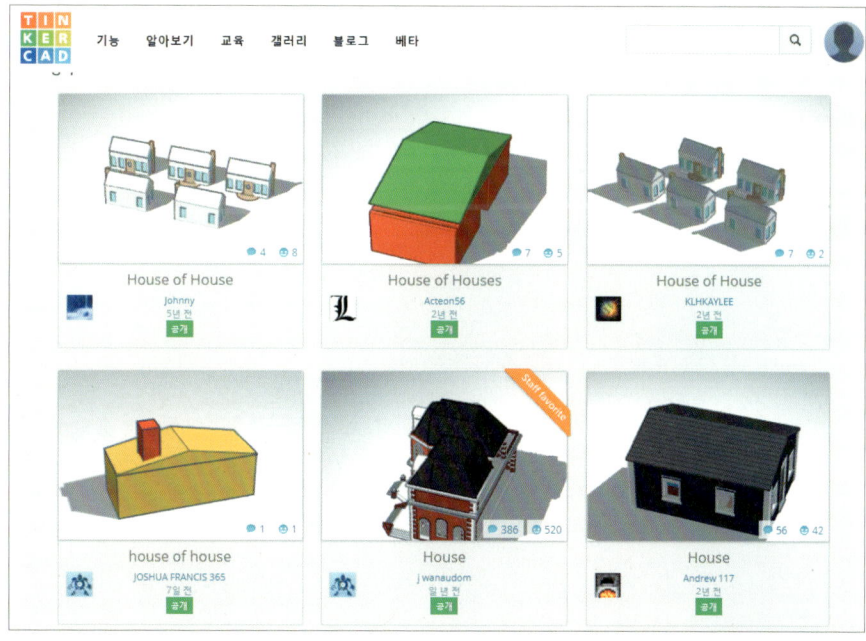

마음에 드는 공유 파일을 찾아 [복사하여 편집]을 누릅니다.

그러면 편집할 수 있도록 작업 평면에 공유된 모델링 파일이 오픈됩니다.

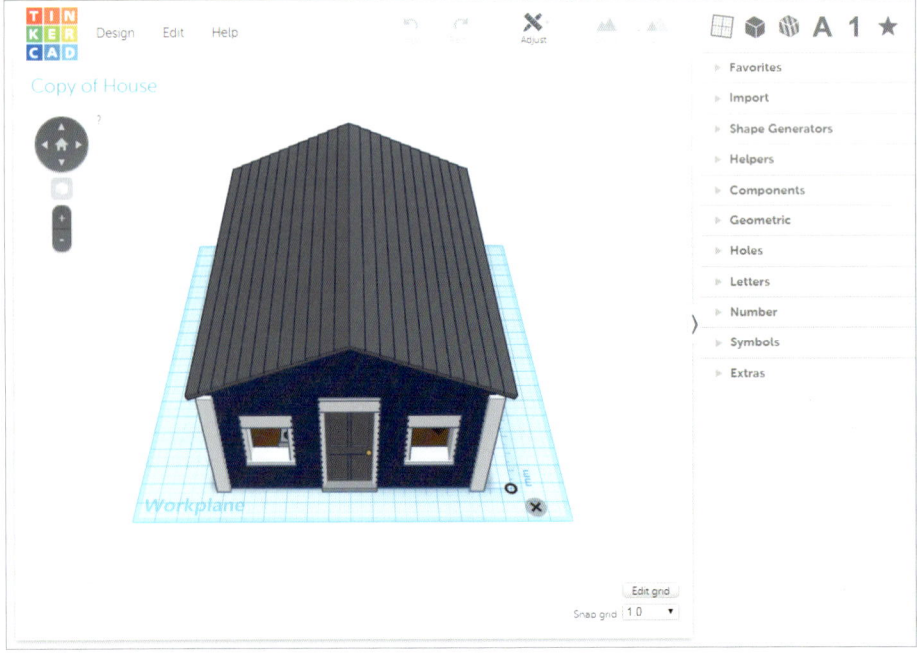

SECTION 33 SVG 파일 가져오기

SVG 파일은 어도비와 함께 W3C에서 개발한 개방형 표준으로 2차원 벡터 그래픽 형식의 파일입니다. SVG 파일을 다운로드 받은 후 [가져오기] 아이콘을 누르면 파일을 직접 선택하여 작업 평면으로 가져올 수 있습니다.

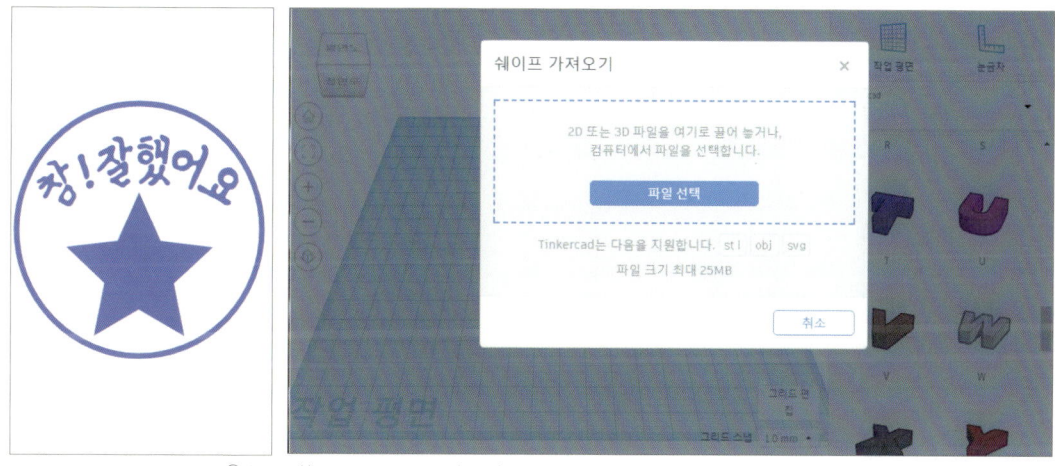

ⓒ https://ko.wikipedia.org/wiki/%ED%8C%8C%EC%9D%BC:GJstamp_star.svg

파일에 따라 크기가 클수도 있는데 이런 경우 마우스를 사용하거나 치수를 직접 입력하여 크기를 조절해서 사용하면 됩니다.

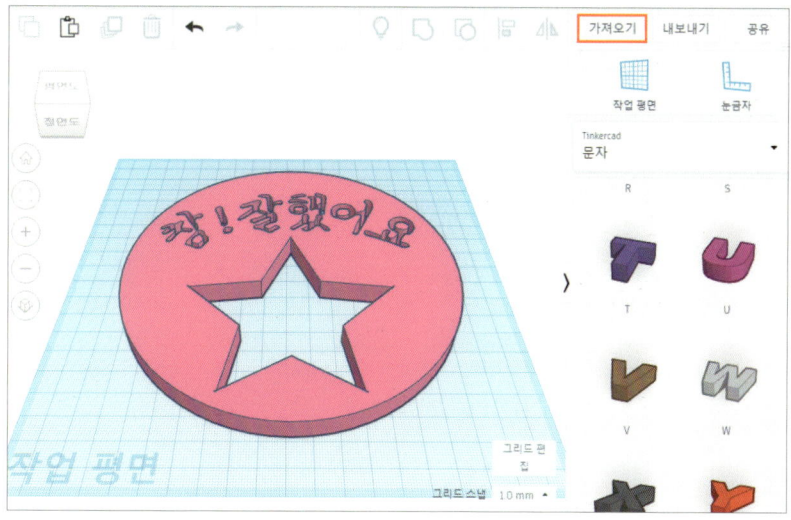

| 팅커캐드(TinkerCad) 3D 모델링과
아두이노 & 3D 프린팅 활용 가이드북

CHAPTER 03

3D 프린터로 출력하기

팅커캐드에서 모델링한 파일을 출력하는 과정에 대해 이해해보고
나만의 개성있는 디자인을 3D 프린터로 출력하여
실생활 속에서 사용해 볼 수 있는 제품으로 만들어보도록 하고
국내외 유·무료 3D 파일 다운로드 사이트에 대해 알아보겠습니다.

SECTION 01 3D 프린팅용 파일로 내려받기

팅커캐드에서 모델링한 파일은 인터넷상의 클라우드 저장 공간으로 작업 파일이 자동으로 저장됩니다. 따라서 [저장하기] 아이콘은 없으며 모델링한 파일을 3D프린터로 출력하기 위해서는 [내보내기]를 하면 하면 됩니다. 우측 상단의 [내보내기] 버튼을 클릭합니다.

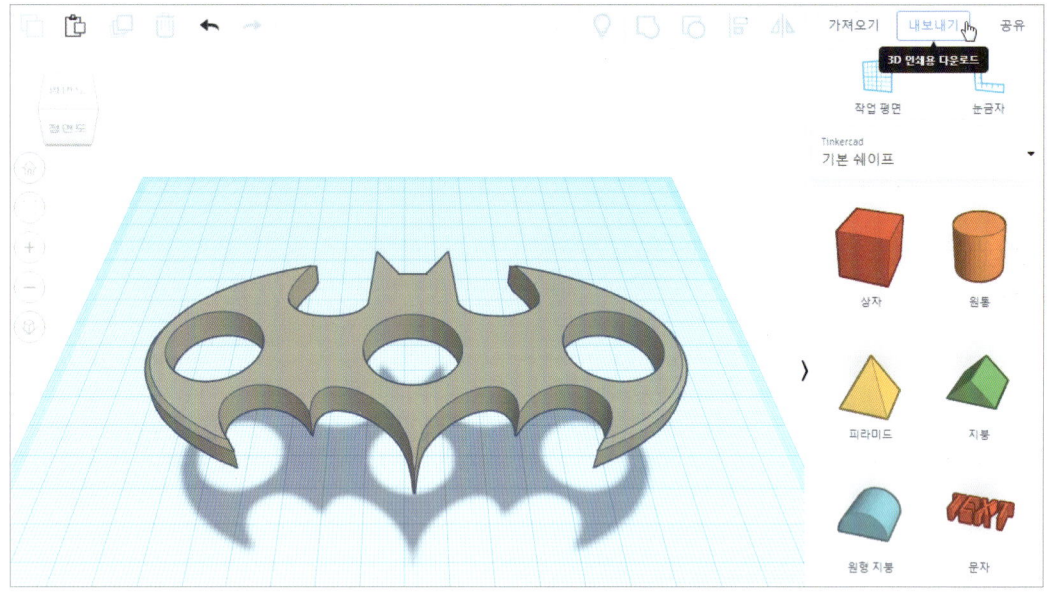

그러면, 다운로드 창이 나타나며 어떤 파일 형식으로 저장할 것인지 선택해야 하는데 보통 보급형 3D 프린터로 출력하기 위해서는 [.STL]을 선택해 주면 됩니다.
[.OBJ] 파일도 출력이 가능하지만 이 형식은 모델의 색상 정보까지 포함된 파일인데 한 가지 색상의 필라멘트로 출력하는 싱글 노즐 3D 프린터에서는 필요없는 사항입니다. 그리고, 아래에 보이는 [.SVG] 형식은 레이저 커팅을 위한 2D 벡터 파일로 변환시켜주는 것입니다.

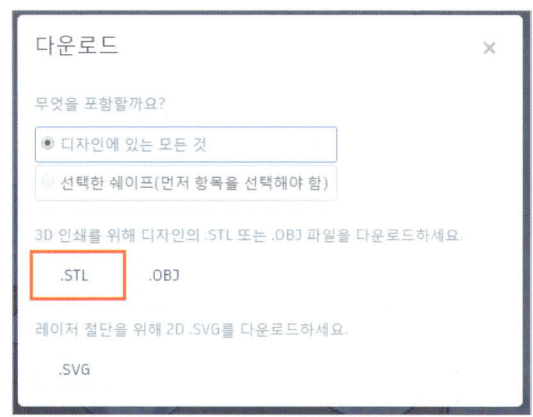

[.STL]을 클릭하면 화면 좌측 하단에 변환된 파일이 저장된 것을 볼 수 있습니다.

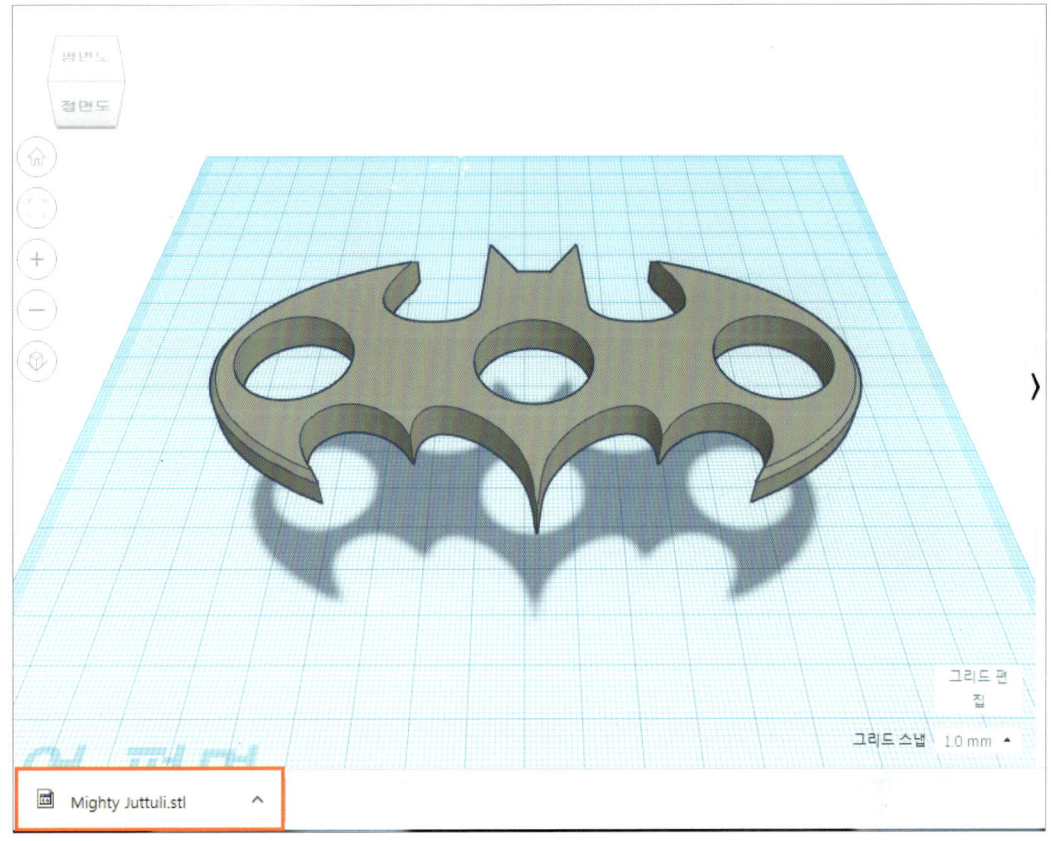

SECTION 02
3D 프린터로 출력하기

■ DP200 3D 프린터

■ 출력용 PLA 필라멘트

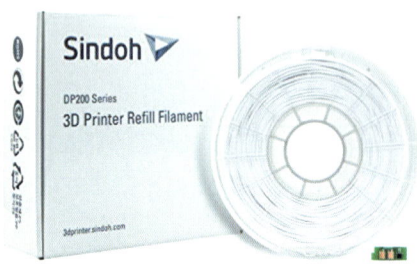

저장된 STL 파일을 3D 프린터로 출력하기 위해서는 3D프린터가 필요할 것입니다. 저는 신도리코의 3D 프린터인 3DWOX DP200 장비로 출력을 해보려고 합니다.

우선 3D 프린터에서 제공되는 슬라이싱 프로그램을 실행하고, 출력하고자 하는 모델(STL 파일)을 불러오기 합니다.

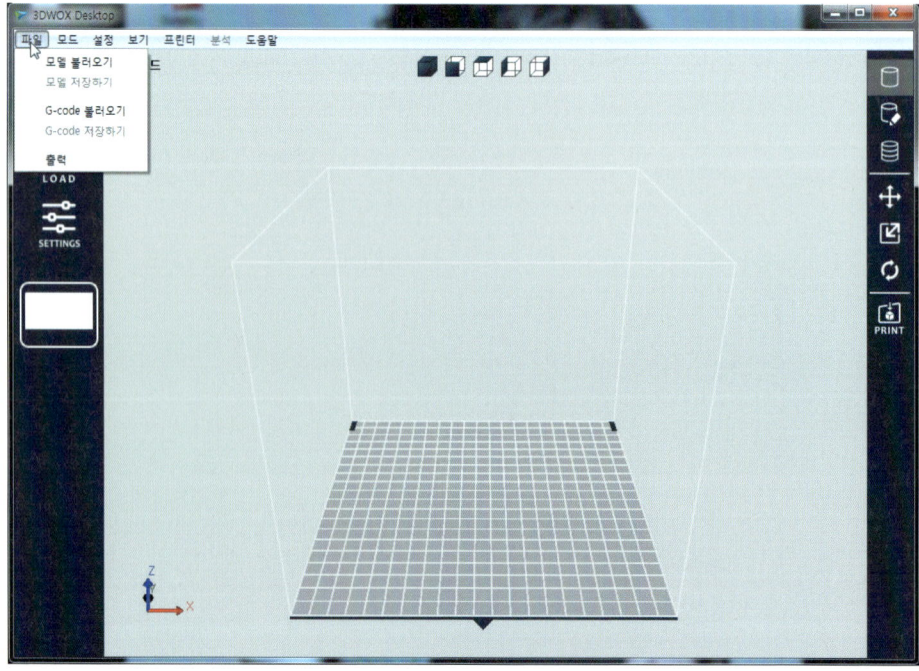

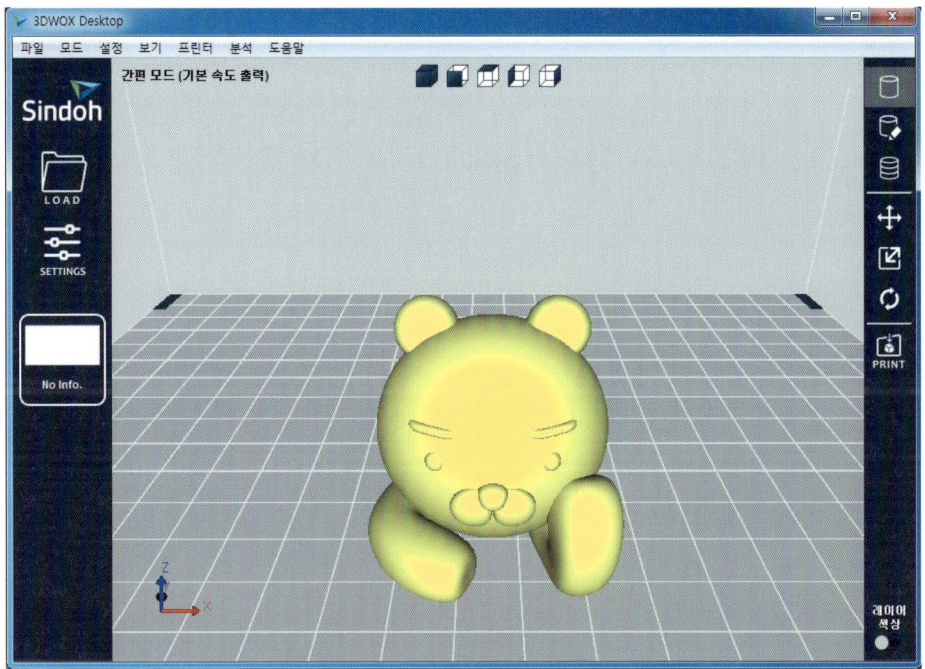

그리고 나서 슬라이싱 프로그램에서 레이어 뷰어를 클릭하면 G-Code를 생성하기 시작하면서 모델의 적층 레이어수가 212층이며 출력시간은 약 1시간 55분에 소모되는 필라멘트양은 17.4 그램 정도라는 것을 계산하여 사용자에게 친절하게 알려줍니다.

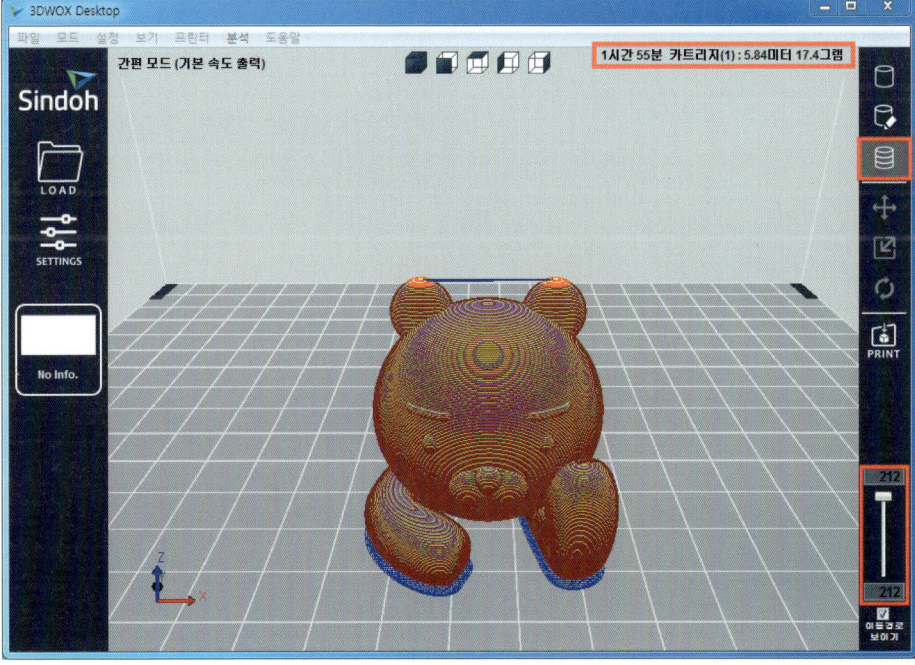

슬라이서 화면의 좌측 상단 메뉴 중 [파일]을 클릭하고 [G-code 저장하기]를 눌러 USB에 저장한 후 3D 프린터로 출력하면 2시간 이후에 실제 손으로 만져볼 수 있는 출력물을 만나볼 수 있게 됩니다. 참 쉽고 사용법도 간단하지요. 하나도 어렵지 않습니다.

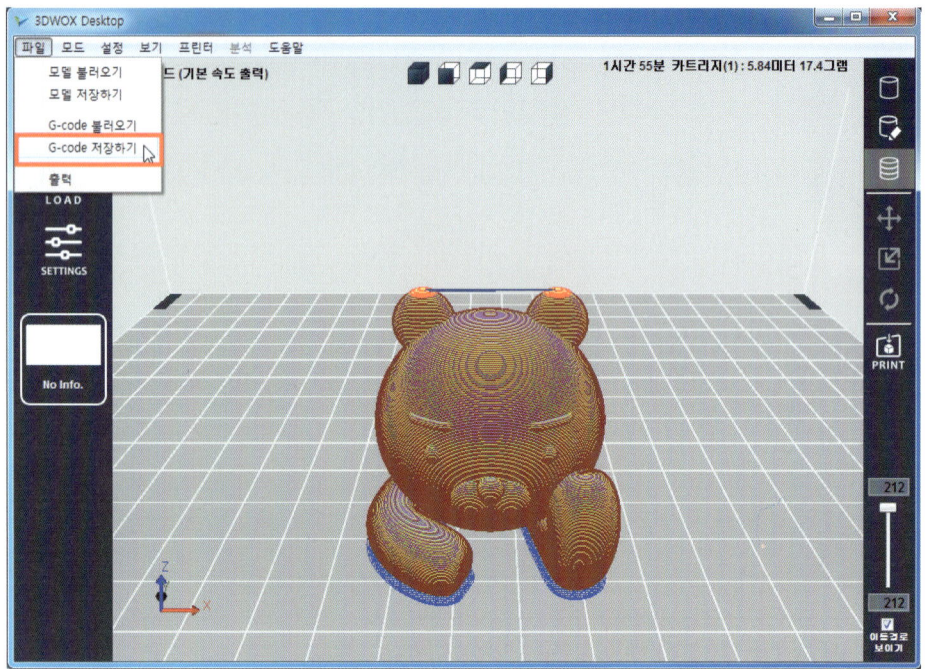

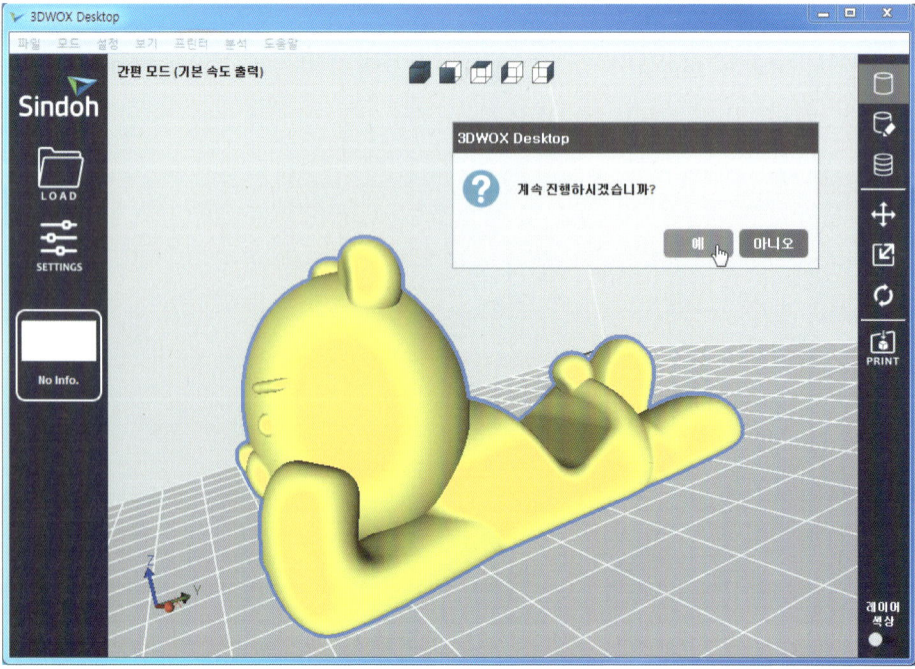

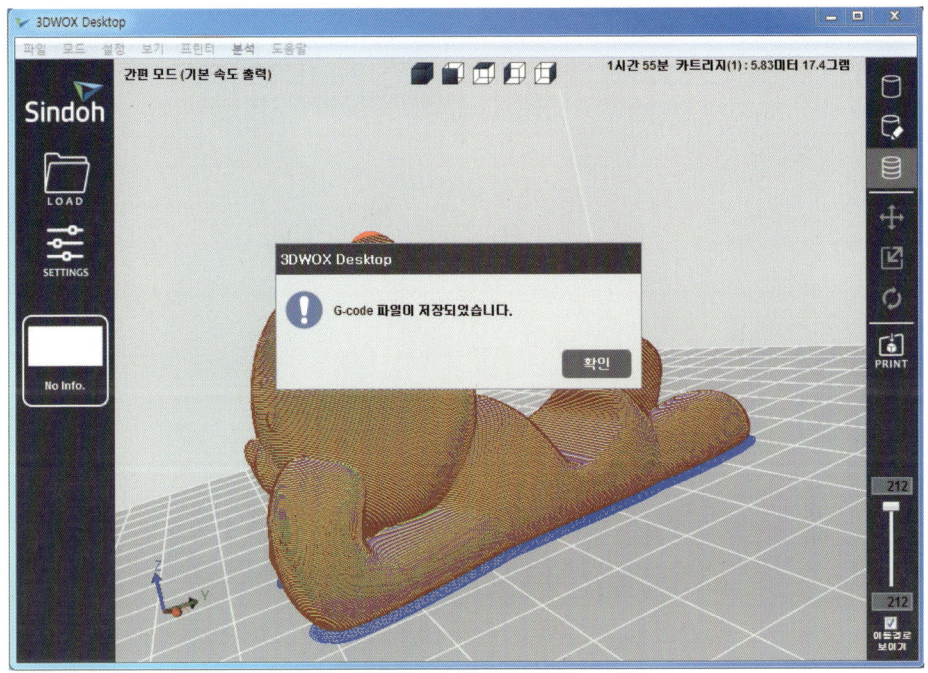

파일이 저장된 USB를 3D 프린터에 입력 후 터치 화면에서 [출력]을 누르고 저장한 G-code를 선택한 후 출력 시작 버튼을 누르면 자동으로 온도를 설정하고 출력을 시작합니다.

한층 한층 적층하기 시작하면서 모델을 출력하여 완성된 것입니다.

3D 프린팅을 위한 3D 파일 공유 국내외 플랫폼 소개

해외 유무료 3D 파일 다운로드 사이트

- 싱기버스 http://www.thingiverse.com/
- GrabCAD Community http://grabcad.com
- YouMagine https://www.youmagine.com/
- 3D Warehouse https://3dwarehouse.sketchup.com/
- 3Dupndown http://www.3dupndown.com/
- My Mini Factory https://www.myminifactory.com/
- yeggi http://www.yeggi.com/
- pinshape https://pinshape.com/
- 터보스퀴드 https://www.turbosquid.com/
- yobi3D https://www.yobi3d.com/
- 스케치팹 https://sketchfab.com/
- Cults3D https://cults3d.com/
- 3DSHOOK http://www.3dshook.com/
- instructables http://www.instructables.com/
- 아카이브3D https://archive3d.net/
- TF3DM https://free3d.com/
- 3DModelFree http://www.3dmodelfree.com/
- 3dtotal https://www.3dtotal.com/
- ANIMIUM http://animium.com/
- 3DCadNav http://www.cadnav.com/
- 3DXTRAS http://www.3dxtras.com/
- 3DAGOGO https://www.3dagogo.com/
- REPABLES https://repables.com/
- STLfinder https://www.stlfinder.com/

국내 유무료 3D 파일 다운로드 사이트

- 3DBANK http://www.3dbank.or.kr/
- 파프리카 3D http://paprika3d.com/
- FAB365 https://fab365.net/
- 메이커스앤 http://www.makersn.com/
- 플레이3D http://www.play3d.net/
- 3D업앤다운 http://www.3dupndown.com/

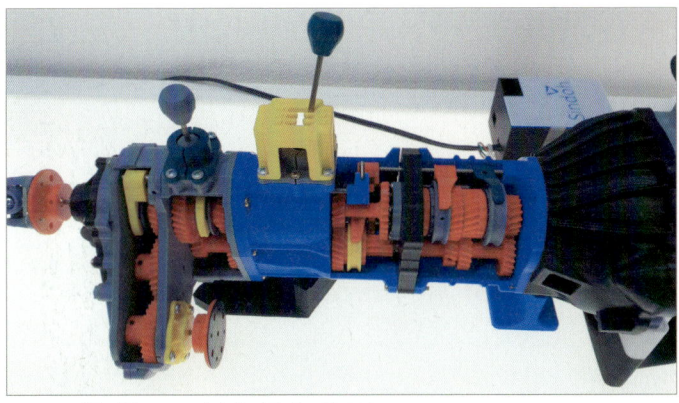

▲ FFF 기술방식 3D 프린터 출력물의 조립구동

팅커캐드(TinkerCad) 3D 모델링과
아두이노 & 3D 프린팅 활용 가이드북

CHAPTER 04

아이디어 모델링하기

팅커캐드에서 모델링한 파일을 출력하는 과정에 대해 이해해보고
나만의 개성있는 디자인을 3D 프린터로 출력하여
실생활 속에서 사용해 볼 수 있는 제품으로 만들어보도록 하고
국내외 유무료 3D 파일 다운로드 사이트에 대해 알아보겠습니다.

SECTION 01 이름표 모델링하기

❶ [기본 쉐이프]에서 [상자]와 [원통]을 선택하고 작업평면으로 가져옵니다.

❷ [상자]의 크기를 가로 60, 세로 20으로 하고 높이를 3으로 만듭니다.

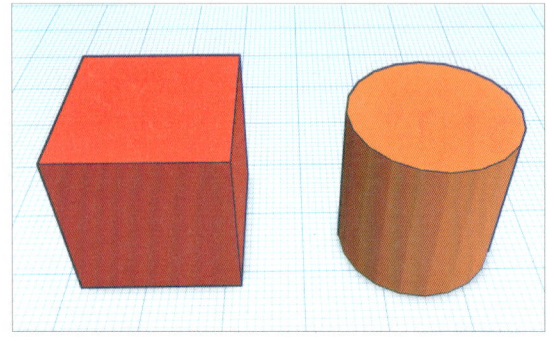

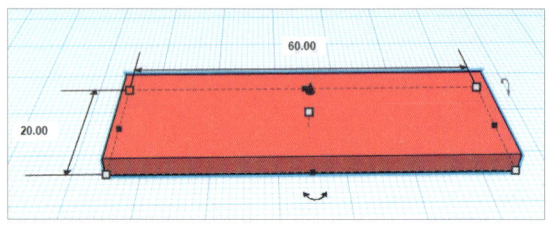

❸ [원통]의 크기를 20으로 하고 높이를 3으로 만듭니다.

❹ 다음과 같이 상자의 양쪽 끝에 원통을 위치시킵니다.

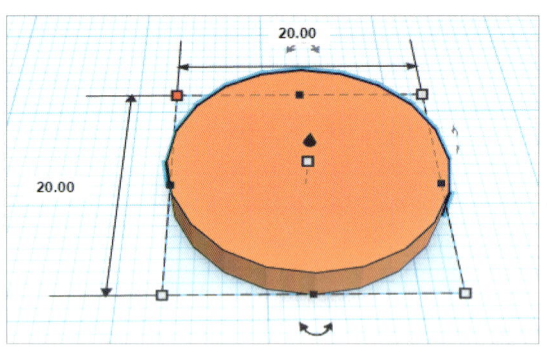

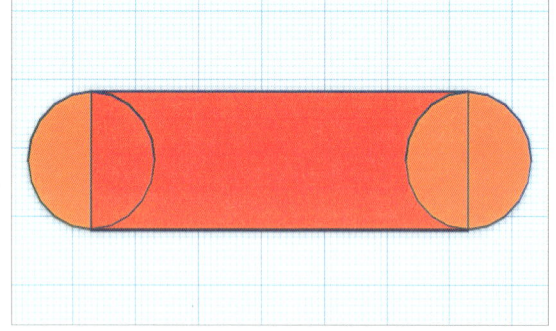

❺ [기본 쉐이프]에서 [상자]와 [원통]을 선택하고 작업평면으로 가져옵니다.

❻ [상자]의 크기를 가로 60, 세로 20으로 하고 높이를 3으로 만듭니다.

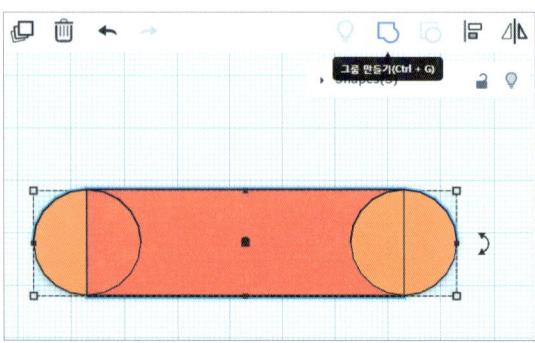

❼ [기본 쉐이프]에서 [문자]를 가져와 크기와 문자를 변경해 주고 문자를 위로 3mm 이동시킵니다.

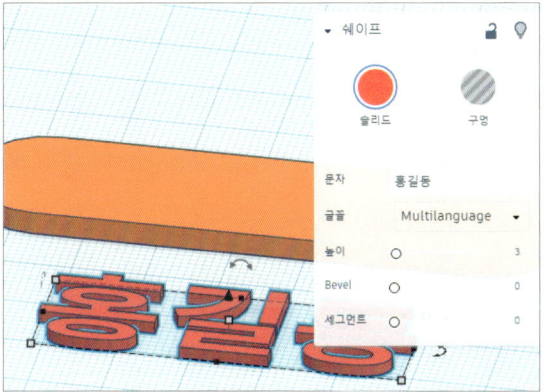

❽ 문자를 도형 위에 올려 놓은 후 [정렬] 기능을 이용하여 가운데에 정렬시킵니다.

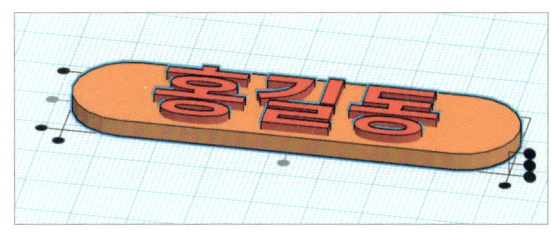

❾ 문자와 도형을 전부 선택한 후 [그룹 만들기]를 실시합니다.

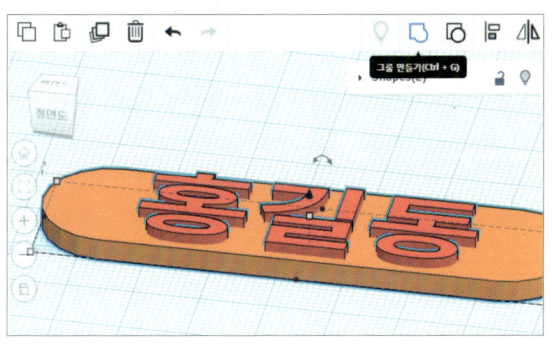

❿ 이름표에 구멍을 뚫기 위해 구멍 [원통]을 가져와서 크기를 변경합니다.

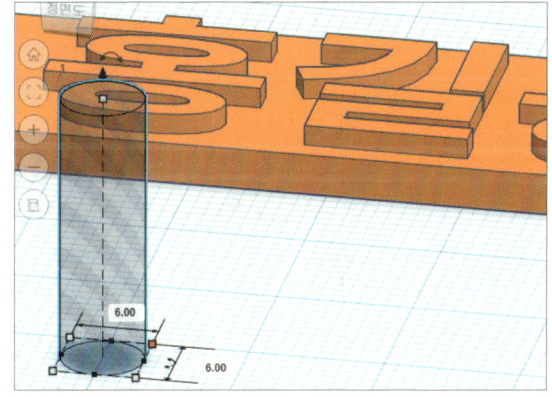

⓫ 왼쪽 반원의 중간점에 구멍 [원통]을 위치시킨 후 아래로 조금 이동합니다.

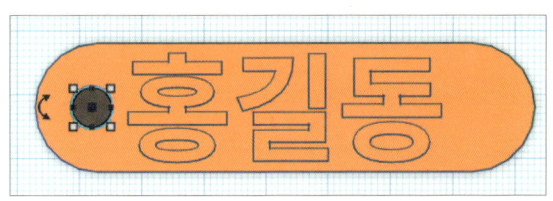

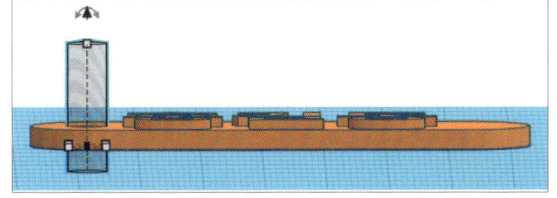

⓬ 간단한 이름표가 완성되었습니다.

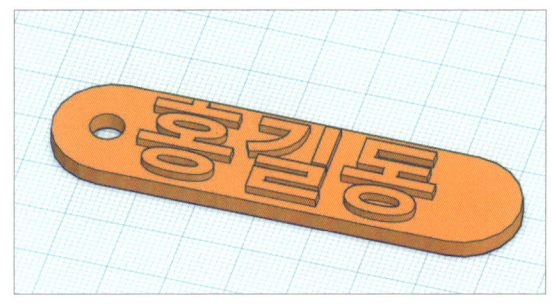

[내보내기]를 선택하고 stl 파일로 저장하여 3D 프린터로 출력합니다.

연습 모델링

1 다음과 같이 이름표를 모델링해 보세요.

2 다음과 같이 이름표를 모델링해 보세요.

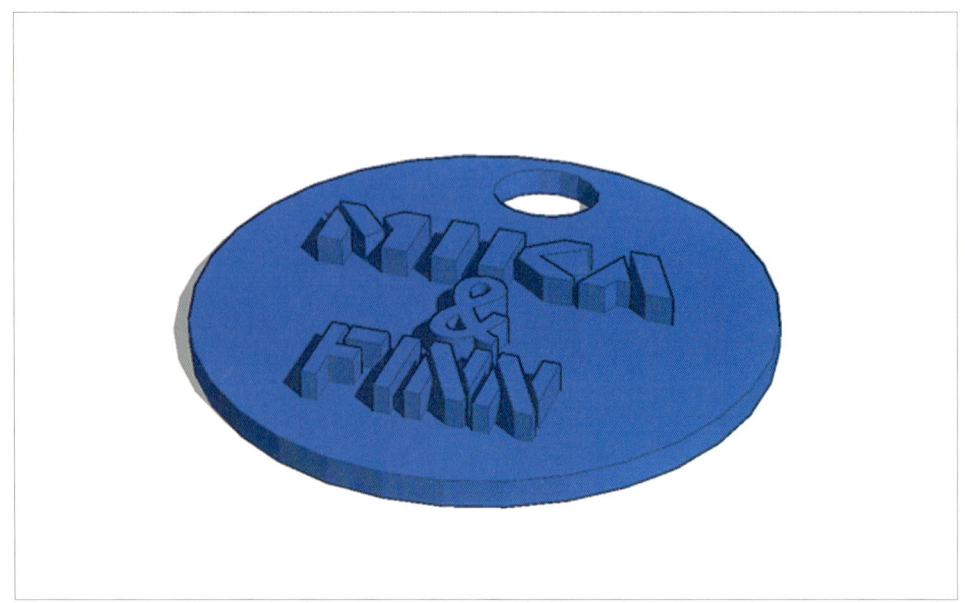

SECTION 02 숫자 주사위 모델링하기

❶ [기호]에서 주사위 도형을 선택하고 작업평면으로 가져옵니다.

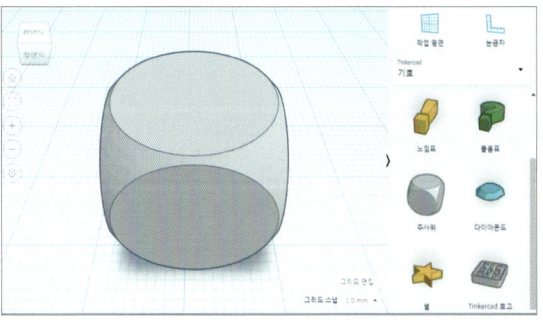

❷ [문자]에서 다음과 같이 숫자 도형을 가져옵니다.

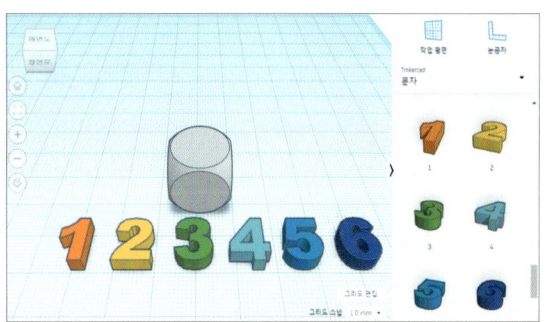

❸ 숫자 1 도형을 선택하고 위로 이동합니다.

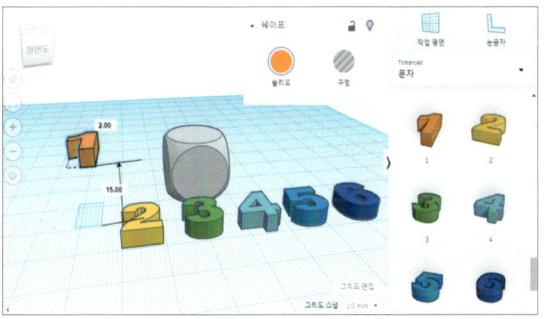

❹ 숫자 1 도형과 주사위 도형을 선택한 후 [정렬] 기능을 이용하여 정렬합니다.

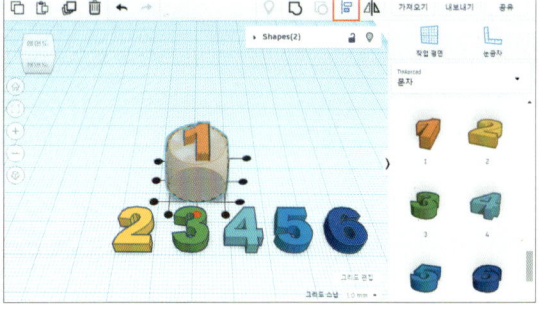

❺ 숫자 1 도형과 주사위 도형을 함께 선택한 후 180도 회전시킵니다.

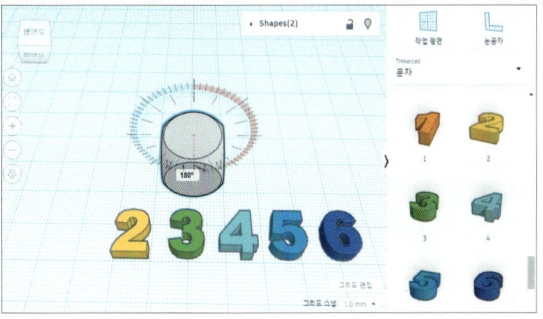

❻ 숫자 6도형을 위로 이동 후 주사위에 배치하고 정렬시킵니다.

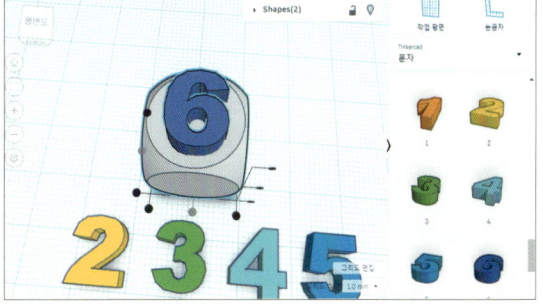

❼ 위와 같은 방법으로 나머지 숫자 도형들을 배치하고 정렬 시킵니다.

❽ 숫자 도형 배치를 마쳤으면 전부 선택한 후 [그룹 만들기] 를 실시합니다.

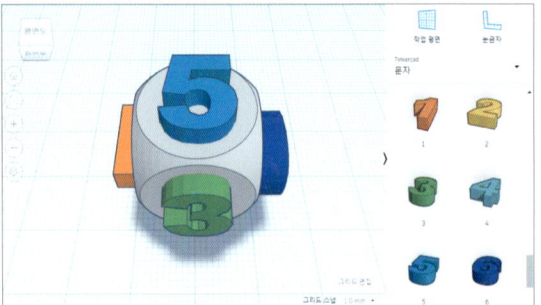

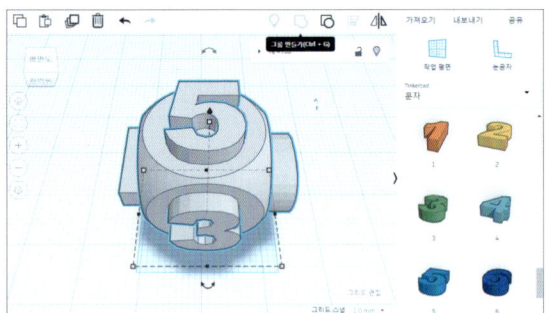

❾ [그룹 만들기]를 실시하면 한가지 색상으로 통일이 됩니다.

❿ [솔리드]를 선택한 후 [여러 색]에 체크하면 원래 숫자들의 색상으로 돌아옵니다.

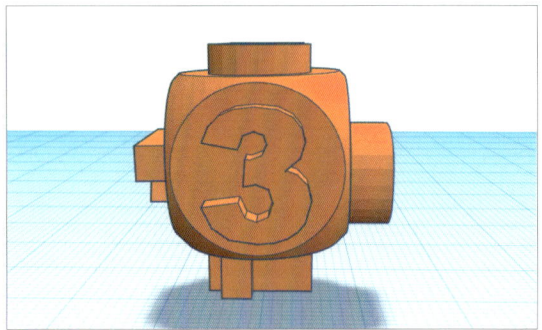

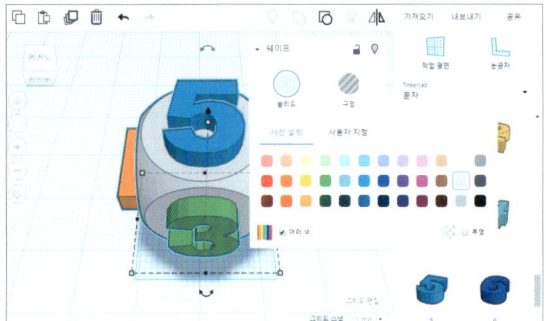

연습 모델링

1 다음과 같이 주사위를 모델링해 보세요.

2 다음과 같이 주사위를 모델링해 보세요.

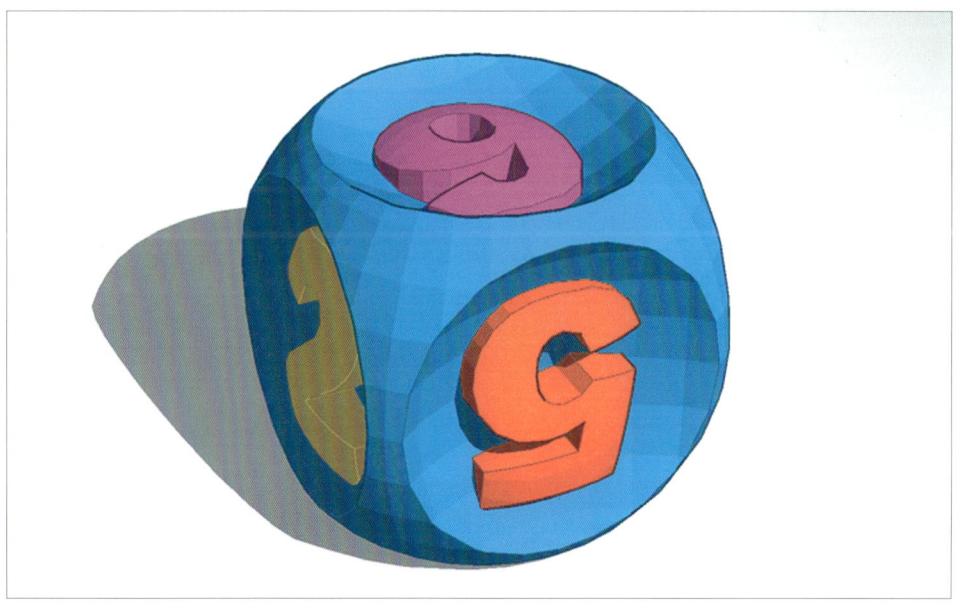

SECTION 03 워크플레인 기능으로 숫자가 파인 주사위 모델링하기

❶ [기본 쉐이프]에서 상자 도형을 선택하고 작업평면으로 가져옵니다. 만약 모서리 부분을 둥글게 하고 싶다면 [쉐이프 창]에서 반지름을 입력해 주면 됩니다.

❷ 우측 상단의 [작업 평면]을 마우스 왼쪽버튼을 누른 채 작업할 면에 위치시킵니다.

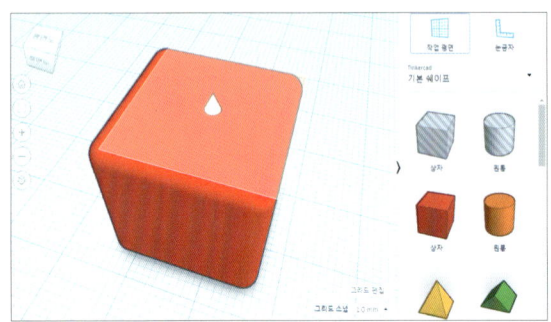

❸ [문자]에서 숫자 1 도형을 선택하여 작업 면에 위치시킵니다.

❹ [정렬] 기능을 이용하여 보기 좋게 가운데로 정렬시킵니다.

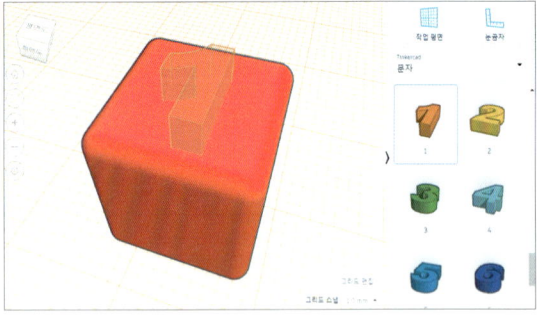
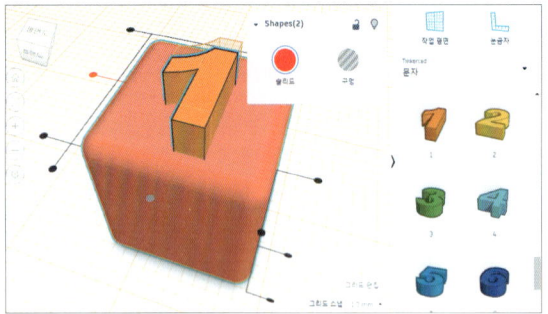

❺ 숫자 1 도형을 선택한 후 [쉐이프 창]에서 [구멍]을 선택해 줍니다.

❻ 숫자 1 도형을 상자 윗면 높이에 맞게 아래로 4mm 이동시켜줍니다.

❼ 마우스 우측 버튼을 누른 채 화면 시점을 이동해 가며 나머지 숫자 도형들도 워크 플랜 기능을 활용하여 같은 방법으로 작업합니다.

❽ [작업 평면]을 드래그하면 원래 화면으로 돌아옵니다. 이제 전체 도형을 선택한 후 [그룹 만들기]를 실시하면 숫자가 파인 주사위가 완성되었습니다.

연습 모델링

1 다음과 같이 주사위를 모델링해 보세요.

2 다음과 같이 주사위를 모델링해 보세요.

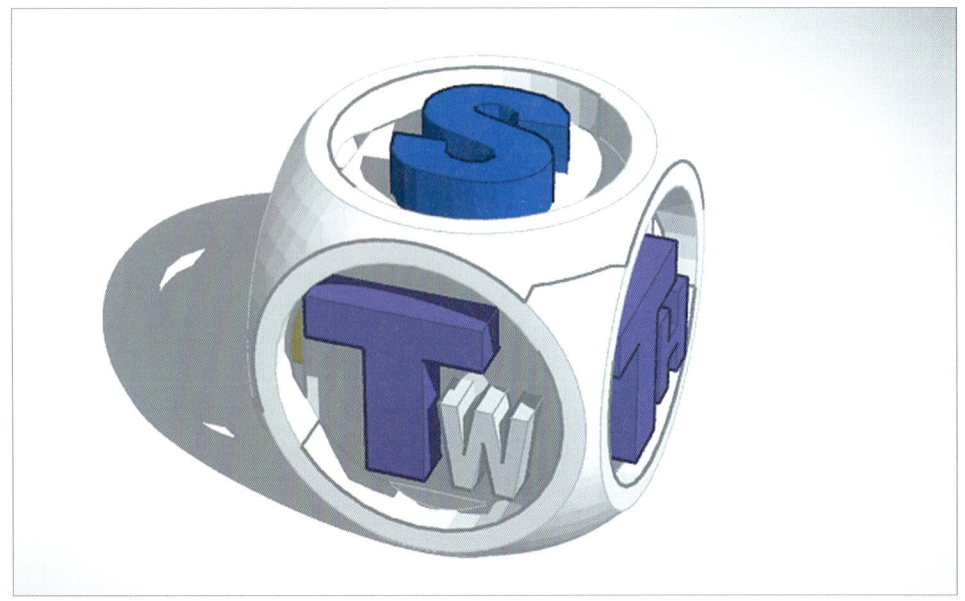

SECTION 04 머그컵 모델링하기

❶ [기본 쉐이프]에서 원통 도형을 선택하고 작업평면으로 가져옵니다. 현재 사용 중인 머그컵의 치수를 측정해서 만들어보겠습니다. 원통의 치수를 80.00mm로 변경하고 높이를 75.00mm로 변경합니다.

❷ 컵의 내부를 만들기 위해 원통을 복사한 후 치수를 70.00mm로 수정합니다.

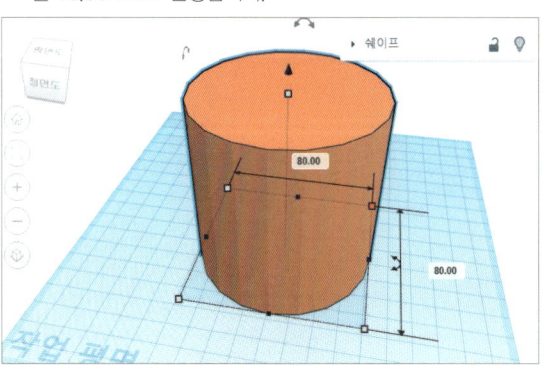

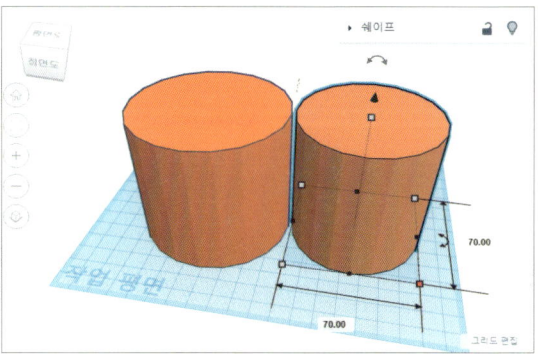

❸ 바닥면을 만들기 위해 원통 도형을 바닥에서 5.00mm 위로 이동합니다.

❹ 내부 속을 만들 원통 도형을 이동시킨 후 [정렬] 기능을 이용하여 가운데로 정렬시킵니다.

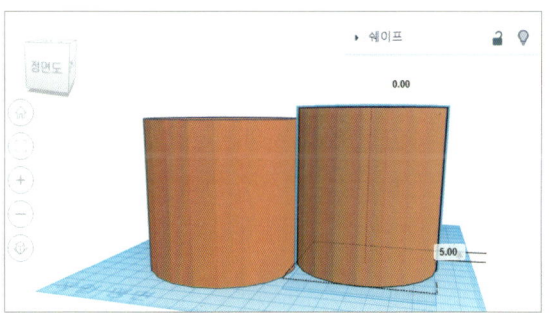

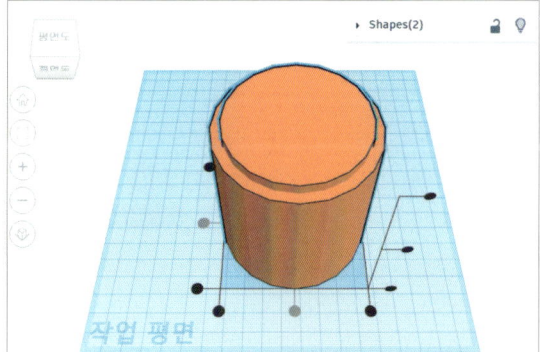

❺ 내부 원통 도형을 선택한 후 [쉐이프 창]에서 [구멍]을 선택해 줍니다.

❻ 손잡이를 만들기 위해 [기본 쉐이프]에서 [토러스]를 가져와 크기를 변경해줍니다.

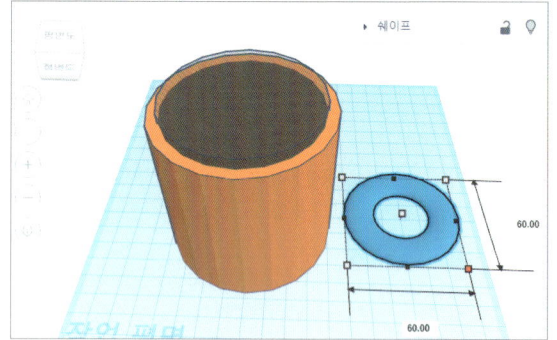

❼ [토러스]를 90도로 회전시킵니다.

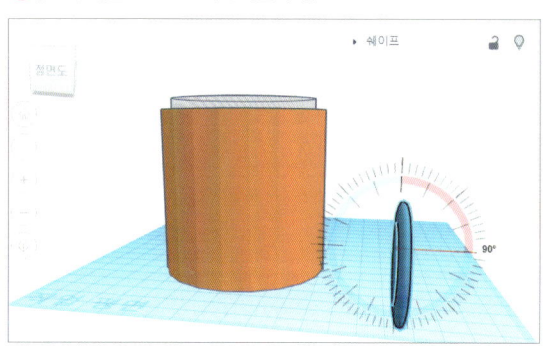

❽ [토러스]를 작업평면 바닥에서 8.00mm 위로 이동시킨 후 90도 회전시킵니다.

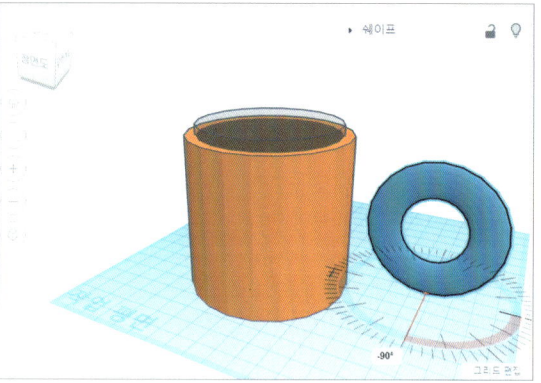

❾ 손잡이를 완성하기 위해 도형을 전체 선택한 후 [그룹 만들기]를 실시합니다.

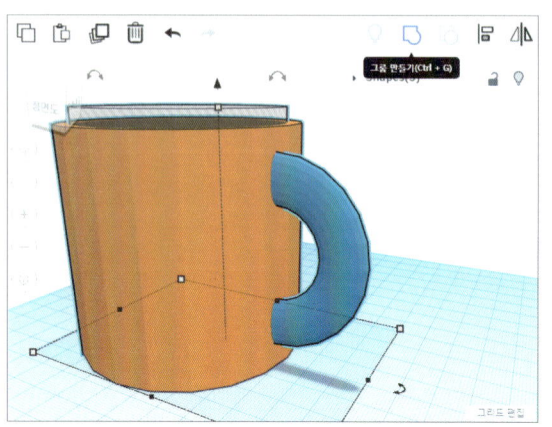

❿ 간단한 머그컵이 완성되었습니다.

연습 모델링

1 다음과 같이 컵을 모델링해 보세요.

2 다음과 같이 컵을 모델링해 보세요.

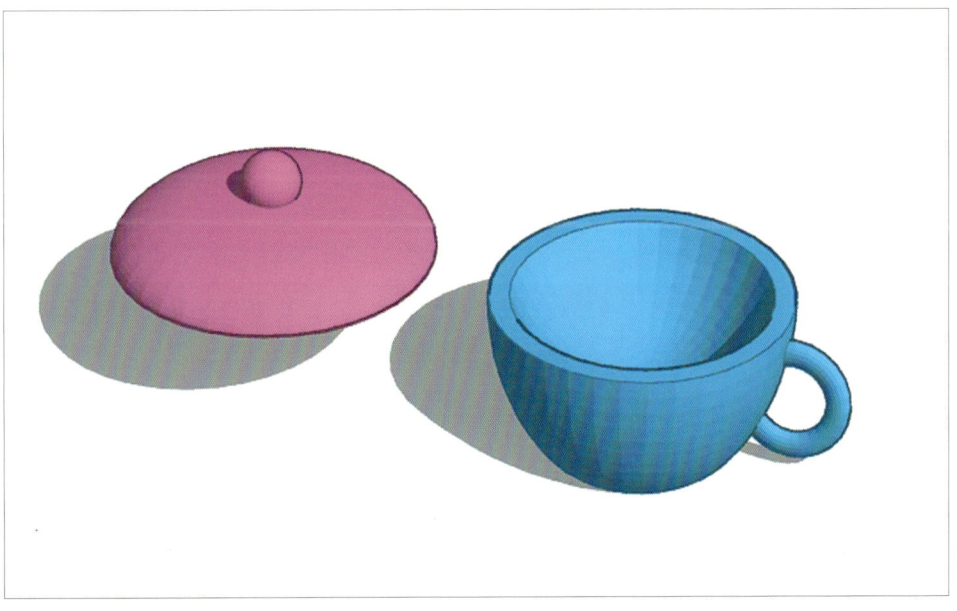

SECTION 05 피젯 스피너 모델링하기

❶ 상자 도형을 가져온 후 가로 75mm, 세로 26mm, 높이를 7mm로 만듭니다.

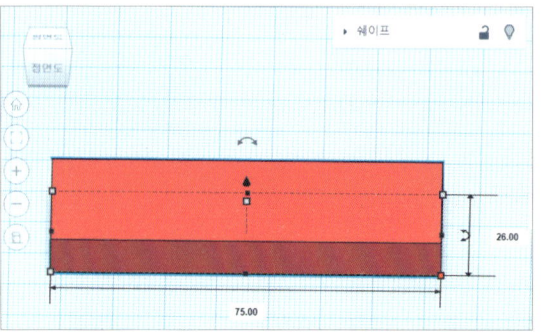

사용할 볼 베어링의 치수는 안지름 : 8mm, 바깥지름 : 22 mm, 두께 : 7mm입니다.

❸ 원통 도형을 상자 도형의 좌우 끝선에 위치시킵니다.

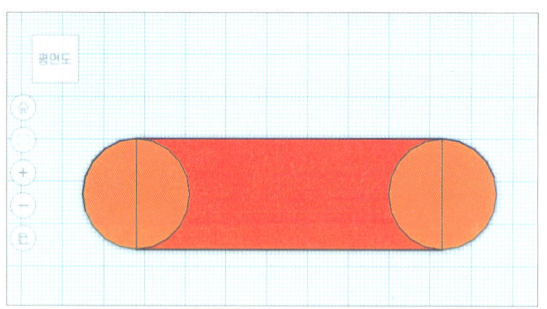

❺ 구멍 원통 도형을 가져와서 복사하여 붙여넣기해서 3개소를 중심에 맞게 정렬시킵니다.

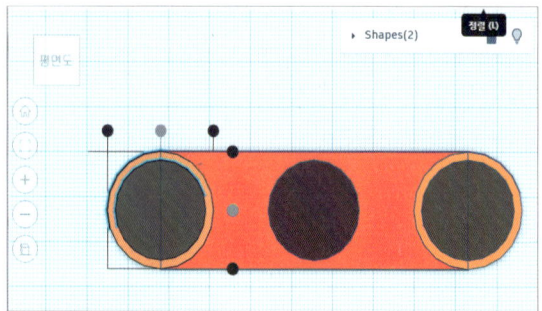

❷ 원통 도형을 가져온 후 가로와 세로를 26mm, 높이를 7mm로 만들어 줍니다.

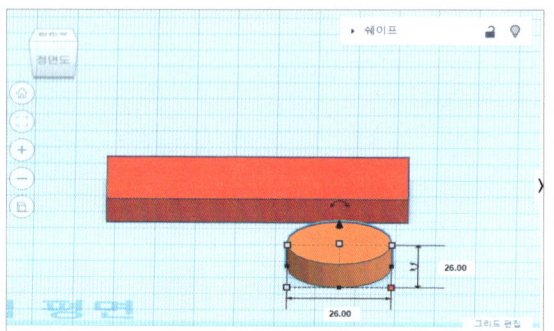

❹ 베어링을 삽입할 구멍을 만들기 위해 구멍 원통 도형을 가져와 가로와 세로를 22mm로 만듭니다.

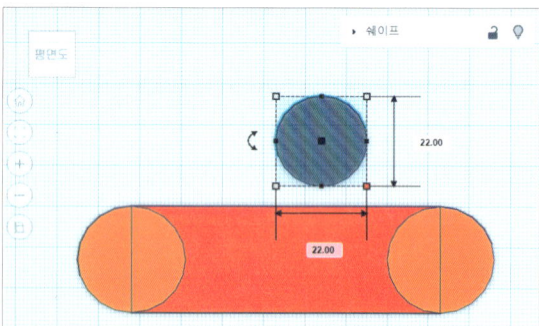

❻ 전체 도형을 선택한 후 [그룹 만들기]를 실시합니다.

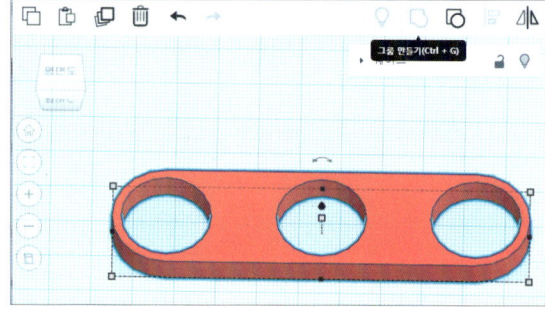

❼ 합쳐진 도형을 선택한 후 [복제]를 선택하고 45도 회전시킵니다.

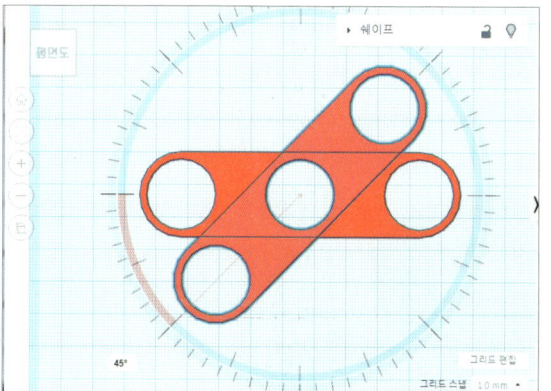

❽ [복제]를 2번 연속해서 선택하면 45도의 동일한 간격으로 복제가 됩니다.

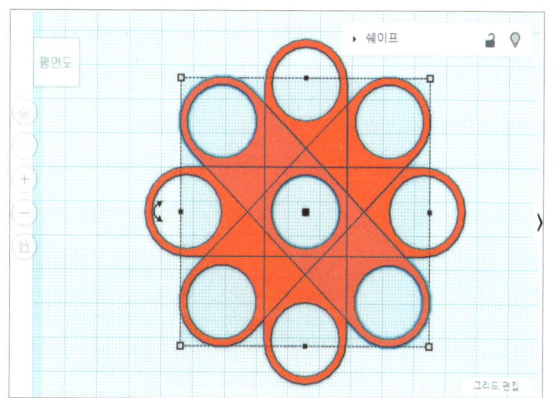

❾ 전체 도형을 선택한 후 [그룹 만들기]를 실시합니다.

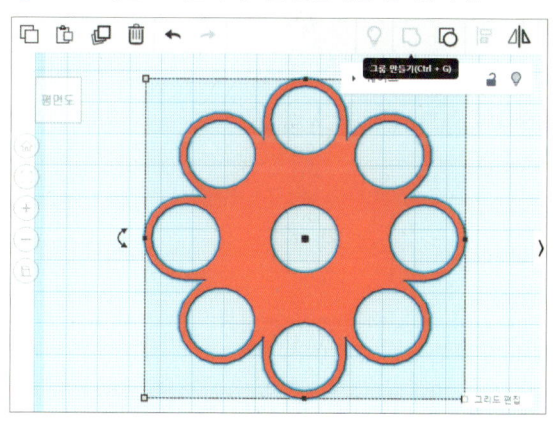

❿ 피젯스피너 몸체가 완성되었으므로, 좌우 손잡이를 만듭니다. 원통 도형을 가져와서 하나는 가로와 세로를 26mm, 높이를 3mm로 만들어 주고, 하나는 베어링 안지름에 맞추어 가로와 세로를 8mm, 높이를 3mm로 만들어 줍니다.

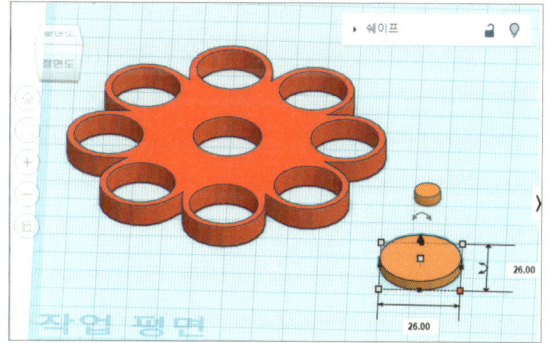

⓫ 작은 원통 도형을 바닥에서 3mm 올린 후 큰 원통 도형에 위치시키고 [그룹 만들기]를 실시합니다.

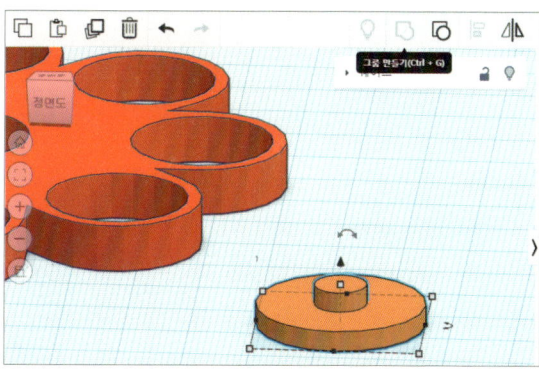

⓬ 손잡이를 하나 더 복사하고 배치하면 간단한 피젯 스피너가 완성되었습니다.

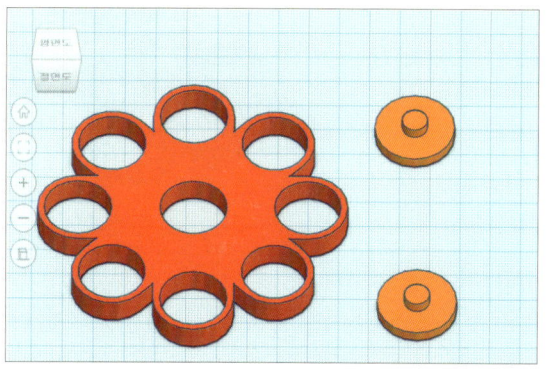

연습 모델링

1 다음과 같이 피젯 스피너를 모델링해 보세요.

2 다음과 같이 다양한 피젯 스피너를 모델링해 보세요.

SECTION 06 렌치 공구 모델링하기

❶ 원통 도형을 가져와 평면 핸들의 길이와 너비를 25mm, 원통 위의 핸들을 이용하여 높이를 5mm로 만듭니다.

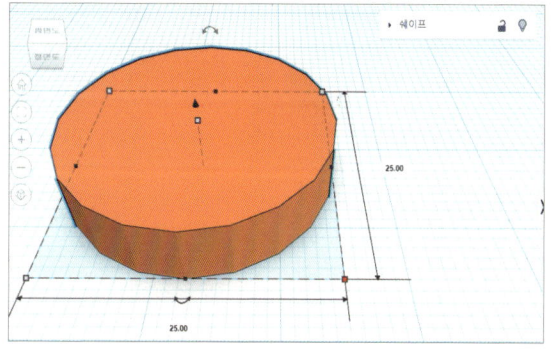

❷ 구멍 원통 도형을 가져와 길이와 너비를 12.5mm로 만듭니다.

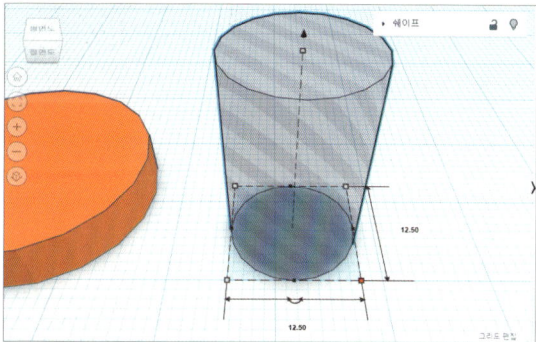

❸ 두 도형을 선택하고 정렬 버튼을 누른 후 가운데 정렬시킵니다. 검은색 정렬 핸들은 두 도형을 중심에 맞추는데 도움이 됩니다.

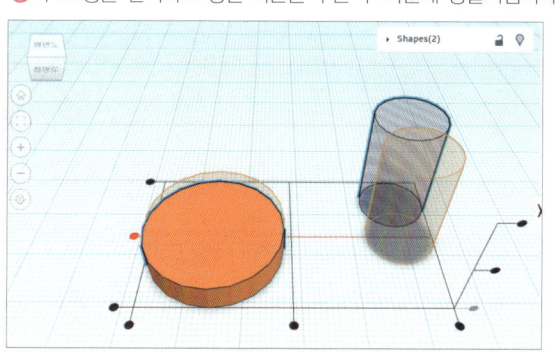

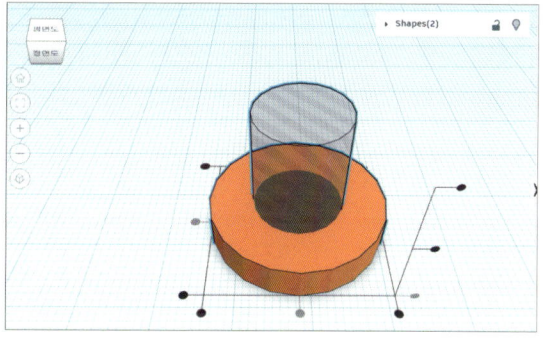

❹ 정렬이 완료되었으면 [그룹 만들기]를 실시하여 구멍을 생성해 링을 만듭니다.

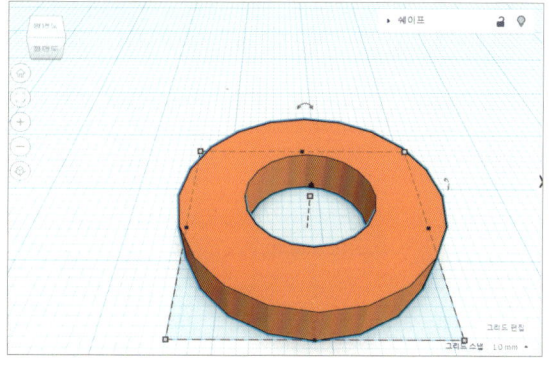

❺ 상자를 가져와 길이를 100mm로 너비를 10mm로 만듭니다.

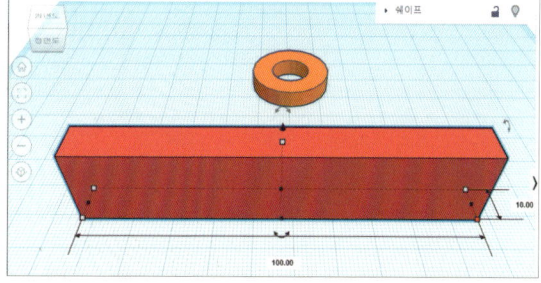

❻ 상자 위쪽의 핸들을 끌어내려 원통 높이와 일치하도록 5mm로 수정합니다.

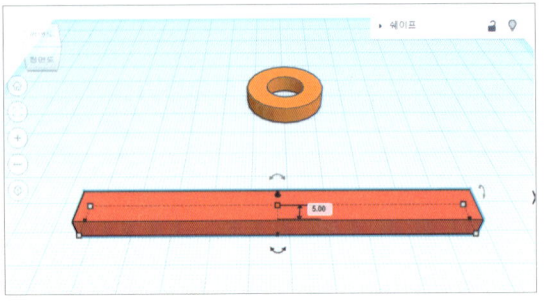

❼ 원통도형을 가져온 후 직경 30mm의 원통을 만들고 폴리곤(다각형, Polygon)을 가져와 너비를 15mm, 길이를 34mm로 만듭니다.

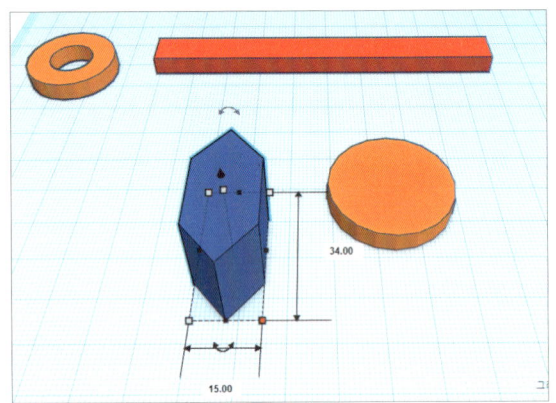

❽ 폴리곤을 선택하고 [쉐이프]에서 구멍 도형을 클릭한 후 정렬 도구를 이용해 정렬시킵니다.

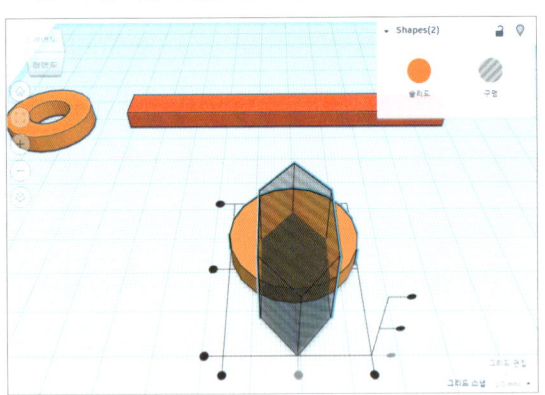

❾ 두 도형을 선택한 후 [그룹 만들기]를 실시하여 다각형 구멍을 생성시킵니다.

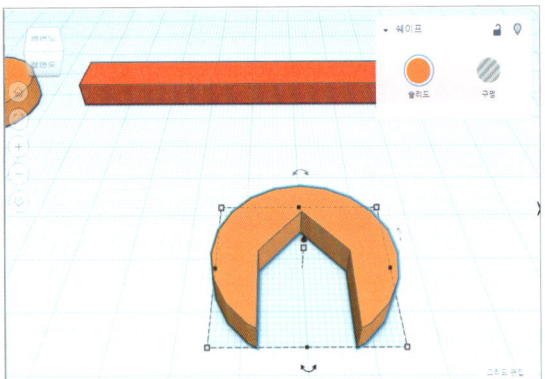

❿ 처음 만든 링을 사각 핸들과 함께 선택하고 링의 중심에 핸들이 위치하도록 정렬시킨 후 두 도형을 선택하여 [그룹 만들기]를 실시합니다. 하나로 합쳐진 두 도형은 주황색으로 통일됩니다.

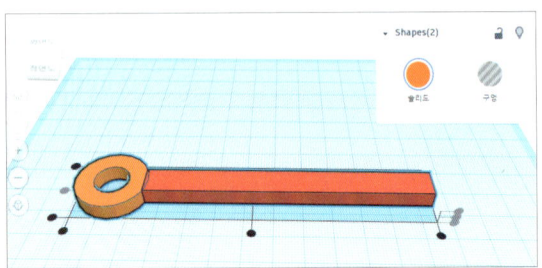
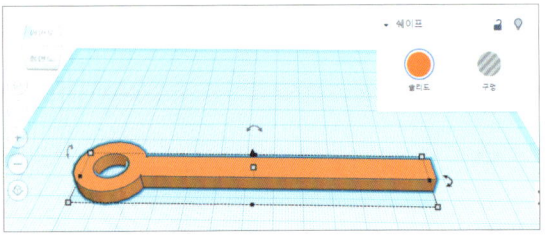

⓫ XY 평면 회전 핸들을 이용하여 다음과 같은 방향으로 60도 회전시킵니다.

⓬ 사각 핸들로 이동시킨 후 정렬 기능으로 위치를 맞춥니다.

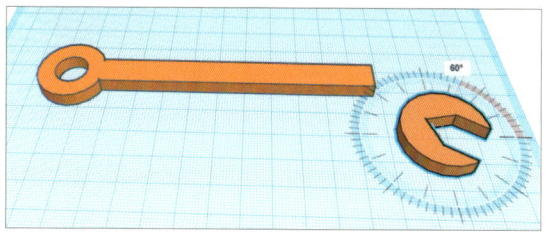
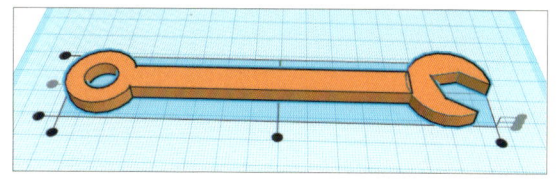

⓭ 전체 도형을 선택한 후 [그룹 만들기]를 실시하면 간단한 렌치가 완성됩니다.

⓮ 3D 프린터로 출력하기 위해 [내보내기]를 선택한 후 STL 파일로 저장합니다.

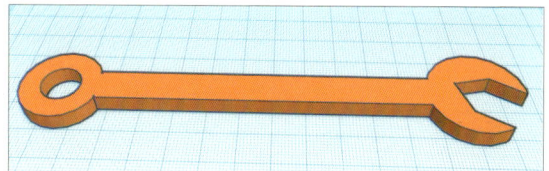

⓯ 3D 프린터로 출력한 렌치 모델입니다.

연습 모델링

1 다음과 같이 공구를 모델링해 보세요.

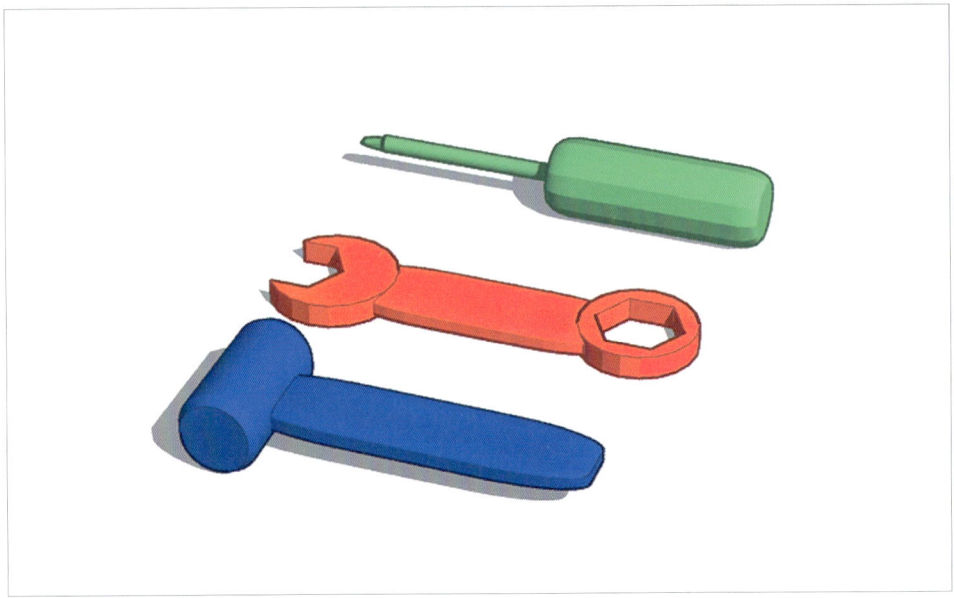

2 다음과 같이 공구를 모델링해 보세요.

SECTION 07 도장 모델링하기

❶ 원통 도형을 가져와 높이를 10mm로 만듭니다. [눈금자]를 작업평면 위로 가져다 놓으면 치수 확인이 쉽습니다.

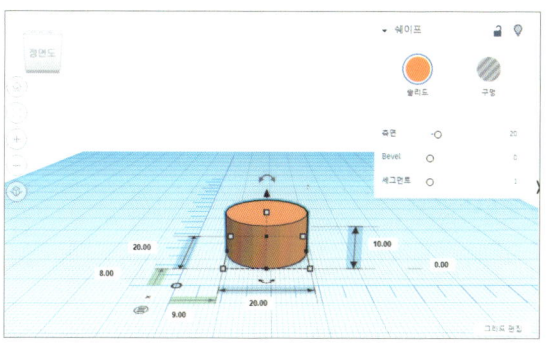

❷ 포물면 도형을 가져와 높이를 35mm로 만듭니다.

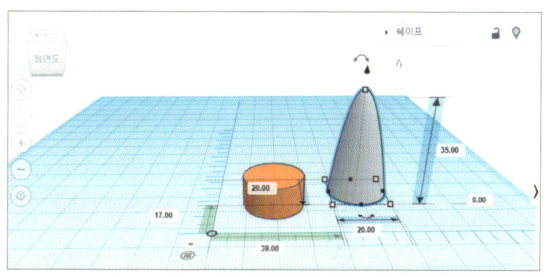

❸ 포물면 도형을 바닥에서 10mm 들어 올립니다.

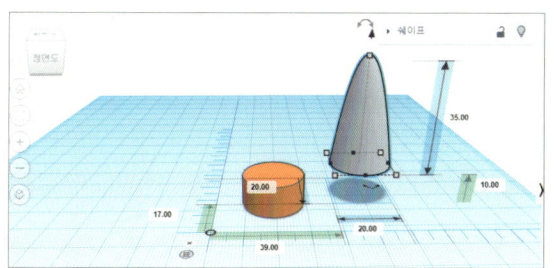

❹ 포물면 도형을 원통 도형으로 이동시킨 후 가운데 [정렬]시킵니다.

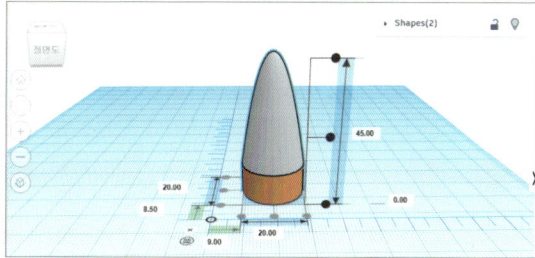

❺ 포물면 도형을 가져와서 180도 회전시킨 후 바닥에서 25mm 들어 올립니다.

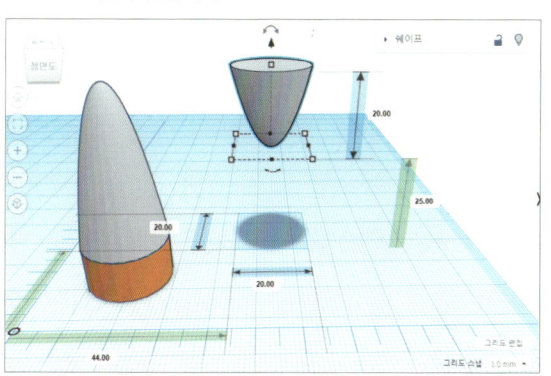

❻ 정렬 기능을 이용하여 다음과 같이 가운데 [정렬]시킵니다.

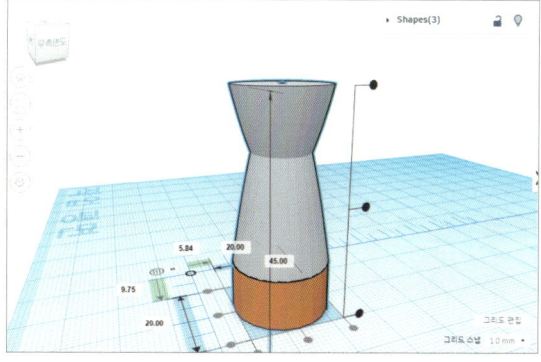

Chapter 04_ 아이디어 모델링하기

❼ 반구 도형을 가져와 들어올려 [정렬]시킨 후 전체 도형을 선택하고 [그룹 만들기]합니다.

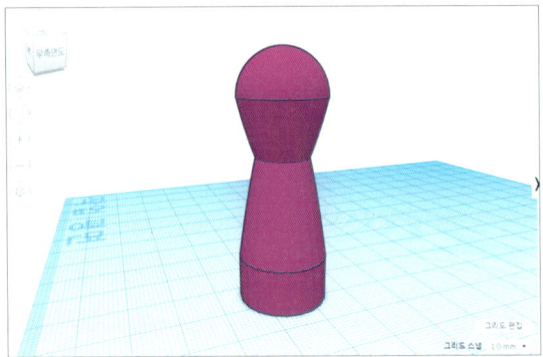

❽ 원통을 삽입하여 다음과 같이 크기를 변경해줍니다.

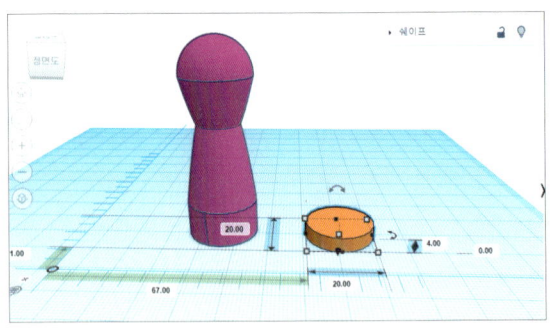

❾ 변경한 원통 도형을 복사하여 다음과 같이 크기를 변경시킵니다.

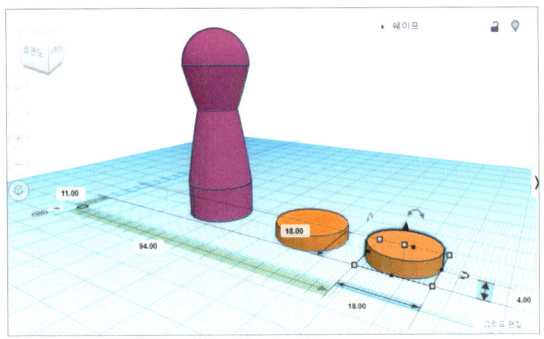

❿ 변경시킨 도형을 원통 도형으로 이동시키고 가운데로 [정렬]합니다.

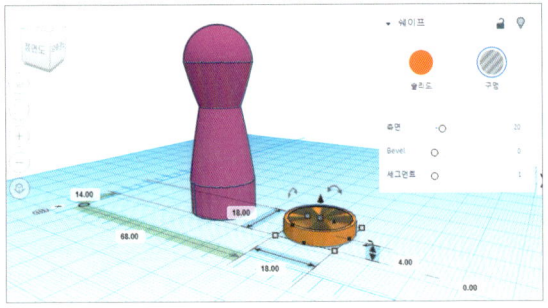

⓫ 원통 도형을 선택하고 [그룹 만들기] 합니다.

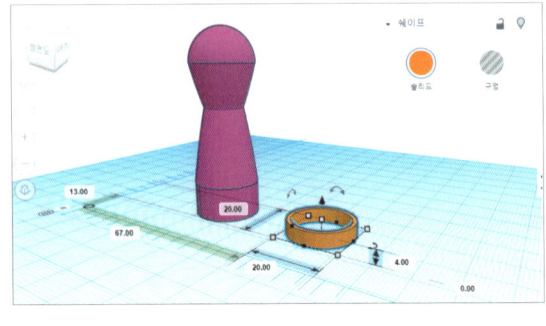

⓬ 문자 도형을 가져와서 글자를 입력하고 다음과 같이 크기를 변경하고 180도 회전시킨 후 원통의 가운데로 [정렬]시킵니다.

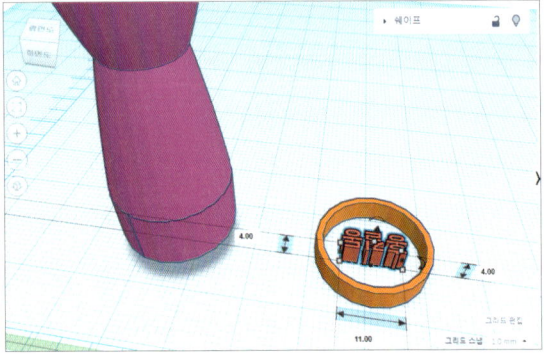

⑬ 도장 몸통을 위로 4mm 들어 올린 후 가운데 [정렬]시킵니다.

⑭ 전체 도형을 선택 후 [그룹 만들기]를 실시하면 도장이 완성됩니다.

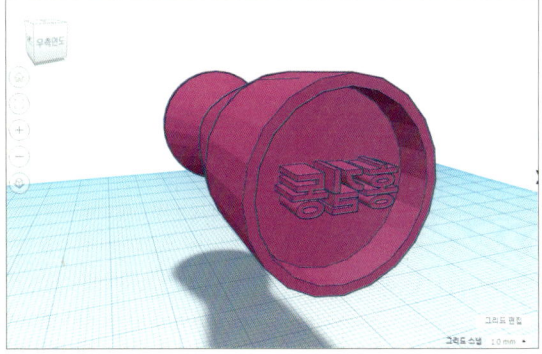

연습 모델링

1 다음과 같이 도장을 모델링해 보세요.

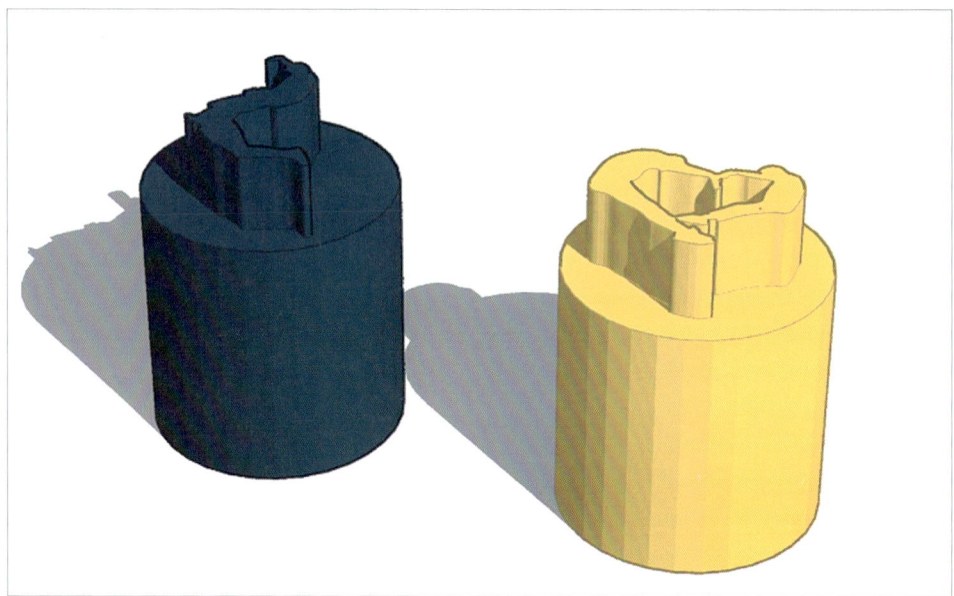

2 다음과 같이 도장을 모델링해 보세요.

■ 팅커캐드로 모델링한 의수

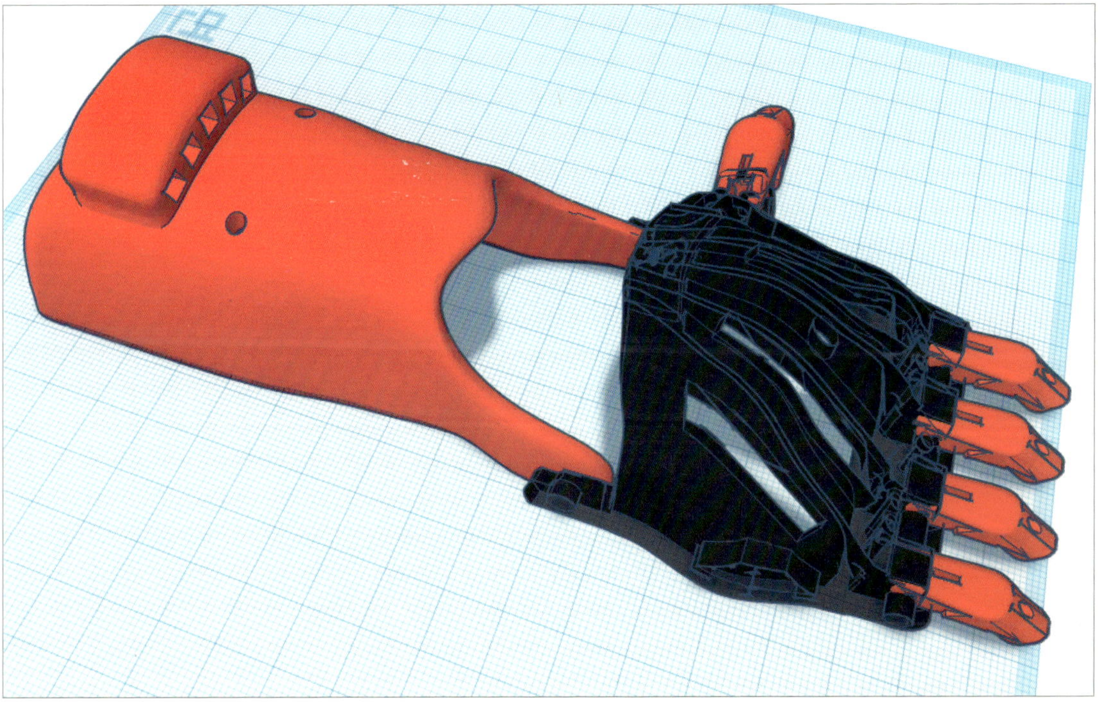

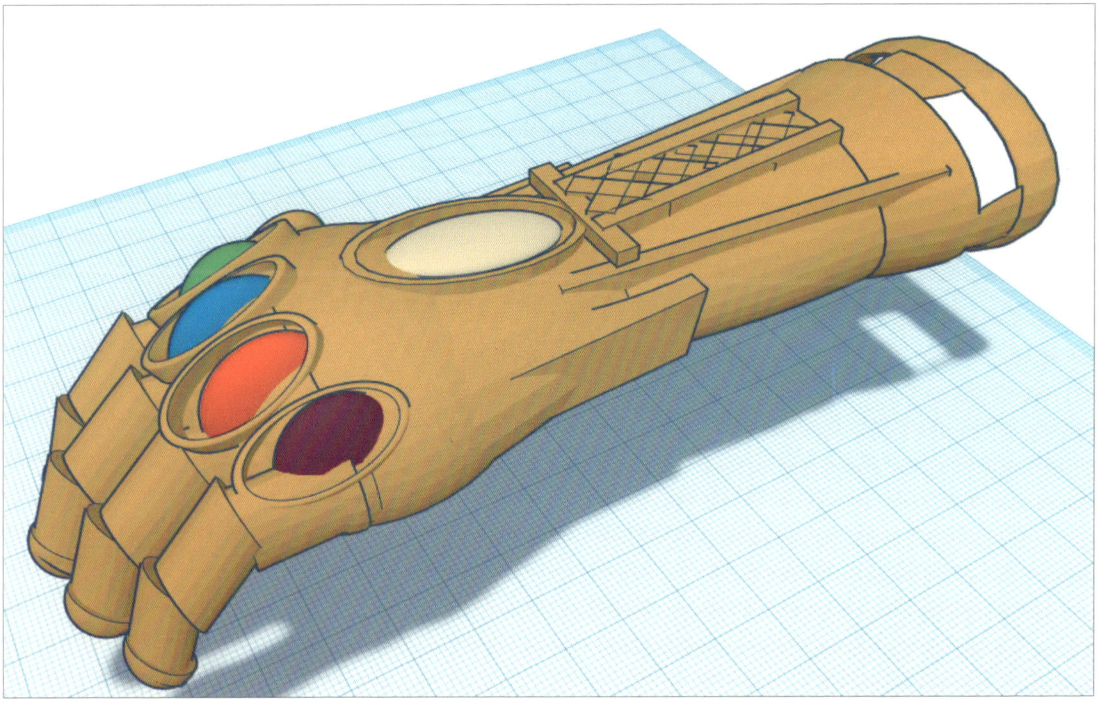

| 팅커캐드(TinkerCad) 3D 모델링과
 아두이노 & 3D 프린팅 활용 가이드북

CHAPTER 05

3D 프린팅의 이해

3D 프린팅 기술은 적층제조 방식으로
미래에는 깎는 시대에서 쌓는 시대로 발전해 나갈 것입니다.
3D 프린팅의 기본 원리와 다양한 기술방식에 대해
알아보도록 하겠습니다.

SECTION 01 · 3D 프린팅이란?

　3차원 인쇄, 신속조형시스템(RP System)이라고도 불리우는 3D 프린팅은 우리가 흔히 접할 수 있는 잉크젯, 레이저 프린터와 같이 종이 위에 문서나 이미지를 인쇄하는 것과 달리 실제 손으로 만져볼 수 있는 입체 형상의 제품을 출력할 수 있는 제조기술이라고 정의해야 할 것입니다.

　3D 프린팅 기술은 최근에 개발된 신기술이 아니라 이미 1980년대 초반 일본과 미국에서 발명된 신속조형(RP, Rapid Prototyping)기술로 관련 소재 및 기술의 발전과 1인 제조업 시대를 여는 메이커스 운동(Makers Movement)과 더불어 점차 대중화되어 가고 있는 추세이며, 관심이 급증하고 있는데 오늘날 '3D 프린팅' 기술이란 용어로 개인 맞춤형 다품종 소량 생산 시대를 활짝 열어가고 있습니다.

　1981년 일본 나고야시 공업연구소의 히데오 코다마(Hideo Kodama)가 최초로 고안한 3D 프린팅 기술은 빛에 민감한 반응을 보이는 액상의 광경화성수지를 경화시켜 3차원 제품을 만드는 것이었는데 당시 첫 번째 보고서가 발표된 이후 상용화시키지 못했는데 이후 거의 10여년 이상이 지난 후에 3D 프린터가 상용화되기 시작하였습니다.

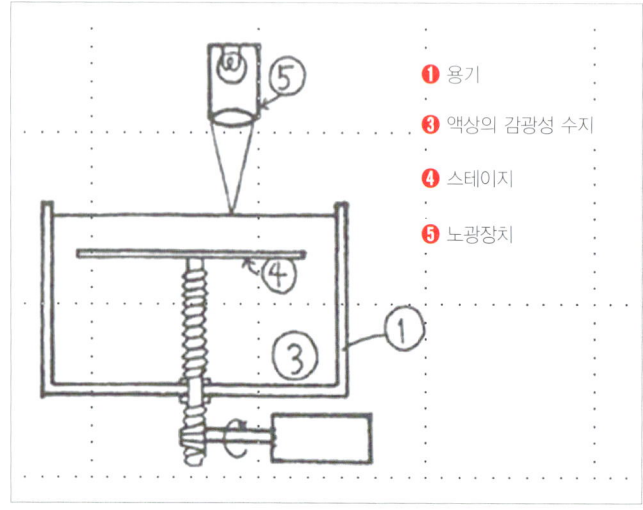

▲ Hideo Kodama의 3D 프린팅 기술 고안도

3D 프린팅이란 3차원 CAD 소프트웨어를 이용하여 모델링한 데이터를 3D 프린터 출력용 파일 형식으로 변환한 후 슬라이서라고 부르는 소프트웨어를 사용하여 G-Code를 생성한 후 디지털 장비에 입력시켜 제작하는 것으로 2D 프린터와 다르게 실물로 만져 볼 수 있는 입체 조형물을 만들어 내는 '**적층 제조**' 또는 '**첨가 제조**'방식을 말합니다.

▲ 3D 프린팅의 개념

여기서 적층제조 방식이란 '**추가하고 더하는 방식**' 즉 3D 프린팅(Printing)이라고 하는데 정식 명칭으로 Additive Layer Manufacturing(ALM)이라고 합니다. 말 그대로 한층 한층 레이어(Layer)를 추가하면서 쌓아올리는 제조 방식으로 일반적으로 줄여서 **Additive Manufacturing**(AM) 또는 Additive Fabrication(AF)이라고도 하는데 앞으로는 깎는 시대에서 쌓는 시대로 발전해 나가며 이러한 디지털 프로토타이핑 방법이 새로운 제조기법으로 업계를 주도하게 될지도 모를 일입니다.

특히 잘 알려진 원천기술이었던 **FDM**(Fused Deposition Modeling)기술 관련 특허의 만료와 더불어 공유와 개방의 요람인 렙랩(RepRap)프로젝트 등을 통해 오픈소스로 공개한 **FFF**(Fused Filament Fabrication) 3D 프린팅 기술이 널리 알려지게 됨에 따라 지금과 같이 보편화되어 가며 개인들도 접근하기 용이한 디지털 장비로 발전하는 데 지대한 역할을 하게 되었습니다.

이처럼 기존의 제조업 진입장벽이 낮아짐에 따라 기업이 아닌 개인들도 디지털 장비들을 갖추고 자신의 아이디어를 실현하며, 또한 개인 맞춤형 소량 생산 방식이 가능해지게 됨에 따라 제조업의 혁신을 가져오는 데 있어 3D 프린팅 기술은 필수적인 요소라고 봅니다.

특히 일선 교육기관에서 메이커 교육을 위한 '이론부터 실습까지' 학생들의 창의성을 구현하는 데 있어 3D 프린팅 기술은 일련의 디지털 제조를 경험할 수 있는 도구로 교육계에 혁신을 가져올 수 있으며, 동시에 3D 모델링 소프트웨어, 아두이노, 컴퓨터 프로그래밍, 창의공학 교육 등 기존의 전공과 상관없이 융복합 디지털 교육으로 재편해가며 빠르게 진입하는 4차 산업혁명 시대에 필요한 인재 양성에 대처할 수 있을 것입니다.

학생들이 스스로 생각하고 상상한 아이디어를 디지털기기와 다양한 도구들을 활용하여 직접 제작해 보면서 그 과정에서 체험하고 습득한 경험과 지식을 발표하고 타인과 공유해가도록 이끌어주는 실무 과정 중심의 교육 프로젝트는 창의적인 문제해결 능력과 변화하는 세상에 필요한 인재를 길러내기 위한 교육의 새로운 패러다임입니다.

메이커는 자신의 아이디어를 구현하여 무엇인가를 창조해 내는 사람들을 일컬으며 엔지니어, 발명가, 디자이너, 공예가 등 기존의 직업 카테고리에 얽매이지 않으면서 관심있는 누구나가 상상 속의 생각을 디지털 모델화하고 기존의 정보기술(IT)을 결합하여 혁신적인 제품을 만들어가는 사람입니다.

최근 이런 메이커 교육 현상이 유행처럼 번지고 사람들의 관심을 집중적으로 받게 된 중심에는 아마도 3D 프린터라고 하는 디지털 장비가 큰 역할을 하고 있다고 해도 과언이 아닐 것이며, 앞으로 3D 프린팅은 선택이 아닌 필수인 시대가 도래할 것입니다.

● **보급형 FFF 3D프린터의 출력 과정**
  ❶ 3D CAD에서 모델링 작업 또는 3D 스캐너로 스캔하여 데이터 생성
  ❷ 생성한 데이터를 STL, OBJ 파일 등의 포맷으로 변환
  ❸ 변환된 STL 파일의 무결점(오류) 체크
  ❹ 슬라이서(Slicer)에서 STL 파일을 G-Code로 변환
  ❺ G-Code 데이터를 3D 프린터에 입력하여 출력 실행

※ [주] 출력 과정 중 ③번 항목은 선택 사항이다.

SECTION 02 3D 프린팅 파일 형식

3D 모델링 소프트웨어에서 작성한 모델링 파일은 소프트웨어에 따라 다양한 파일 형식으로 저장될 수 있습니다. 대부분의 소프트웨어는 각자 고유의 파일 포맷을 사용하고 있는데 3D 프린팅을 위한 'STL' 파일은 현재 많은 3차원 CAD 프로그램에서 지원하고 있으며 3D 모델에 대한 정보를 저장하는 STL 파일 형식의 파일 확장자명으로 이 형식은 색상, 질감 또는 모델 특성을 제외한 3차원 객체의 표면 형상만을 나타내는 것으로 3D 프린팅에서 가장 널리 사용되는 표준 파일 형식입니다.

이 용어는 '표준 삼각형 언어(Standard Triangle Language)' 또는 '표준 테셀레이션 언어(Standard Tessellation Language)' 라고도 일컬어지지만, STL(StereoLithography)이라는 소프트웨어용 기본 확장자로 널리 알려져 있습니다.

STL은 3D 프린팅 분야에서 3차원 CAD 데이터를 표현하는 국제표준 형식 중의 하나로 대부분의 3D 프린터와 호환되는 형식이라는 점 때문에 입력 파일로 널리 사용되고 있으며, 1987년도에 개발되었습니다.

이 파일의 형식을 처음 창안한 사람은 미국 3D Systems사의 공동 설립자로 알려진 척 헐(Chuck Hull)이라고 합니다. STL 파일은 입체 물체의 3차원 형상의 표면을 수 많은 삼각형 면으로 구성하여 표현해 주는 일종의 폴리곤 포맷으로 삼각형의 크기가 작을수록 고품질의 출력물 표면을 얻을 수 있습니다.

STL 파일을 생성하는 방법은 의외로 간단한데 오늘날 대부분의 3차원 CAD 프로그램에서 STL 파일 생성을 지원하고 있으며, 모델링 파일을 내보내기(Export)로 하여 STL 파일로 간단히 저장하면 됩니다. 그리고 나서 변환한 STL 파일에 오류가 있는지 오류 검출 복구 프로그램(STL 편집 소프트웨어)을 이용하여 파일의 오류를 복구하기도 합니다.

최종 확인된 STL 파일을 사용자의 3D 프린터에서 지원하는 슬라이싱 소프트웨어(슬라이서, Slicer)로 불러온 후, 원하는 출력 방식으로 환경을 설정하고 G-Code로 변환시켜 3D프린터로 출력하면 되는 것입니다.

한편 STL 파일은 모델의 색상에 대한 정보는 별도로 저장되지 않으므로 다양한 색상으로 컬러 출력이 필요한 모델의 경우에는 석고 분말 방식이나 잉크젯 방식 등의 3D 프린터를 사용하는데 이런 경우에는 STL 파일이 아니라 색상 정보의 보존이 가능한 PLY, VRML, 3DS 등의 포맷을 사용하게 됩니다.

또한 STL 파일을 편집하고 오류를 수정 및 복구할 수 있는 FREE 소프트웨어로는 FreeCAD, SketchUp, Blender, MeshMixer, MeshLab, 3D Slash, SculptGL 등이 있습니다.

3D 모델링 교육에 유용한 추천 무료 소프트웨어와 도서

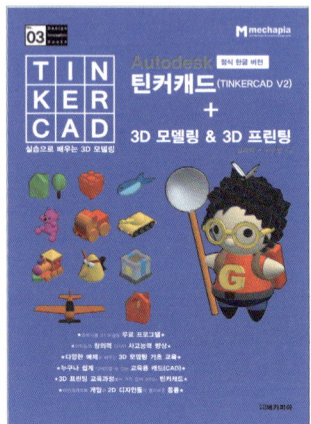

3D 프린팅의 기술방식과 소재

현재 국내에서는 FDM 기술 방식을 기반으로 한 데스크탑형 FFF 3D 프린터나 액상 소재를 기반으로 하는 DLP, SLA방식 등을 주로 제작하고 있는 실정으로 금속분말 소재를 사용하는 3D프린터나 외국 특정 기업들의 기술방식인 SLS, DMLS, PolyJet, MJM, LOM 등의 장비는 대부분 수입에 의존하고 있는 실정입니다. 특히 각 기술방식 별로 사용하는 장비나 소재 가격도 만만치 않아 개인이나 전담 기술인력이 필요한 교육기관에서의 도입과 유지관리는 쉽지 않은 상황인 것 같습니다.

이에 비해 누구나 간단한 교육만으로 손쉽게 만들어 볼 수 있으며 소재 가격도 저렴한 편인 FFF 기술 방식의 3D 프린터의 도입이 활발하게 이루고 있는데 타 기술방식에 비해 사용하기 쉽고 특히 유지보수 측면에서 상대적으로 간편하고 소재가 저렴하다는 잇점 때문인 것 같습니다.

3D 프린터는 적층 기술 방식과 사용하는 재료에 따라 다양한 기술로 구분할 수 있는데 다음은 ASTM에서 정의하고 있는 대표적인 3D 프린팅 기술의 제조공법에 따른 분류로 참고하시기 바랍니다.

기술 분류	기술 개요	사용 소재	프로세스명
Material extrusion (재료압출방식)	필라멘트 소재를 고온으로 가열된 노즐을 통하여 가소화(可塑化)시킨 후 압출(Extrusion)시켜 형상 조형	Polymer(Thermoplastic)	FDM, FFF, PJP
Material jetting (재료분사방식)	액상의 소재를 다수개의 미세노즐을 통해 분사한 후 경화시켜 형상 조형	Photopolymer	Polyjet, MJM
Binder jetting (접착제분사방식)	액상 결합제를 다수개의 미세노즐을 통해 분사하여 분말 소재를 선택적으로 결합시켜 형상 조형	Plaster, Polymer, Metal, Ceramic	3DP, CJP
Sheet lamination (시트 적층)	얇은 필름이나 판재형태의 소재를 원하는 단면으로 절단하고 접착하여 형상 조형	Paper, Metal, Foam	LOM, VLM
Photo-polymerization (액조 광중합 방식)	액상의 폴리머를 광에너지를 이용하여 선택적으로 경화시켜 형상 조형	Photopolymer	SLA, DLP
Powder bed fusion (분말적층융융결합 방식)	금속표면에 고에너지원(레이저, 전자빔, 플라즈마 아크) 등을 조사하여 국부적으로 용해된 Pool을 구성하고, 여기에 분말을 공급하여 형상 조형	Metal powder	LENS, DMT

[여러가지 3D 프린팅 기술방식]

3D 프린팅 방식	기술 방식	비 고
FFF	Fused Filament Fabrication	RepRap Project(영국에서 시작된 오픈 소스)
FDM	Fused Deposition Modeling	미국 Stratasys사의 Trademark
PJP	Plastic Jet Printing	미국 3D Systems사의 데스크탑 3D 프린터
PolyJet	Photopolymer Jetting Technology	이스라엘 Object, Stratasys와 합병
MJM	Multi Jet Modeling	미국 3D Systems
3DP	3D Printing	MIT 원천 기술
MJP	Multi Jet Printing	HP
LOM	Laminated Object Manufacturing	
SLA	Stereolithography Apparatus	미국 3D Systems
DLP	Digital Light Processing	텍사스 인스트루먼트 기술
SLS	Selective Laser Sintering	미국 3D Systems
SLM	Selective Laser Melting	Realizer
DMT	Direct Metal Tooling	

1. 고체기반의 소재를 사용하는 3D 프린팅 기술 방식

먼저 국내외 보급형 데스크탑 3D 프린터 시장에서 가장 많이 사용하는 조형 방식이며 개인용과 산업용 3D 프린터 모두 이 조형 기술을 적용한 제품이 다양하게 출시되고 있는 용융 적층 조형 또는 열가소성 수지 압출 적층 조형(Fused Filament Fabrication, FFF) 방식을 기반으로 하는 3D 프린터에 대해서 살펴보겠습니다.

이 방식의 3D 프린터는 FDM 기술의 원조 특허 기술을 보유하고 있는 기업인 미국의 Stratasys사에서는 용융 적층 모델링(Fused Deposition Modeling)이라고 하며 해당 기업에 고유의 상표권이 존재하고 있습니다.

FDM 방식의 3D 프린터는 단일 색상의 필라멘트만을 사용하는 일반적인 FFF 방식과 차이가 있는데 FDM 장비는 두 가지의 재료 즉, 모델 제작용 재료와 서포트용(수용성, 물에 녹는 성질) 재료를 각각 압출 헤드에서 가열시킨 후 익스트루더(압출기)를 통해 모델링 베이스(조형판) 위에 얇은 층(레이어, Layer)으로 적층되어 모델이 만들어지고 완성된 모델을 수조(물)에 담가 수용성 서포트 재료를 제거하여 비교적 깨끗한 형상의 출력물을 얻을 수가 있습니다.

FDM/FFF 방식의 기본 원리는 유사하며 고체 상태의 필라멘트를 가는 철사줄(보통 직경 1.75mm 또는 2.85mm)을 동그랗게 말아놓은 것과 같은 형태의 재료(보통 PLA 및 ABS)를 스테핑 모터로 구동하는 피더(feeder)로 공급하고 가열된 압출기(Extruder)를 통해 핫 엔드 노즐에서 녹여서 자동으로 압출하여 한 층씩 적층하며 반복적으로 쌓아올리는 방식입니다.

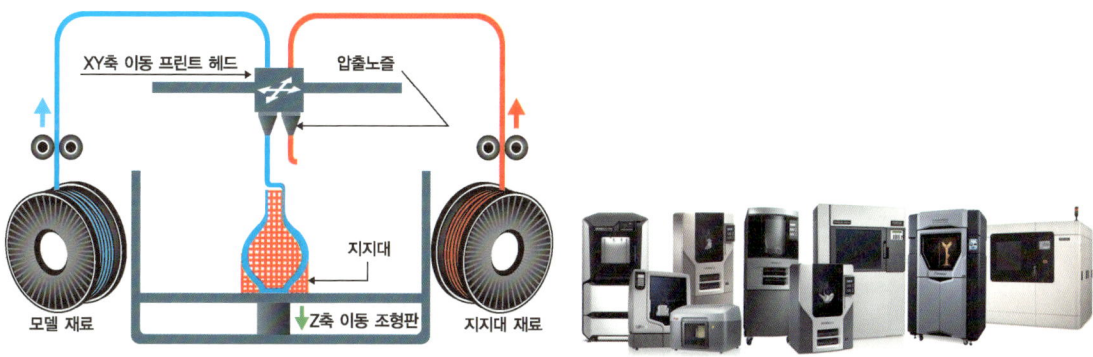

▲ FDM 3D 프린팅의 원리   ▲ Stratasys 산업용 FDM 3D 프린터

압출기 노즐에서 나온 재료는 적층하는 순간 냉각팬에 의해 경화시키는데 한 층이 완료되면 모델 조형판(베드 또는 빌드 플랫폼이라고도 함)은 설정된 값에 따라 한 층의 두께(레이어 두께)만큼(0.05~0.2mm 정도) Z축이 하강하고 다시 프린트 헤드는 X, Y축으로 정해진 경로에 따라 이동해가며 한 층을 쌓아가는 방식으로 이 과정을 연속적으로 반복해가며 층을 쌓아 올려 출력물을 완성해 나갑니다.

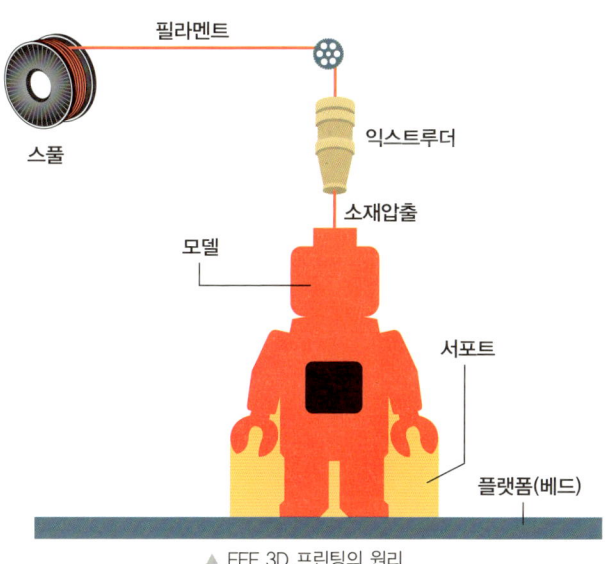

▲ FFF 3D 프린팅의 원리

▲ 큐비콘 보급형 FFF 3D 프린터 3DP-310F

▲ 신도리코 보급형 FFF 3D 프린터 3DWOX DP200

   소재가 되는 열가소성 플라스틱 필라멘트는 주로 사탕수수, 고구마와 같은 농작물을 재료로 한 PLA나 석유찌꺼기에서 유해가스 성분을 제거한 ABS, 유연성있는 TPU 계열의 재료로 만들어지며 보통 직경 1.75mm나 2.8mm 또는 3mm 정도의 얇은 와이어 형태로 시판됩니다.

   이 필라멘트는 색상이 다양하고 소재 재료도 다양하며 시중에서도 그다지 비싸지 않은 가격에 손쉽게 구매할 수가 있습니다.

▲ 다양한 색상의 필라멘트로 출력한 모델

단일 색상의 필라멘트만을 사용할 수 밖에 없는 FFF 방식의 싱글 노즐 3D프린터로 출력을 하게 되면 모델의 허공에 떠 있는 공간이나 경사가 심하게 진 부분은 아무 것도 지지하는 것이 없으므로 출력시에 바닥에 뿌려지게 될 것입니다.

이런 모델의 경우에는 슬라이서에서 자동으로 출력보조물인 지지대(서포트, Support)와 바닥보조물인 라프트(Raft), 브림(Brim)을 생성해 주는데 출력이 완료된 후 공구를 이용하여 제거하고 사용합니다.

다음은 3D 프린터 전용 슬라이서 프로그램에서 출력보조물과 바닥보조물을 설정한 화면입니다.

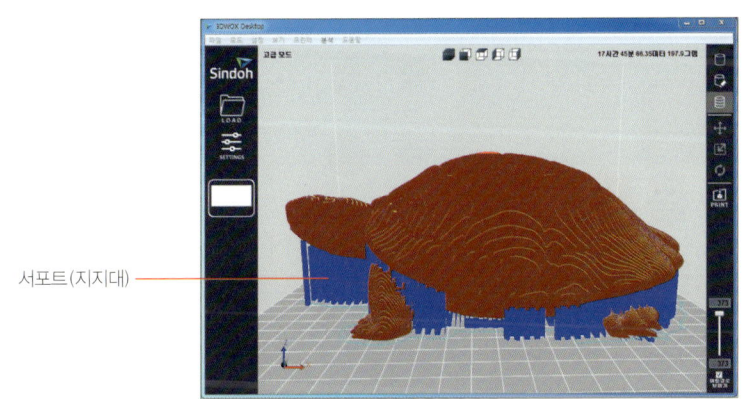

▲ 서포트(Support)

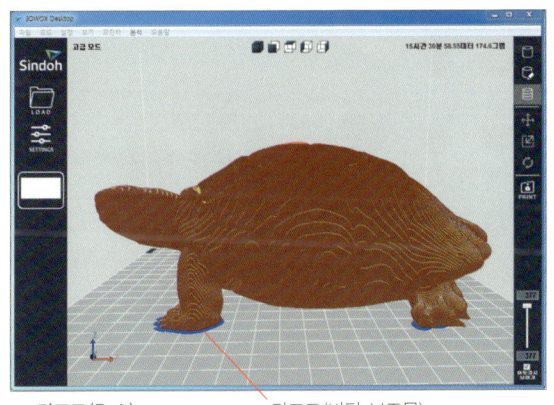

▲ 라프트(Raft)   라프트(바닥 보조물)

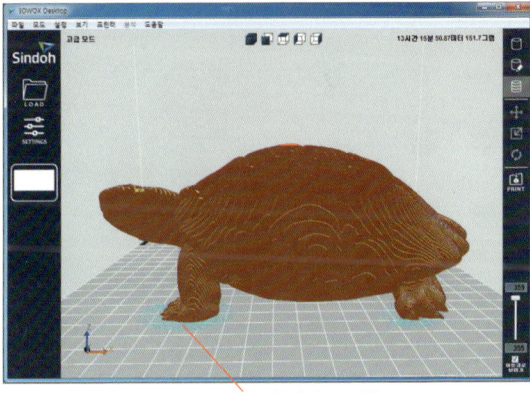

▲ 브림(Brim)   브림(바닥 보조물)

■ 스커트(Skirt)

스커트는 프린터가 출력 작업을 실시하기 전에 출력물 주변에 1줄 또는 2~3줄 정도로 윤곽선을 압출해주는 기능을 말합니다. 용융된 소재가 노즐을 통해 정상적으로 압출되는지 등을 사전에 확인하여 출력을 진행시킬 수 있습니다.

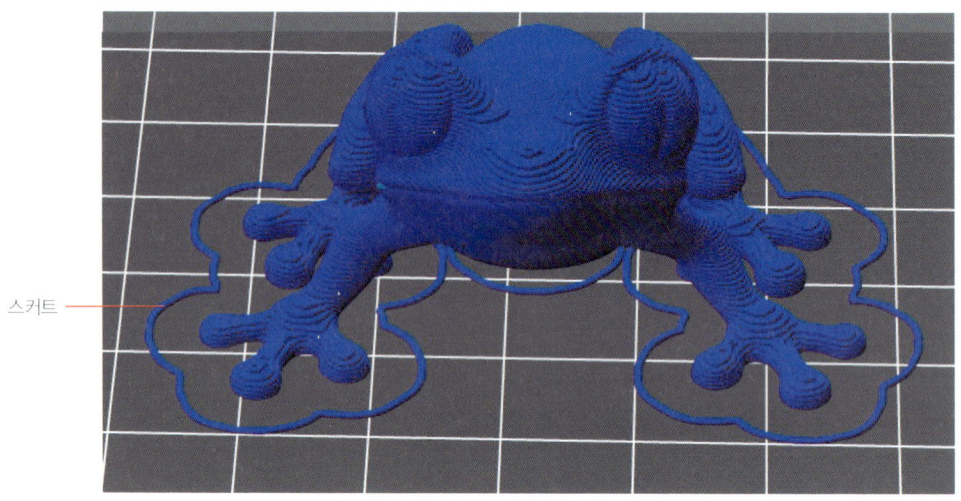

▲ 스커트(Skirt)

▲ FFF 3D 프린터 출력물

(1) FFF 3D 프린팅 방식에서 대표적으로 사용하는 소재

❶ PLA Filament

보급형 3D 프린터에서 가장 널리 사용되고 있는 재료인 PLA(PolyLactic Acid) 필라멘트는 옥수수와 고구마, 사탕수수 같은 농작물을 주원료로 하여 만들어진 무독성 친환경 재료로 알려져 있으며 생분

해성 고분자(Biodegradable Polymer)인 폴리락트산(PLA : Polylactic Acid)으로 출력시 인체에 유해한 요소가 거의 없다고 합니다. 또한 PLA 필라멘트는 일반 플라스틱 ABS와 대비하여 약 80% 이상의 강도를 지니며 고온에서 변형될 소지가 있으므로 보통 180~230℃의 적정 사용 온도를 요구합니다.

PLA 필라멘트는 FFF 방식의 3D프린터에서 가장 널리 사용하는 소재로서 식물추출물에서 합성된 친환경 바이오 소재이므로 보관시 습도 등에 유의하여야 합니다. 실제 PLA 출력물을 보면 ABS 재질에 대비해서 강하지만 약간 부서지기 쉬운 특성이 있으나 쉽게 부서지지는 않으며 큰 모델을 출력하는 경우에도 ABS 재질과는 다르게 균열이나 휨, 수축 현상이 적은 편이고, ABS와 달리 출력시 식물성 냄새가 납니다.

ABS와 달리 온도가 내려가도 수축이 잘 안되기(열수축성이 낮다) 때문에 비교적 안정적인 출력이 가능한 소재입니다. 용해온도가 낮고 제품을 고온 환경에서 방치하면 녹아버리는 경우도 있으며 PLA 전용 3D프린터는 별도의 히트베드가 없는 것도 있고 PLA로 출력한 모델은 튼튼하지만 상대적으로 잘 부스러지는 성질이 있어 고온에서 사용해야 하는 상황에서는 사용하기 곤란한 소재입니다.

❷ ABS Filament

ABS(Acrylonitile poly-Butadiene Styrene) 필라멘트는 석유 추출물에서 유해 가스를 제거한 재료로 단단하지만 수축성이 있기 때문에 비교적 형상이 큰 모델을 출력시 너무 빨리 냉각시키면 출력물에 균열이나 휨 등의 현상이 발생하는 특성이 있습니다. 따라서 일반적으로 ABS 소재를 사용하는 3D프린터의 베드는 열이 제어되는 히트베드(Heat Bed)가 있습니다.

또한, 밀폐된 공간에서 사용하다 보면 ABS 특유의 냄새가 발생하게 되므로 수시로 환기를 시킬 수 있는 공간에서 사용하는 것이 좋습니다. ABS 수지는 점성이 있고 제품에 강도를 갖게 하는 것이 가능해 공업제품에서 많이 사용하는데 온도가 내려가면 수축되는 성질(열수축성이 높다)을 가지고 있어 3D프린터로 출력 중에 ABS 수지가 굳으면서 수축해버려 실패하는 경우도 종종 있습니다.

ABS는 용융점이 섭씨 210~260℃ 정도이며 PLA와 소재의 가격 차이가 크게 없으나 PLA에 비해서 출력에 있어 신경쓸 게 많은 재료입니다. 유명한 레고블럭을 만드는 데도 사용되며 내구성(strength)과 단단함(toughness)으로 자동차 범퍼를 제작하는 데 사용되기도 합니다. PLA에 비해서 ABS 재료가 좋은 점으로는 더 튼튼하면서 쉽게 부서지지 않는다는 점과 높은 온도에서도 견딘다는 점입니다.

2. 액상기반의 소재를 사용하는 3D 프린팅 기술방식

　액상 기반의 광경화성 수지(레진, Resin)를 레이저(Laser)나 강한 자외선(Ultra Violet)등의 광원으로 쏘게 되면 빛에 민감하게 반응하여 해당 부분이 경화되는 SLA 방식, 모델링 데이터의 단면을 프로젝트의 광원을 이용해 수지를 경화시키는 DLP 방식, 수많은 미세 노즐이 뚫려 있는 프린트 헤드에 붙어 있는 UV 경화용 램프가 액상 재료 분사와 함께 경화시키는 PolyJet 방식 등이 있는데 이는 잉크젯 기술과 광경화성수지 기술이 결합된 방식이라 할 수 있습니다.

　SLA나 DLP 방식은 연성이 있는 수지를 재료로 사용할 수 있어 치과 기공물이나 임시 보철물 등 인체에 직접 접촉되는 구조물을 제작하는 곳에 적합하며 쥬얼리, 보청기, 피규어 등의 분야에서 주로 사용되며 FDM이나 FFF 3D 프린팅 방식에 비해 보다 디테일한 출력물을 얻을 수 있는 기술방식입니다.

(1) 광경화성수지 조형방식 SLA (Stereo Lithography Apparatus)

　SLA(Stereo Lithography Apparatus) 방식은 액상 기반의 재료인 광경화성수지를 이용하는데 광경화성수지라는 말 그대로 빛을 쪼이면 굳어버리는 성질의 수지를 소재로 사용하는 대표적인 3D 프린팅 방식으로 액체 상태의 재료를 자외선 레이저나 UV(자외선) 등을 이용하여 한층 한층 경화시켜 조형하는 방식으로 미국 3D 시스템즈사의 공동 설립자 찰스 척 헐이 처음 개발하여 상용화에 성공한 기술로 널리 알려져 있습니다. 1984년 8월 08일 특허 출원하여 1986년 3월 11일 등록 발효된 이 발명의 제목은 '광학응고 방식을 이용한 3차원 물체의 제작을 위한 장치'이었습니다.

　SLA 방식은 레이어를 경화시키는 방식에 따라 기본적으로 두 가지 형태로 분류할 수 있는데 하나는 움직이는 거울을 이용해 레이저빔을 정밀하게 쏘는 방식이고, 다른 방식은 자외선램프와 마스크로 구성된 조광장치를 이용하는 방식인데 이 방식의 가장 큰 장점은 한 줄 한 줄 레이저빔을 쏘는 대신 레이어 전체에 빔을 발사하므로 값비싼 거울 조종기술을 적용하지 않아도 된다는 것입니다.

　SLA 방식도 FDM 방식과 마찬가지로 모델의 돌출부를 지지하는 서포트가 반드시 필요합니다. SLA나 DLP 방식 3D 프린터는 수지를 담아야 하는 수조(Vat)가 있는 방식의 경우 출력 완료 후 수조에 남게 되는 액상의 소재는 일부분만 재사용이 가능하므로 실제 출력에 소요되는 실제 비용은 출력 결과물에 사용된 재료비보다 높을 수 있습니다.

또한 사용 후 남은 액상의 수지 소재는 함부로 폐수구에 버리면 안되며 전용 폐기 통 같은 것을 설치하여 잔여 재료를 수거하여 관련 법에 의거하여 안전하게 처리하여야 합니다.

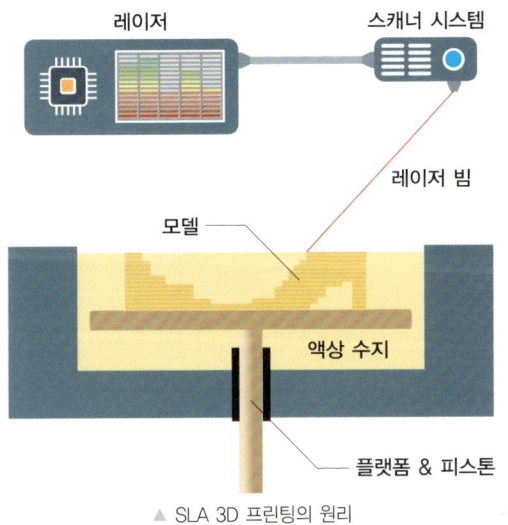

▲ SLA 3D 프린팅의 원리

■ SLA 방식 프린팅 순서

❶ 레이저 빔(광원)을 조사합니다.
❷ 디지털 스캔 미러에서 레이저 빔을 수조에 투사하여 모델을 경화시킵니다.
❸ 빌드 플랫폼 위에 한 층 적층한 후 Z축으로 하강하고 다시 레이저를 조사합니다.
❹ 최종 조형물이 완성될 때까지 앞의 과정을 반복합니다.

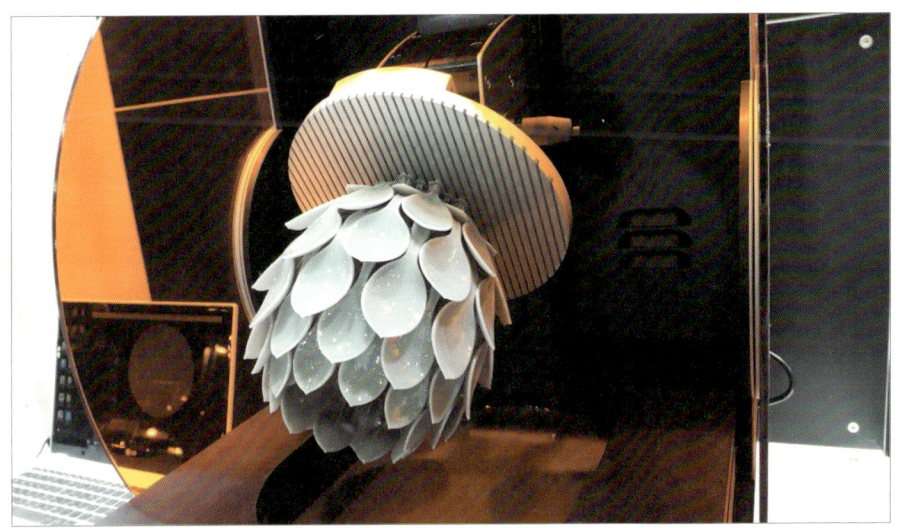

▲ SLA 3D 프린터 출력물

(2) 마스크 투영 이미지 경화 방식 DLP(Digital Light Processing)

　DLP(Digital Light Processing) 기술 방식은 액상의 광경화성수지를 DLP(Digital Light Projection) 광학기술을 Mask Projection하여 모델을 조형하는 방식으로 쉽게 설명하면 프로젝터를 사용하여 액상수지를 경화시켜 모델을 제작하는 방식으로 우리말로 '마스크 투영 이미지 경화방식'이라고도 합니다. 주로 쥬얼리, 보청기, 덴탈, 완구 등의 분야에서 많이 사용하는 기술방식입니다.

　학교나 학원 및 회사에서 흔히 접할 수 있는 빔 프로젝터에서 광원인 빔(Beam)은 바로 디지털 라이트를 말하는 것으로 DLP 프로젝터가 정식 명칭이며 아무래도 우수한 성능의 DLP 프로젝터를 사용하는 3D 프린터가 고가이고 정밀도가 우수할 것이라고 생각합니다.

　이 기술은 독일의 EnvisionTEC Gmbh사에서 1999년 처음 특허를 내고 2002년에 상용화되었다고 하며 EnvisionTEC은 기술 파트너인 텍사스인스트루먼트의 최첨단 라이트 프로젝션 기술을 사용하고 LED 제조사인 Luminus사의 LED 기술로 최신의 3D 프린터인 Perfactory Micro를 출시하였습니다. 광원(Light Source)을 프로젝터가 아닌 LED를 사용하는 이 기술은 높은 해상도와 전문가 사용 수준의 데스크탑 3D 프린터라고 합니다.

　FDM 방식이 재료를 고온으로 녹여 노즐을 통해 한 층씩 쌓아가는 구조라고 한다면 DLP 방식은 쉽게 말해 한 화면씩 비추어가면서 하나의 단면층 전체 이미지를 한번에 조사하여 경화시키는 방식으로 단일 적층면의 출력 속도에서 더 유리한 것입니다

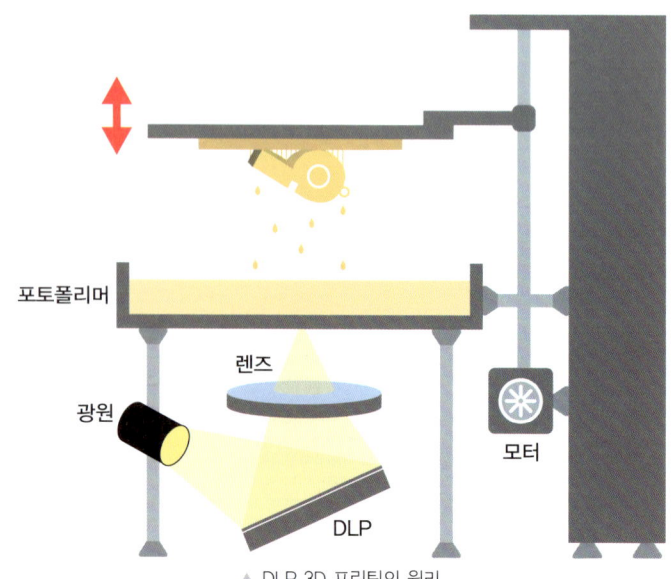

▲ DLP 3D 프린팅의 원리

■ DLP 조형 원리

① 광원을 공급받은 DLP 프로젝터가 조형 이미지를 투사합니다.
② 수조(Vat) 안의 광경화성 수지가 렌즈를 통한 디지털 라이트에 의해 경화합니다.
③ 한 층씩 수지가 경화될 때마다 정해진 층의 두께만큼 Z축이 상승합니다.
④ 최종 조형물이 완성될 때까지 앞의 과정을 반복합니다.

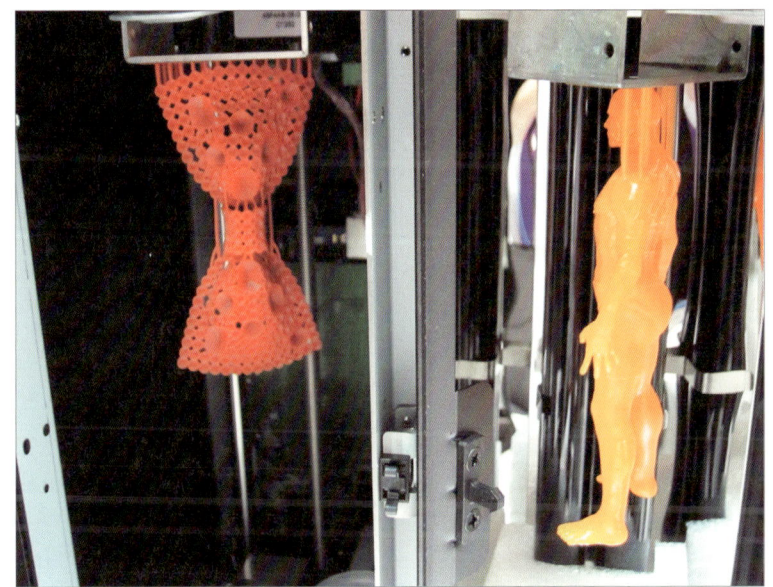

▲ DLP 3D 프린터 출력물

(3) PolyJet (Photopolymer Jetting Technology)

광경화 적층 방식으로 액체 상태의 재료를 사용하는 액형 기반 RP 시스템으로 잉크젯 기술과 광경화성수지(Photopolymer) 기술이 결합된 3차원 플랫폼으로 수백개의 노즐을 통해 분사되는 액상의 광경화성수지를 자외선으로 동시에 경화시켜 가며 모델을 제작하는 방식입니다. 지금은 Stratasys 사에 인수된 이스라엘 Objet Geometries 사의 제품명 Objet 시리즈가 대표적인데 국내에서도 보급된 사례가 많은 기술방식입니다.

PolyJet 3D 프린팅 기술은 액체 상태의 재료를 사용하는 액형 기반 RP 시스템으로 가정이나 사무실에서 흔히 볼 수 있는 일반 잉크젯 프린터로 종이를 인쇄하는 경우와 기술적인 방식은 비슷하지만 PolyJet 3D 프린터는 잉크젯 기술과 광경화성 수지 기술이 결합된 방식으로 종이에 여러 색상의 잉크 방울을 분사하는 것이 아니라 빌드 트레이에 액상 포토폴리머를 층층이 쌓은 뒤 바로 자외선으로 경화 처리를 한다는 점에서 차이가 있습니다.

폴리젯(PolyJet)기술은 잉크젯 프린터로 종이에 프린팅하는 방식과 유사하지만 잉크젯 기술과 광경화성수지 기술이 조합된 액상 기반의 재료를 사용하는데 광경화성수지를 16미크론 정도의 매우 얇은 레이어로 분사하여 정밀하게 프린팅하는 기술입니다.

각 레이어는 모델 재료와 서포트 재료를 동시에 분사하며 헤드 좌우에 있는 자외선 램프로 인해 즉시 모델 재료는 경화되고 다음 레이어의 분사를 위해 빌드 플랫폼이 하강하고 동일한 작업이 반복되어 최종 모델을 조형하게 됩니다. 최종적으로 워터젯을 사용하여 서포트 재료를 제거하면 작업이 완료되고 최종 결과물을 얻을 수 있게 됩니다.

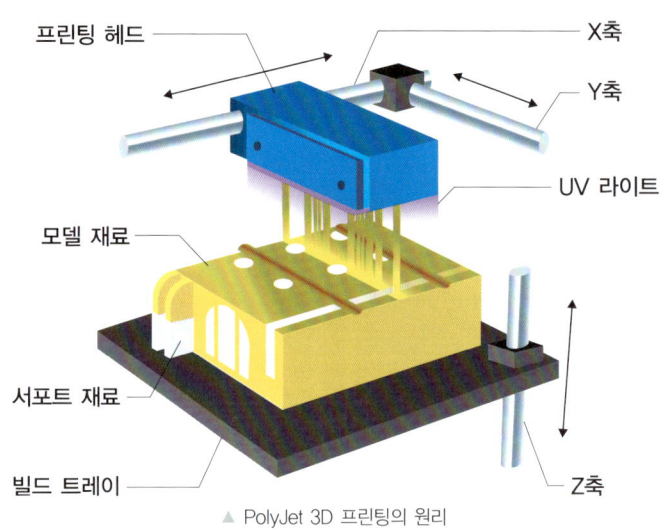

▲ PolyJet 3D 프린팅의 원리

3. 분말기반의 소재를 사용하는 3D 프린팅 기술방식

이 방식은 자동으로 공급되는 재료공급 시스템에서 재료가 빌드 플랫폼에 공급되면 분말(Powder) 형태의 재료에 레이저를 주사하면서 한 층씩 적층시켜 제작하는 방식으로 사용하는 분말의 종류에 따라 플라스틱, 금속, 모래와 같은 성질의 물성을 갖는 SLS 방식과 분말 상태의 재료에 액체 결합제 또는 바인더(Binder)를 프린터 헤드의 노즐을 통해 분사하여 모델을 조형하는 3DP(3D Printing=InkJet), CJP(Color Jet Printing) 기술방식 등이 이에 속합니다.

(1) SLS (Selective Laser Sintering, 선택적 레이저 소결 방식)

흔히 선택적 레이저 소결 조형 방식이라고 부르며 레이저 빔으로 분말(파우더, Powder) 상태의 소결제를 포함한 플라스틱, 유리, 모래, 금속(알루미늄, 티타늄, 스테인리스 등) 등의 소재를 녹여 형상을 조형하는 방식을 말하며 파트는 제일 밑바닥 부분부터 레이어 적층이 이루어지고 이러한 작업은 파트가 완성될 때까지 계속 진행되는 방식을 말합니다.

출력 완료시 분말 가루 속에서 결과물을 꺼내는데 이 프린팅 방식은 재료를 레이저나 접착제를 사용해 결합시키는 소위 [선택적 결합방식(Selective Binding)]으로 열이나 빛으로 분말이나 빛에 민감한 광경화성 수지를 사용해 굳히는 대표적인 방식입니다.

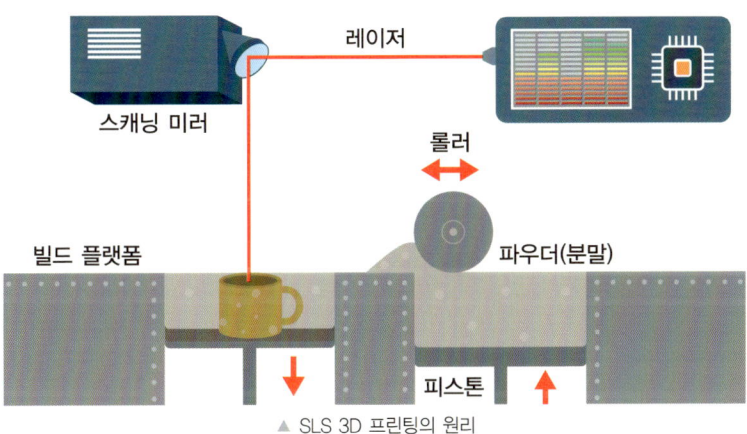

▲ SLS 3D 프린팅의 원리

■ SLS 조형 순서

① 레이저 빔을 투사합니다.
② 스캐너 시스템의 미러가 X, Y축으로 움직이며 레이저 빔을 빌드 플랫폼에 전달합니다.
③ 빌드 플랫폼 안에 있는 분말 원료가 레이저 빔에 의해 소결됩니다.
④ 파우더 공급 카트리지에서 정해진 층(Layer) 두께만큼 상승합니다.
⑤ 롤러가 분말을 빌드 플랫폼에 밀어 전달합니다.
⑥ 빌드 플랫폼은 정해진 두께만큼 Z축으로 하강합니다.
⑦ 최종 조형물이 완성될 때까지 앞의 과정을 반복합니다.

(2) CJP(Color Jet Printing) 기술방식

다양한 색상의 컬러 출력물 제작이 가능한 CJP 기술방식 3D프린터의 출력 과정을 간단하게 살펴보겠습니다.

❶ 준비 단계

먼저 사용자가 [3D Print]를 클릭하면 프린터 내부의 공기가 예열되어 출력에 적합한 상태를 만듭니다. 예열과 동시에 챔버에 3.18mm의 파우더 층(Layer)을 충전하여 완성된 파트가 이 파우더 위에 놓여져 손쉽게 제거될 수 있도록 합니다.

❷ 출력

출력 전 작업이 완료되면 프린터가 소프트웨어에서 생성된 레이어를 출력하기 시작합니다. 프린터 후면의 호퍼에서 나오는 파우더를 플랫폼 전체에 분사해 0.1mm 두께의 얇은 층을 만듭니다. 이후 프린트 카트리지가 이 층 위를 움직이며 전송된 슬라이스의 패턴으로 바인더를 분사합니다. 바인더는 모델의 단면에 있는 파우더를 응고시키며 나머지 파우더는 건조한 상태로 두어 재활용 가능하게 해줍니다. 이 때 챔버 아래의 피스톤이 파우더 베이스를 0.1mm 내려 다음 레이어를 만들 준비를 합니다. 모델이 최종 완성되기까지 이 과정이 반복됩니다.

❸ 분말 제거 및 재활용

출력 완료된 모델은 파우더 안에서 경화되고, 경화가 끝나면 프린터가 챔버 바닥에 진공압력 및 진동을 주어 모델 주변의 파우더를 대부분 자동 제거해 줍니다. 이 파우더는 공압시스템과 필터를 통과하여 호퍼로 들어가 이후 제작에 사용되며, 다음으로 프린터 전면을 열고 모델을 미세 파우더링 챔버로 이동시킵니다. 이 때 압축 공기를 모델에 분사하여 잔여 파우더 흔적을 깨끗이 제거해 줍니다. 제거된 모든 파우더는 진공 흡입한 후 자동으로 재순환시켜 프린터로 들어가며 재활용됩니다.

▲ CJP 3D 프린터 출력물

4. FOOD 3D 프린터

3D 프린팅 원리를 이용한 Food 3D 프린터를 개발하는 시도가 다양하게 이루어 지고 있습니다. 어쩌면 미래 교실에서는 자신이 직접 디자인한 파일을 출력하고 직접 맛볼 수 있게 될 지도 모를 일입니다.

ⓒ https://3dprintingindustry.com/news/11-food-3d-printers-36052/

ⓒ https://www.3dprintersonlinestore.com/mmuse-desktop-food-3d-printer

팬케이크봇(PancakeBot™)은 3D 프린팅 기술을 이용하여 자신만의 팬케이크를 디자인하여 사람이 먹을 수 있는 모델을 출력해 주는 재미있는 푸드 프린터입니다. 아이들과 어른들이 기술을 학습하면서 음식물 디자인을 통해 창의력을 발휘할 수 있게 해준다고 합니다.

● 3D Printing Restaurant
2016년 7월 Shoreditch에서 세계 최초로 3D 프린팅 레스토랑 컨셉을 선보인 Food Ink (Print it and eat it)

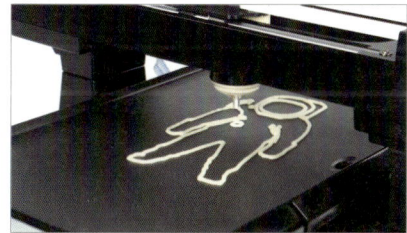

ⓒ http://www.pancakebot.com/

ⓒ https://londonist.com

| 팅커캐드(TinkerCad) 3D 모델링과
  아두이노 & 3D 프린팅 활용 가이드북

팅커캐드
아두이노 서킷 활용하기

팅커캐드에서 지원하는 유용한 기능 중에 [Circuits]가 있는데 아두이노를 학습할 때 실제 부품이 없어도 컴퓨터 상에서 회로설계를 하고 시뮬레이션해 볼 수 있는 도구입니다. 팅커캐드에서 지원하는 아두이노 개발 환경에 사용가능한 여러가지 부품들을 살펴보고 각각의 요소들의 모양과 역할에 대해 하나씩 이해하고 새롭게 추가된 코드블록 기능에 대해 알아보겠습니다.

SECTION 01 팅커캐드 아두이노 서킷

    팅커캐드는 앞서 소개한 3D 모델링 뿐만 아니라 무료 공개 프로그램이지만 타 3D 모델링 프로그램에서는 지원하지 않는 유용한 기능을 사용할 수 있는데 바로 아두이노 시뮬레이터 및 코드 에디터 기능으로 블록형 코딩, 일반 코딩이 가능한 아두이노 프릿징(Arduino Fritzing) 소프트웨어입니다. 팅커캐드의 [Circuits]을 잘 활용하면 Fritzing 보다 깔끔한 회로설계를 하고 시뮬레이션해 볼 수 있을 것입니다.

    프릿징(Fritzing)이란 회로도, 스키매틱, 설계도, 회로기판 등을 설계하고 시뮬레이션해 볼 수 있는 무료 소프트웨어를 말하는데 팅커캐드에서 지원하는 유용한 기능 중에 [Circuits]가 바로 그것입니다. 개별적인 하드웨어 작품을 만들 때 아두이노 보드와 소자, 모터 등의 구성 요소들의 연결을 그려 놓은 그림을 회로도라고 합니다. 프릿징은 아두이노를 활용하여 제작하는 경우 하드웨어 도면을 손쉽게 그릴 수 있도록 도와주는 소프트웨어로 이해하면 됩니다.

    아두이노를 학습할 때 실물 부품이 없다거나 내 회로설계에 이상이 없는지 당장 확인하고 싶을 때 활용하면 상당히 유용한 도구입니다.

    특히 일선 교육기관에서 교·강사들이 학생들을 대상으로 수업에 이용한다면 아주 강력한 교육용 툴이 될 것입니다. 또한 실제 부품이나 아두이노 키트들이 시중에 많이 소개되어 있고 교육용 자료도 온라인을 통해 무료로 열람할 수 있는 것이 많으므로 스스로 학습하는 데도 큰 무리가 없을 것입니다.

    그럼 여기서 '아두이노'란 무엇인지 잠시 알아보도록 하겠습니다!

아두이노(이탈리아어 : Arduino 아르두이노)는 오픈 소스를 기반으로 한 단일 보드 마이크로컨트롤러로 완성된 보드(상품)와 관련 개발 도구 및 환경을 말한다. 2005년 이탈리아의 IDII(Interaction Design InstituteIvera)에서 하드웨어에 익숙지 않은 학생들이 자신들의 디자인 작품을 손쉽게 제어할 수 있게 하려고 고안된 아두이노는 처음에 AVR을 기반으로 만들어졌으며, 아트멜 AVR 계열의 보드가 현재 가장 많이 판매되고 있다. ARM 계열의 Cortex-M0(Arduino M0 Pro)과 Cortex-M3(Arduino Due)를 이용한 제품도 존재한다.

아두이노는 다수의 스위치나 센서로부터 값을 받아들여, LED나 모터와 같은 외부 전자 장치들을 통제함으로써 환경과 상호작용이 가능한 물건을 만들어 낼 수 있다. 임베디드 시스템 중의 하나로 쉽게 개발할 수 있는 환경을 이용하여, 장치를 제어할 수 있다.

아두이노 통합 개발 환경(IDE)을 제공하며, 소프트웨어 개발과 실행코드 업로드도 제공한다.

또한 어도비 플래시, 프로세싱, Max/MSP와 같은 소프트웨어와 연동할 수 있다.
아두이노의 가장 큰 장점은 마이크로컨트롤러를 쉽게 동작시킬 수 있다는 것이다. 일반적으로 AVR 프로그래밍이 AVRStudio(Atmel Studio로 변경, ARM 도구 추가됨)와 WinAVR(avr-gcc)의 결합으로 컴파일하거나 IAR E.W.나 코드비전(CodeVision) 등으로 개발하여, 별도의 ISP 장치를 통해 업로드를 해야하는 번거로운 과정을 거쳐야 한다. 이에 비해 아두이노는 컴파일된 펌웨어를 USB를 통해 쉽게 업로드 할 수 있다. 또한, 아두이노는 다른 모듈에 비해 비교적 저렴하고, 윈도를 비롯해 맥 OS X, 리눅스와 같은 여러 OS를 모두 지원한다. 아두이노 보드의 회로도가 CCL에 따라 공개되어 있으므로, 누구나 직접 보드를 만들고 수정할 수 있다.
아두이노가 인기를 끌면서 이를 비즈니스에 활용하는 기업들도 늘어나고 있다. 장난감 회사 레고는 자사의 로봇 장난감과 아두이노를 활용한 로봇 교육 프로그램을 학생과 성인을 대상으로 북미 지역에서 운영하고 있다. 자동차회사 포드는 아두이노를 이용해 차량용 하드웨어와 소프트웨어를 만들어 차량과 상호작용을 할 수 있는 오픈XC라는 프로그램을 선보이기도 했다.

_출처 : https://ko.wikipedia.org/wiki/아두이노

아두이노는 2003년경 이탈리아에서 처음 공개가 되었는데 학생들의 수업을 위해 개발이 시작된 오픈소스 프로젝트의 결과물로 개발한 사람들은 선생님들이라고 합니다. 렙랩 오픈소스 프로젝트를 통하여 공개한 3D 프린터와 마찬가지로 오늘날 교육 환경에 최적화되어 교육자, 학생뿐만 아니라 개발자, 엔지니어, 취미생활 등에 아주 다양한 용도로 활용되고 있습니다.

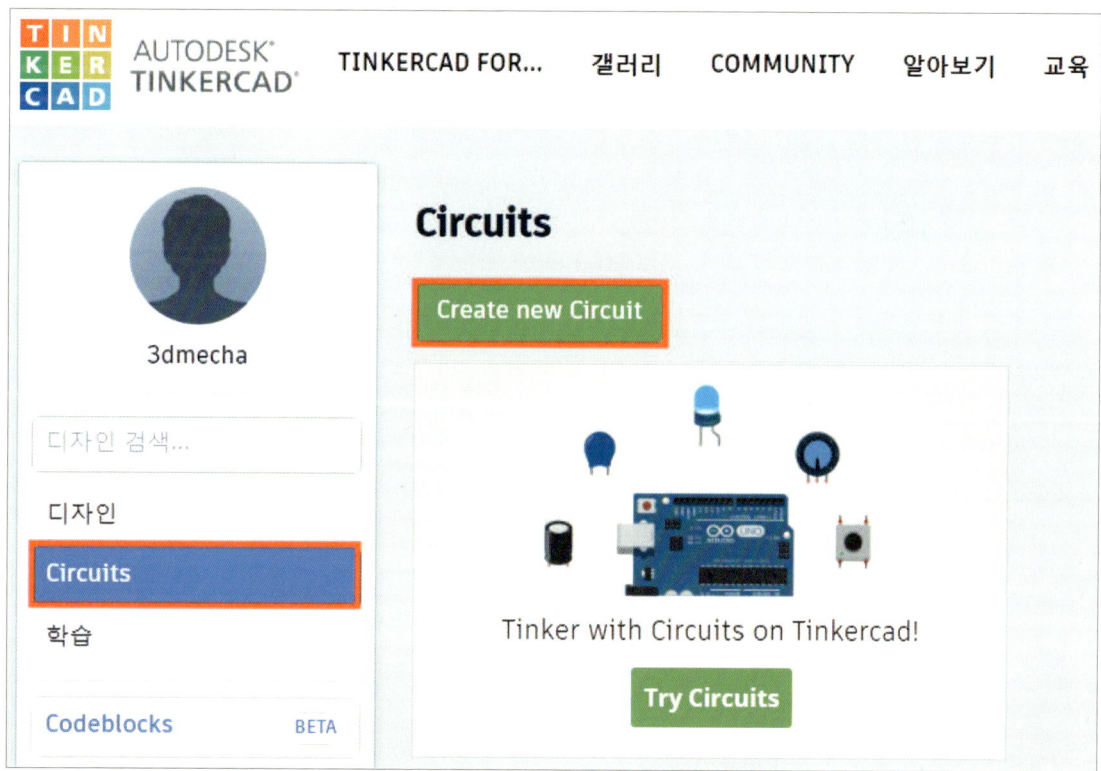

메인 화면 좌측 상단의 [디자인] 아래 [Circuits]를 클릭하고, [Create new Circuit]를 클릭하면 다음과 같은 화면이 나타납니다.

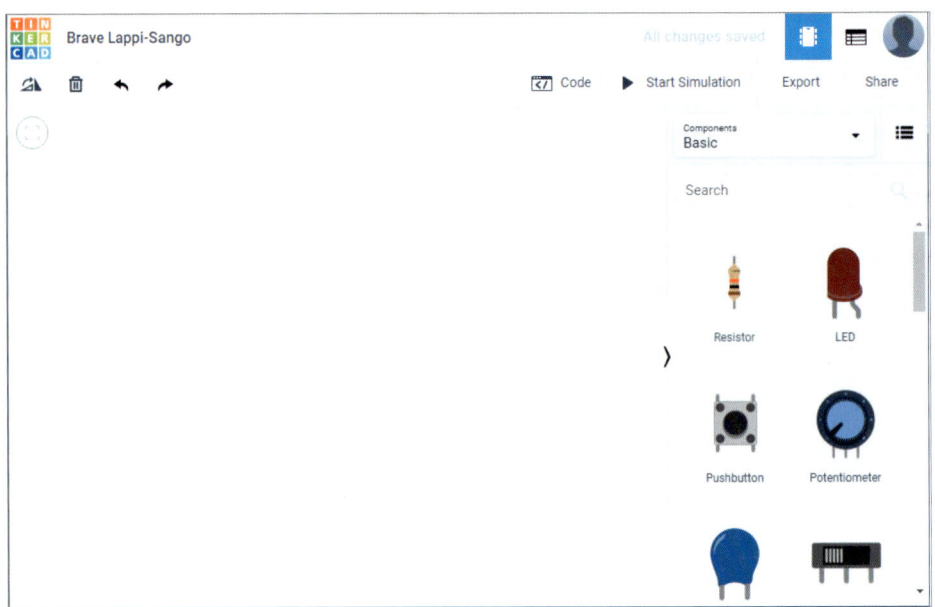

아두이노는 전문적인 프로그래밍이나 소프트웨어를 학습하지 않고도 초보자도 쉽게 사용할 수 있는 프로토타이핑 플랫폼입니다. 팅커캐드에서는 실물 부품이 없어도 회로를 설계하고 시뮬레이션해 볼 수 있는 기능을 지원하고 있어 참 편리합니다.

SECTION 02 Circuits 구성요소 이해하기

이 장에서는 팅커캐드의 [Circuits] 메뉴에서 지원하는 아두이노 개발 환경에 사용가능한 여러가지 부품들을 살펴보고 각각의 요소들의 모양과 역할에 대해 하나씩 살펴보면서 이해하고 간단한 실습을 해보도록 하겠습니다. [Components]에서 [All]을 선택하면 지원하는 구성요소들이 분류되어 나옵니다.

1. General

[General] 메뉴에 있는 구성 요소에 대해서 알아보겠습니다.

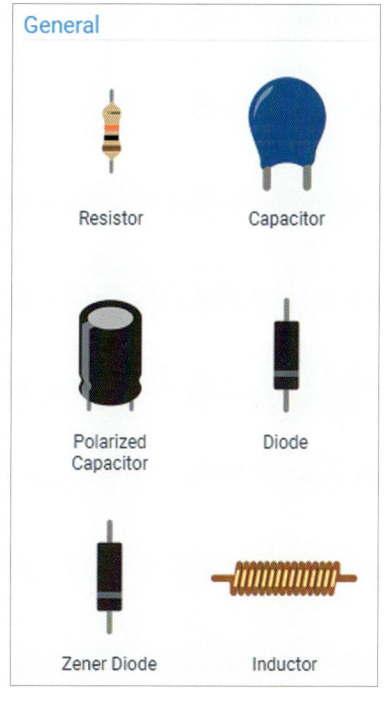

❶ Resistor
레지스터는 저항으로 회로에서 전류의 흐름을 제한시켜주는 역할을 합니다. 저항의 연결은 직렬 연결과 병렬 연결 2가지로 나눌 수 있습니다.

❷ Capacitor
캐패시터는 축전기를 말하며 전기를 일시적으로 저장하는 역할을 하는데 두 개의 금속판 사이에 절연 재료로 만들어진 유전체를 샌드위치처럼 끼워 놓은 회로소자입니다. 우리나라에서는 흔히 콘덴서(Condenser)라고 불리우며 전자회로에서 필수적인 부품입니다.

❸ Polarized Capacitor
일반적으로 많이 쓰이고 있는 콘덴서는 전해 콘덴서로 작은 크기에도 큰 용량을 얻을 수 있는 장점이 있으며 극성을 가지고 있는 콘덴서입니다.

❹ Diode
다이오드는 전류를 한 방향으로 흐르게 하고, 역방향으로는 흐르지 못하게 하는 성질을 지닌 반도체 소자 또는 2극 진공관을 말합니다. 다이오드는 주로 전압의 안정, 역방향 전원 차단, 센서나 모듈 보호 등의 역할을 해주는데 회로상에서 안전을 책임져 주는 요소로 이해하면 되겠습니다.

❺ Zener Diode

제너 다이오드는 반도체 다이오드의 일종으로 정전압 다이오드라고도 합니다. 일반적인 다이오드는 순방향으로 사용되는 것에 비해 제너 다이오드는 역방향으로 사용된다는 특징이 있으며 전류가 변화되어도 전압이 일정하다는 특징이 있어 정전압 회로에 사용되거나 서지 전류 및 정전기로부터 IC 등을 보호하는 보호 소자로 사용됩니다.

❻ Inductor

유도기(인덕터)는 전류에 의한 자기장을 만들어 자기(Magnetism)를 저장하는 원리로 많은 교류 회로, 특히 라디오 관련 회로에 많이 사용됩니다. 인덕터에 전류가 흐르면 코일 속에 자기장의 형태로 에너지가 일시적으로 저장됩니다. 유도기의 반대되는 개념으로 축전기(커패시터)가 있습니다.

2. Input

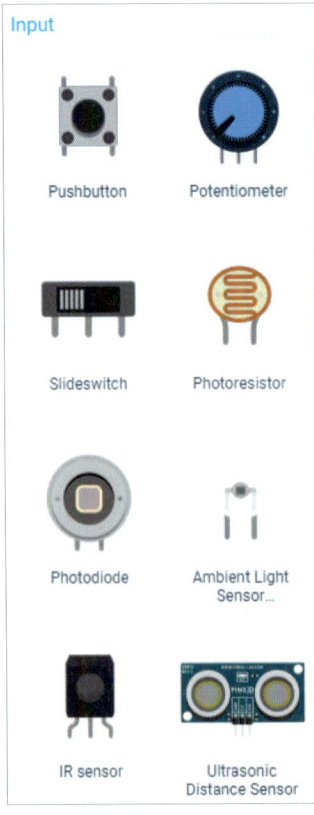
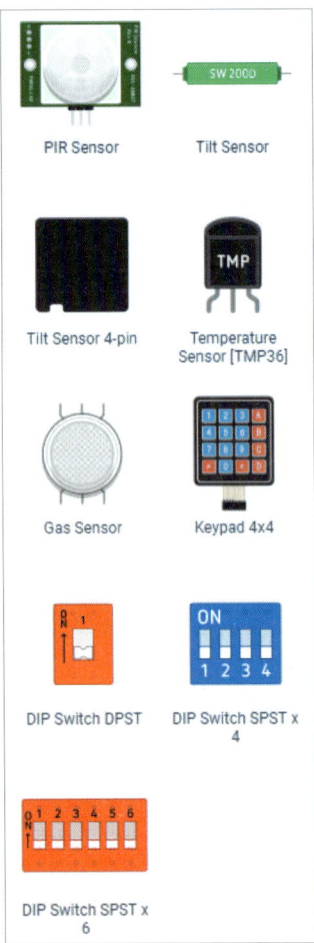

❶ Pushbutton
버튼을 누르면 두 개의 접촉 부분을 연결시켜 전기가 흐르게 만드는 간단한 부품으로 버튼을 누르면 딸깍딸깍 소리가 나며 버튼이 눌려집니다. 푸시버튼은 눌렀던 손가락을 떼는 순간 다시 원위치로 복귀하며 접점이 떨어지게 됩니다.

❷ Potentiometer
가변저항(Potentiometer)은 저항값이 고정되어 있지 않은 것을 말하며 가변저항을 이용하여 저항을 바꾸면 전류의 크기도 바꿀 수 있습니다. 우리 실생활 속에서도 흔히 접할 수 있는 소자로 스피커의 볼륨 조절 등에 부착되어 조절 슬라이더를 회전시키거나 앞뒤로 밀거나 당겨서 저항값을 조절합니다.

❸ Slideswitch
위쪽에 달린 손잡이(노브)가 좌우로 미끄러지듯이 움직이기 때문에 슬라이드 스위치라는 이름이 생긴 것입니다. 슬라이드 스위치는 왼쪽이나 오른쪽에 노브를 위치시킨 후 다시 움직이기 전까지 그 상태를 유지합니다.

❹ Photoresistor
포토레지스터는 노출된 빛의 양에 따라 저항값을 변화시키는데 주변이 밝을수록 저항값이 증가하며 반대로 어두울수록 저항값이 작아지는데 흔히 광센서라고 불립니다.

❺ Photodiode
포토다이오드는 빛이 다이오드에 닿으면 전류가 흐르고 그 전압은 빛의 강도에 비례하는 광센서의 일종입니다.

❻ Ambient Light Sensor
광조도센서는 주변의 빛의 양을 체크하며 빛의 양에 따라 아날로그의 전압이 높아지는 센서입니다.

❼ IR sensor
IR(Infrared rays)센서는 적외선 센서로 적외선 리모콘을 누르면 센서의 신호를 받아 아두이노에 전달합니다. 적외선은 우리 실생활에서 각종 리모콘, 열감지, 온도측정, 야간카메라 등 많은 분야에서 사용됩니다.

❽ Ultrasonic Distance Sensor
초음파 거리 센서는 어떤 대상에게 초음파를 발생시키고 반사되어 되돌아오는 시간을 측정한 후 그 진행 속도를 확인하여 거리를 측정하는 센서입니다. 자동차나 로봇청소기 등에 초음파 센서를 달아 충돌을 방지하는 데 사용하는 센서입니다.

❾ PIR Sensor
PIR(Passive Infrated Sensor)는 말 그대로 수동적 외적 센서로 적외선을 이용하여 사람의 움직임(모션)을 감지하는 인체감지 모션 센서입니다.

❿ Tilt Sensor
기울기 센서는 정밀하지는 않지만 사물이 기울어져 있는지 판단할 수 있는 센서입니다.

⓫ Tilt Sensor 4-pin

⓬ Temperature Sensor[TMP36]
온도센서는 물체의 온도를 감지하여 전기신호로 바꾸어주는 센서로 에어컨이나 전기밥솥 등 다양한 곳에서 사용하고 있습니다. TMP36 온도센서는 온도에 따른 전압의 변화량을 이용하여 온도를 측정하는 센서로 −40°C~120°C까지의 온도를 측정할 수 있습니다.

⓭ Gas Switch DPST
스위치는 전기회로를 이어주거나 끊기 위해 사용되는 전자 부품입니다. DPST는 스위치의 접점을 분류하는 기호 쌍극 단투 (Double Pole Single Thorow) 타입입니다.

⓮ DIP Switch SPST ×4
⓯ DIP Switch SPST ×6

3. Output

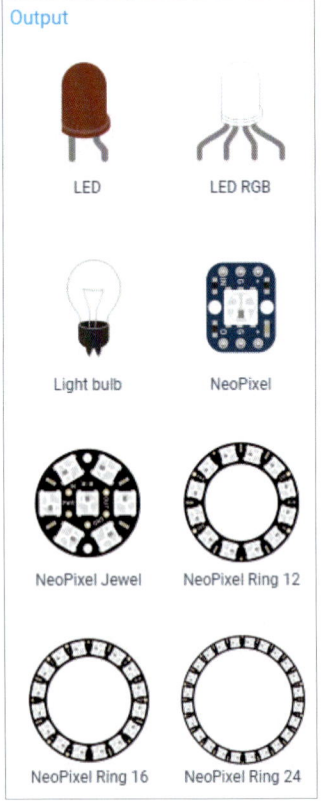
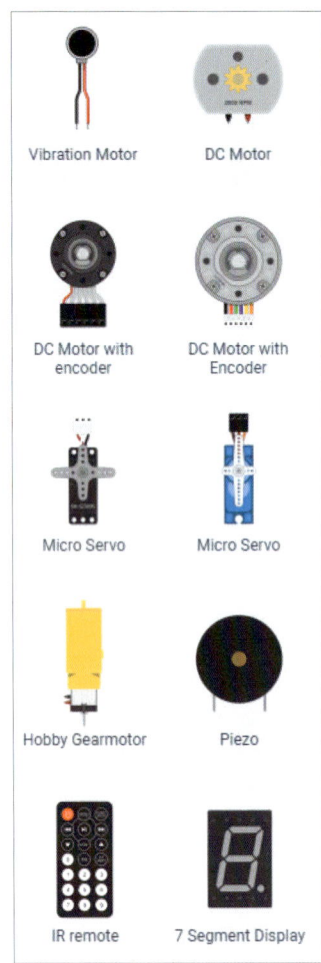

❶ LED

LED는 발광다이오드라고 하는 반도체 소자로 순방향으로 전압을 가했을 때 발광하는데 그 종류가 다양하고 활용 용도 또한 많은데 빛을 내고 싶은 곳이면 어디든 사용 가능한 부품입니다. LED는 극성(양극과 음극)을 가지고 있으며 극성이 있는 부품은 극성에 맞게 연결해야 정상적으로 작동합니다. LED를 반대 방향으로 연결하면 LED가 발광하지 않지만 그렇다고 연결된 부품이 손상되지는 않습니다.

❷ LED RGB

LED RGB는 일반 LED와 유사하게 생겼지만 내부에는 세 개의 LED(빨강, 초록, 파랑)가 존재합니다. 이 세 개의 LED의 밝기를 조절하여 혼합하면 원하는 색상을 만들 수가 있습니다. 이것은 물감을 이용하여 여러 가지 색상을 만들어내는 것과 유사한 원리라고 이해하면 됩니다.

LED RGB는 4개의 다리가 있는데 각각의 LED에는 양극 리드가 연결되어 있으며 세 개의 LED의 음극 리드는 하나로 묶여서 한 개의 음극리드로 나와 있습니다.

❸ Light bulb

❹ NeoPixel

네오픽셀은 Adafruit사에서 붙인 명칭으로 WS281x 칩이 내장된 LED를 말하며 다른 조명들에 비해 가격이 비싼 편이지만 밝고 수명이 길다는 장점이 있습니다. 네오픽셀은 각각의 LED에대한 개별제어(색상, ON/OFF)가 가능하고 배선 연결이 간단하다는 장점이 있으며 단점으로는 컨트롤러가 필요하다는 점입니다. 네오픽셀은 제품에 따라 링, 스트립, 스틱, 매트릭스, 소자 등 여러 가지 타입이 있습니다.

❺ NeoPixel Jewel

❻ NeoPixel Ring 12

❼ NeoPixel Ring 16

❽ NeoPixel Ring 24

❾ Vibration Motor

아두이노에서 많이 사용하는 진동 모터는 지름 10mm 정도의 소형 진동 모터가 내장된 모터 제어 모듈로 5V, 훙, 제어신호 3핀으로 모터의 제어가 가능합니다.

❿ Dc Motor

DC 모터는 직류 전원으로 작동되는 모터를 말하는데 모형 자동차, 무선조정용 장난감 등을 비롯하여 빠르고 연속적인 회전이 필요한 곳 등 여러 방면에서 널리 사용되고 있습니다.

⓫ Dc Motor with encoder

⓬ Dc Motor with encoder

⓭ Micro Servo

서보모터는 PWM 신호를 통해 회전을 제어할 수 있는 모터로 저항이나 엔코더를 포함하는 경우도 있습니다. 일반적으로 서보모터는 0~180도의 회전각을 가지며 펄스폭을 통해 정밀한 위치 제어가 가능합니다.

⑭ Micro Servo

⑮ Hobby Gearmotor

소형 DC 모터는 그 사용 분야가 광범위하며 아두이노 보드와 연결하여 모터의 ON/OFF와 속도 제어 등이 가능합니다. 예를 들어 소형 DC 모터를 이용하여 RC카에서 리모콘을 이용하여 자동차의 속도를 조절하는 것이 가능합니다.

⑯ Piezo

피에조 부저(Buzzer)는 피에조 효과를 이용하여 아두이노에서 간단한 소리를 낼 수 있는 소형 모듈(스피커)을 말합니다. 피에조 효과란 세라믹이나 수정같은 결정체의 성질을 이용하여 압력을 가하면 변형이 발생하면서 표면에 전압이 발생하고, 반대로 전압을 걸어주면 응축, 신장을 하는 현상을 말하며 압전효과라고도 합니다. 여기에 얇은 판을 붙여주면 미세한 떨림이 생기며 소리가 나게 되는 원리입니다.

⑰ IR remote

IR 통신은 적외선을 이용한 통신 방법으로 TV나 에어컨 등에서 사용하는 리모컨이 바로 IR 통신방법을 사용하는 대표적인 예입니다.

⑱ 7 Segment Display

⑲ LCD 16×2

4. Power

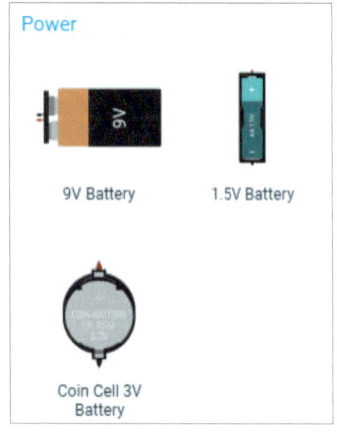

아두이노의 전원 공급 방식은 다양한데 그 중에서 배터리(건전지)를 이용하여 휴대용으로 쉽고 저렴하게 전원을 공급할 수 있습니다.

❶ 9V Battery

❷ 1.5V Battery

❸ Coin Cell 3V Battery

5. Breadboards

브레드보드는 일명 빵(Bread)판이라고 하며 흔히 전자 회로를 구성할 때 납땜없이 구멍에 부품이나 전선을 꽂아주는 것만으로 회로를 연결해주는 전자부품으로 테스트를 하거나 프로토타입을 만들 때 유용합니다.

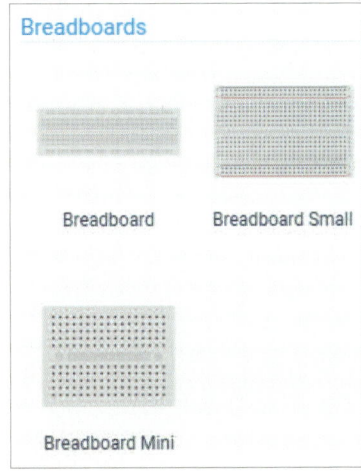

❶ Breadboard
❷ Breadboard Small
❸ Breadboard Mini

6. Microcontrollers

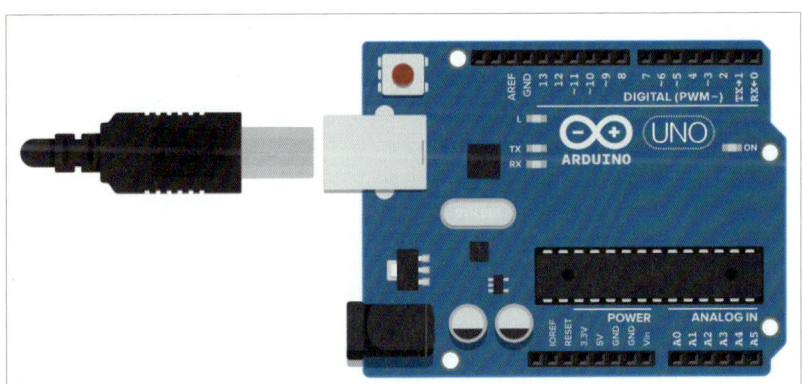

아두이노 보드에는 마이크로콘트롤러가 포함되어 있는데 인간으로 치면 '두뇌'와 같은 역할을 하는 전자 부품입니다. 아두이노 보드는 마이크로콘트롤러를 중심으로 여러 가지 전자 부품들을 보드 위에 연결하여 만든 마이크로콘트롤러 보드입니다.

❶ Arduino Uno R3
❷ ATtiny

아두이노 우노는 초심자에게 알맞은 보드로 가격이 저렴하면서도 견고하여 현재 가장 많이 판매되고 있는 기본적인 보드입니다. 아두이노 우노는 3번째 버전인 R3 보드가 가장 널리 사용되고 있는 보드로 총 44개의 핀과 단자들로 구성되어 있습니다. PC와 USB 케이블을 연결할 수 있으며 이것으로 프로그램 다운로드 및 시리얼 통신에 사용됩니다.

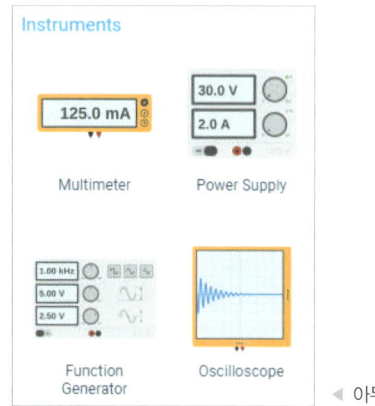

◀ 아두이노 우노 보드

[아두이노 보드의 주요 구성 요소 알아보기]

▲ 아두이노 보드의 주요 구성 요소

• 리셋버튼

리셋 버튼은 재시동 스위치로 이 스위치를 누르면 마이크로콘트롤러의 재시동 핀으로 신호가 전달되어 프로그램을 다시 시작하고 현재 업로드된 코드를 재실행시키며 작업 메모리를 초기화하고 프로그램을 처음부터 시작합니다. PC를 재부팅하는 경우와 유사하다고 생각하면 됩니다.

• USB 커넥터(연결 포트)

아두이노 보드는 USB를 연결하거나 아래의 전원 포트에 DC 잭을 연결하여 전원을 공급 받을 수 있습니다. DC 어댑터나 건전지로 전원을 연결하는 경우 7V~12V 사이의 DC 전원을 공급합니다.

• 전압 조정기(레귤레이터)

USB 커넥터 아래에 있는 전압 조정기는 전원 포트로 들어오는 7V~12V 사이의 전압을 아두이노에서 사용하는 안정적인 5V, 1A 표준 전원으로 바꾸어 줍니다.

• 전원 포트

외부 전원을 사용할 수 있는 아두이노 보드의 입력 전압 핀입니다.

• 내장 LED

'L'로 표시된 LED는 바로 위의 디지털 입출력핀의 13번 핀과 연결되어 있으며 아래의 'TX'는 데이터 송신, 'RX'는 데이터 수신 중인지를 나타내 줍니다.

• 디지털 입출력핀

DIGITAL 0부터 13까지의 레이블이 지정되어 있는 14개의 디지털 핀들은 입력이나 출력으로 사용할 수 있으며 이 디지털 핀들은 5V로 작동되며 최대 40mA를 출력하거나 입력받을 수 있습니다. 처음 두 개의 연결(0과 1)에는 수신을 의미하는 RX와 송신을 의미하는 TX라고 하는 레이블도 지정되어 있습니다.

• 아날로그 입력핀

아날로그 입력핀에는 A0~A5까지 6개의 핀이 있습니다. 이들 핀은 기본적으로 아날로그 입력이기는 하지만 디지털 입력(Input)이나 출력(Output)으로도 사용 가능합니다.

• 전원 LED ON 표시

아두이노를 켰을 때 전원이 연결되어 있는지를 나타내줍니다.

• 크리스탈 오실레이터

양쪽 모서리가 둥근 은색 사각형의 부품은 크리스탈 오실레이터(수정발진기)로 1초에 1,600만번의 클릭을 발생시키는데 한 번의 클릭마다 덧셈이나 뺄셈과 같은 수학 연산을 하나씩 실행할 수 있습니다.

• 마이크로 컨트롤러

아두이노 보드에서 핵심 역할을 하는 검은색 칩은 ATmega328P로 사람의 두뇌에 해당하며 검은색 직사각형 모양의 이 칩은 28개의 핀을 가지고 있습니다.

7. Instruments

❶ Multimeter
멀티미터는 회로의 전기적인 특성을 알려주는 계측기로 전압, 저항, 전류를 측정할 수 있습니다.

❷ Power Supply
전자 장치가 작동을 하기 위해서는 전원의 공급이 필요합니다. 전원은 AC(교류)와 DC(직류)로 구분할 수 있습니다. 일반적으로 아두이노 보드는 전원 공급을 가정의 전기 콘센트에 꽂아서 하는 것이 아니라 PC의 USB 포트로 합니다. USB는 한 포트당 5V, 200mA이므로 5×0.2=1W가 됩니다.

❸ Function Generator

❹ Oscilloscope
오실로스코프는 특정 시간 대역의 전압 변화를 확인할 수 있는 장치입니다. 오실로스코프를 통해 시간에 따라 변화하는 신호를 주기적으로 반복적인 하나의 전압형태로 파악할 수 있습니다.

8. Intergrated Circuits

아두이노 간 통신 방식으로 비동기 방식인 UART와 동기식 방식인 I2C, SPI를 주로 사용합니다.

❶ Timer
타이머는 특정 시간이 경과한 후에 작동하도록 한다거나 똑같은 간격으로 움직이고자 하는 경우 사용하는 부품입니다.

❷ Dual Timer
❸ 741 Operational Amplifier
❹ Quad comparator
❺ Dual comparator
❻ Optocoupler

9. Power Control

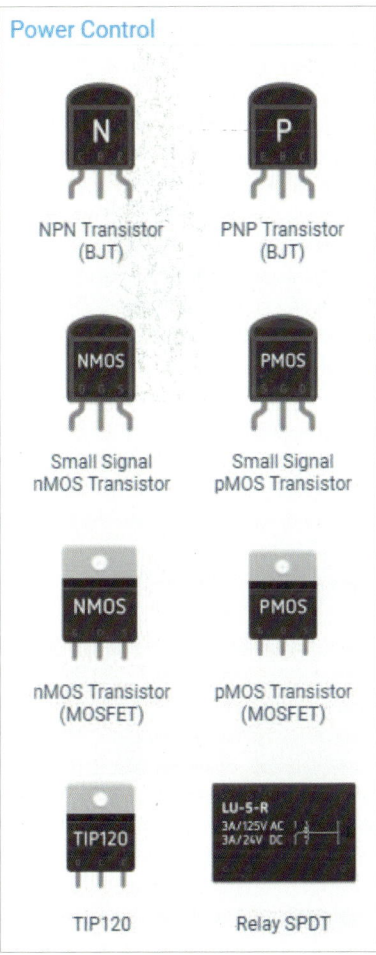

10. Networking

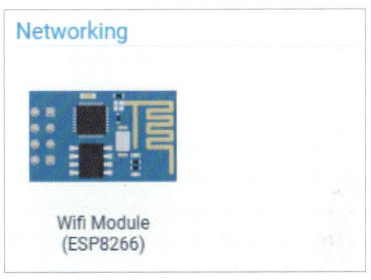

❶ Wifi Module(ESP8266)

11. Connectors

아두이노를 사용하기 위해서는 전원 공급이 필수적인데 일반적으로 USB 케이블을 PC와 연결하여 전원을 공급하거나 전원 커넥터에 어댑터나 건전지를 사용하여 전원을 공급하는 방법이 있습니다.

❶ 8 Pin Header
❷ USB standard A

12. Logic

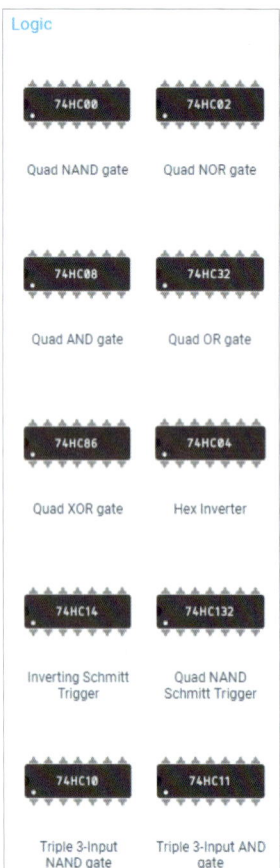

13. LED 깜박거리게 하기

먼저 우측 [Components]에서 [All]을 선택하면 지원하는 모든 구성요소들이 나타나는데 여기서 먼저 스크롤바를 아래로 내려 [Microcontrollers]에서 [Arduino Uno R3]를 선택하고 드래그하여 가져옵니다.

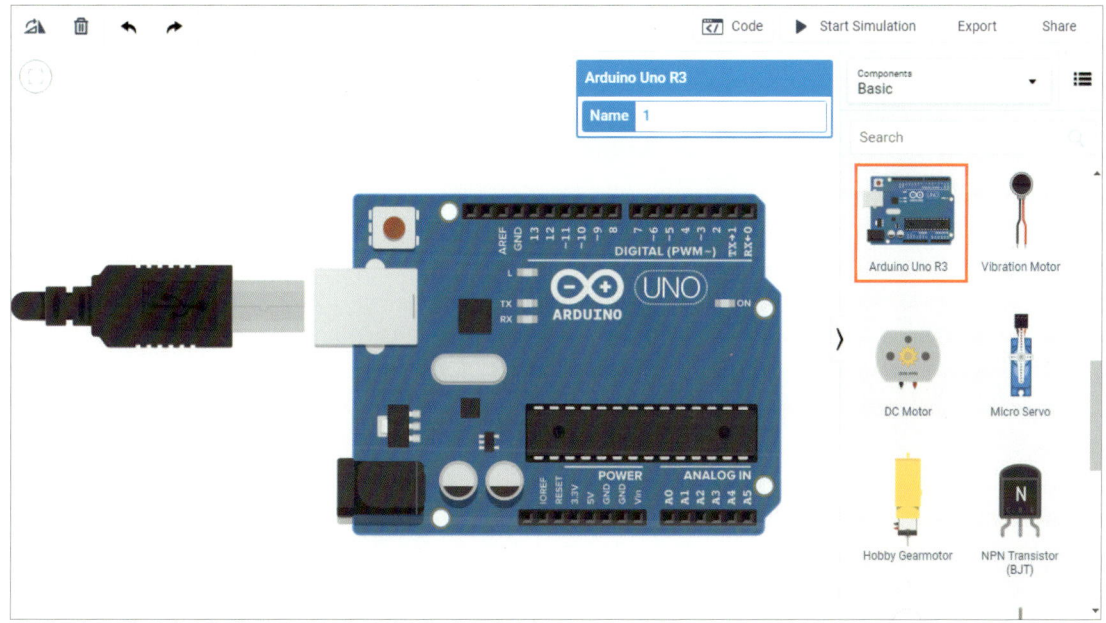

다음으로 저항(Resistor)을 가져오고 Name을 2, 저항값은 220 옴으로 설정해 보았습니다.

다음으로 LED를 가져와 Name을 3으로 설정해 보았습니다.

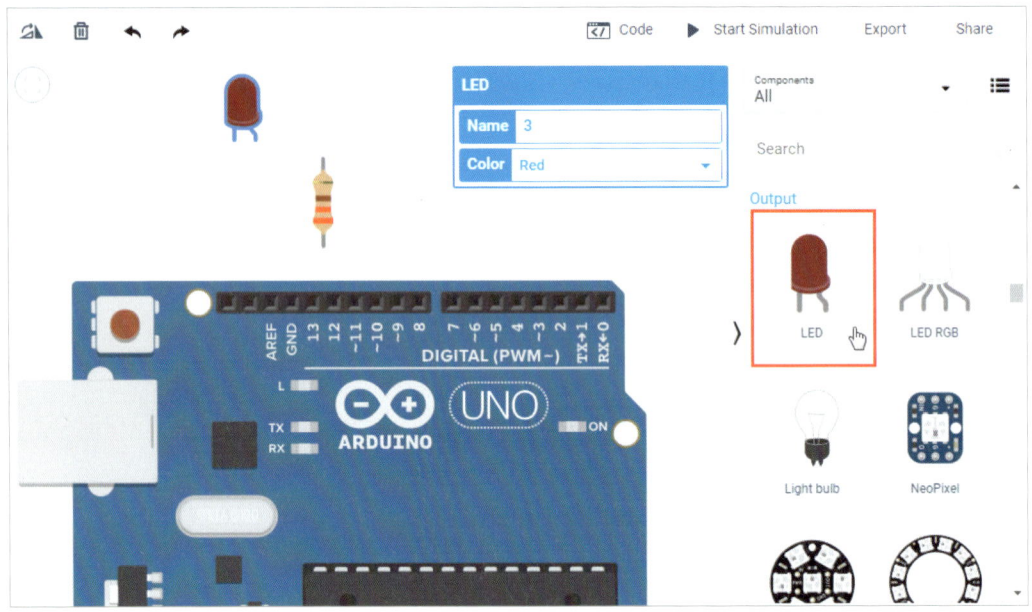

이제 LED를 깜빡이게 하기 위해서 LED와 저항을 연결해주고 입력핀에 LED와 저항을 연결해 줍니다. 내장 LED에서 TX와 RX라고 표시된 부분은 아두이노가 데이터를 주고(TX) 받는(RX) 상태를 알려주며, L이라고 표시된 부분은 13번 핀과 연결되어 있습니다.

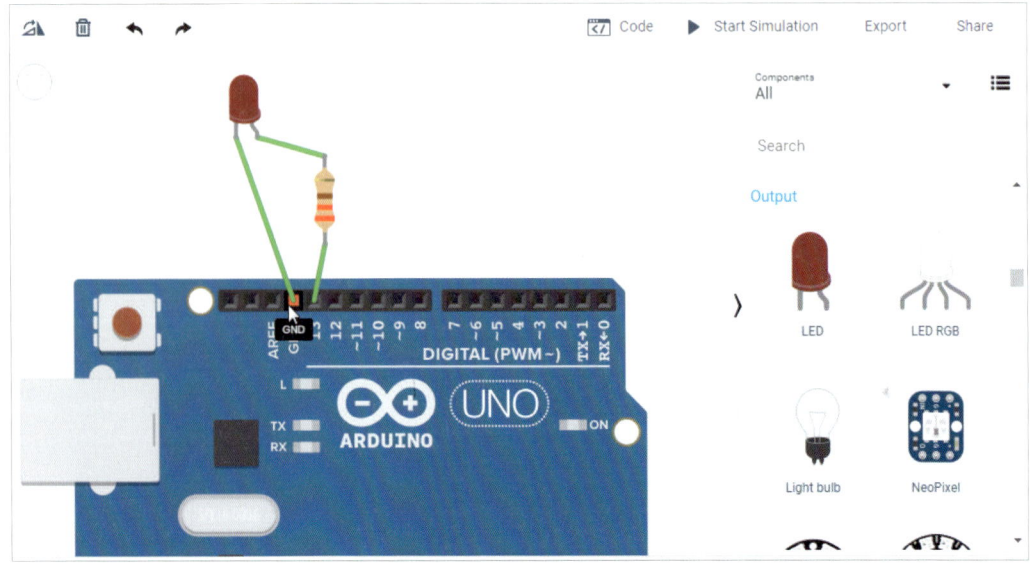

다음으로 상단 메뉴의 [Code] 토글 코드 에디터를 이용하여 코드를 작성할 수 있습니다.

[Code]를 클릭하면 다음과 같이 코드가 기본 설정값으로 [Blocks]으로 나타납니다. 블록 이외에 [Blocks+Text], [Text]로도 코드를 작성해 볼 수 있습니다.

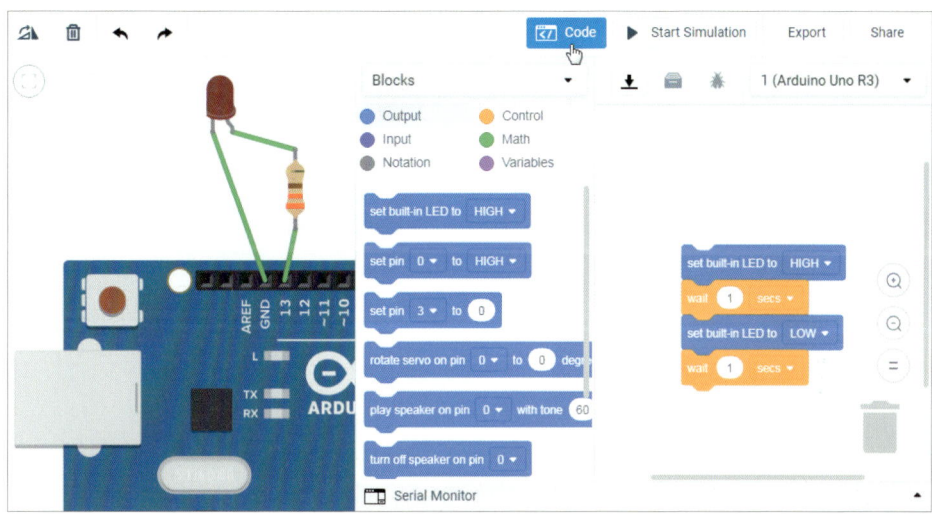

다음으로 상단 메뉴의 [Start Simulation]을 클릭하면 아두이노 보드의 내장 LED와 외부 LED가 깜빡거리는 것을 확인할 수 있습니다.

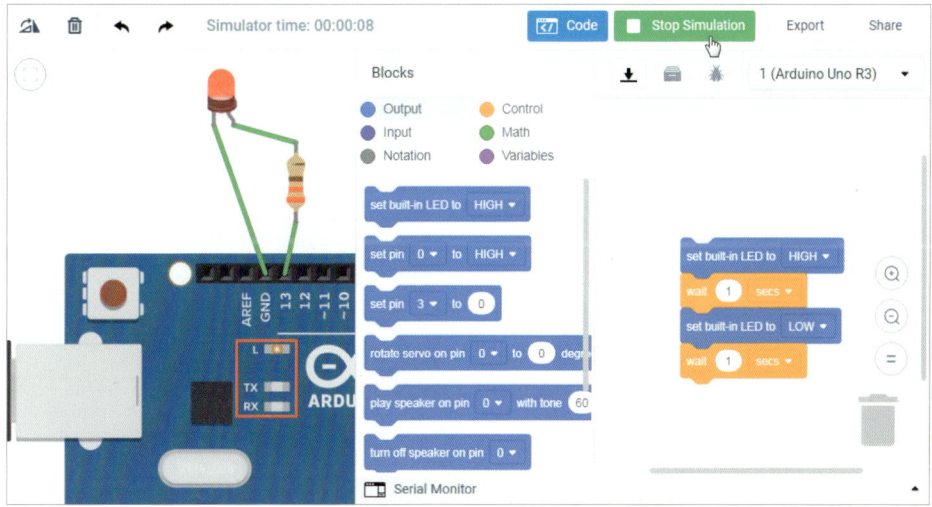

이와 같이 팅커캐드의 [Circuit]을 활용하면 아두이노를 이용하여 회로를 설계하고 간편하게 시뮬레이션 해볼 수 있는데 교육용 무료 도구로 상당히 매력적인 기능이라고 생각합니다.

SECTION 03 팅커캐드 코드블록

팅커캐드는 계속 진화하고 있는 소프트웨어로 4.0 버전부터 교실에서 아이들과 함께 하는 S/W 교육에 활용할 수 있는 블록코딩 기능을 선보이며 코드블록 베타 버전을 공개하고 있습니다. 블록코딩으로 모델링을 실행할 수 있다는 것입니다.

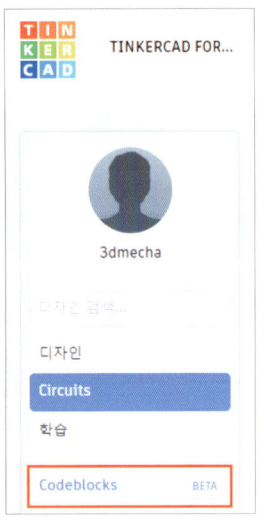

먼저 [Codeblocks]를 클릭합니다.

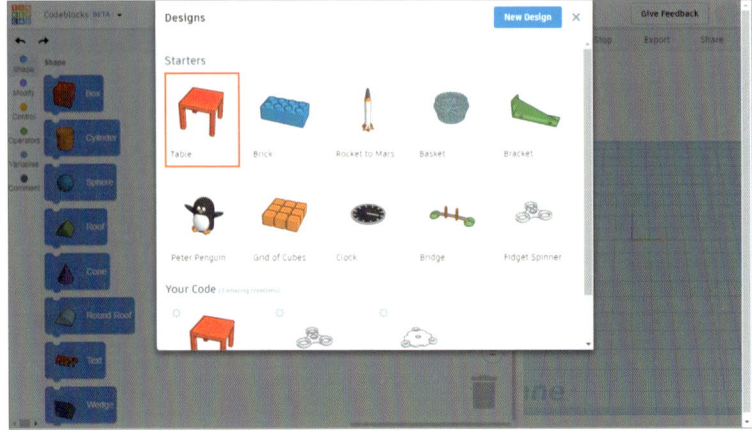

그럼 다음과 같은 창이 나타나는데 [Table]을 선택해 봅니다.

[Table]을 선택하면 책상에 관련된 코드블록이 자동으로 생성됩니다. 우측 작업화면은 초기에는 빈 화면 상태이지만 상단 메뉴의 [Run]을 클릭하면 코드가 생성되면서 점점 모델링이 완성되어 갑니다.

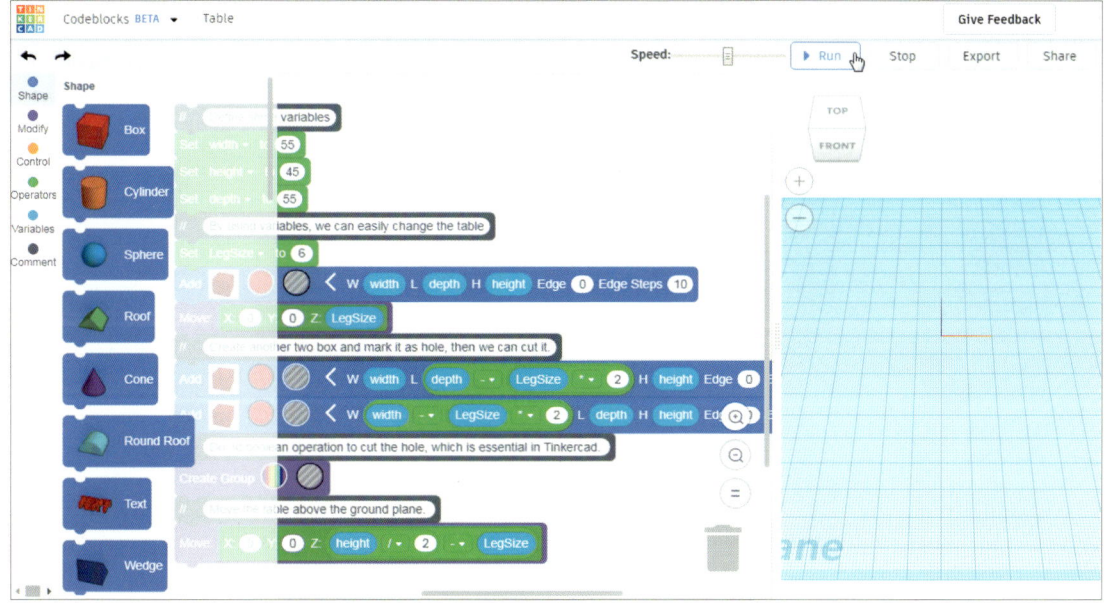

책상의 BOX 사이즈가 width : 55, height : 45, depth : 55로 되어 있고 LegSize가 6으로 설정 되어 있는데 설정값을 width : 75, height : 65, depth : 75로 하고 LegSize를 10으로 수정한 후 [Run]을 클릭하면 책상의 크기가 자동으로 커지는 것을 확인할 수 있습니다.

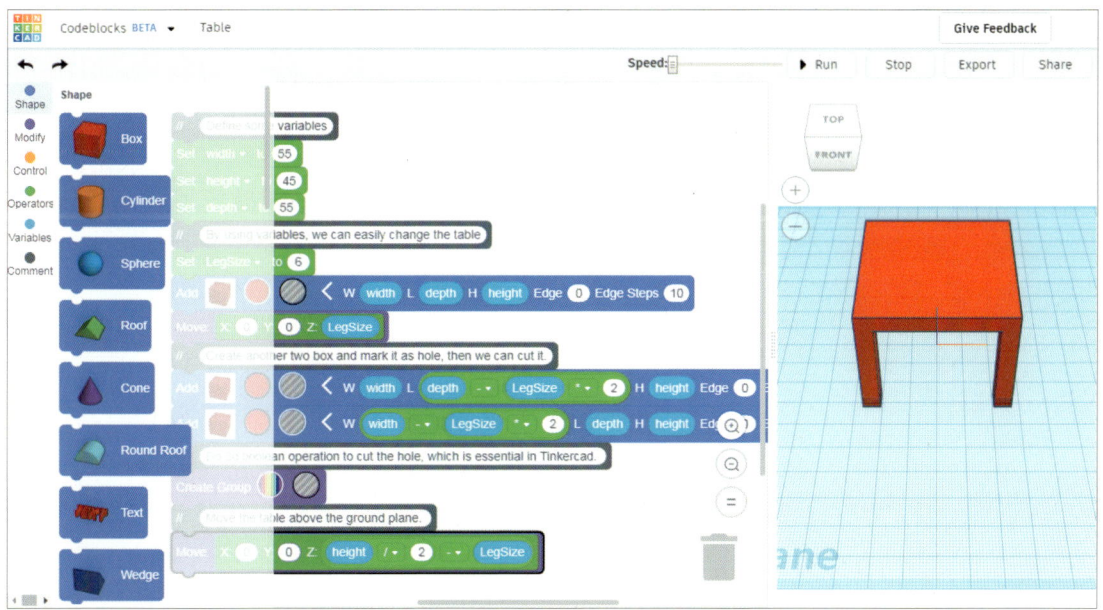

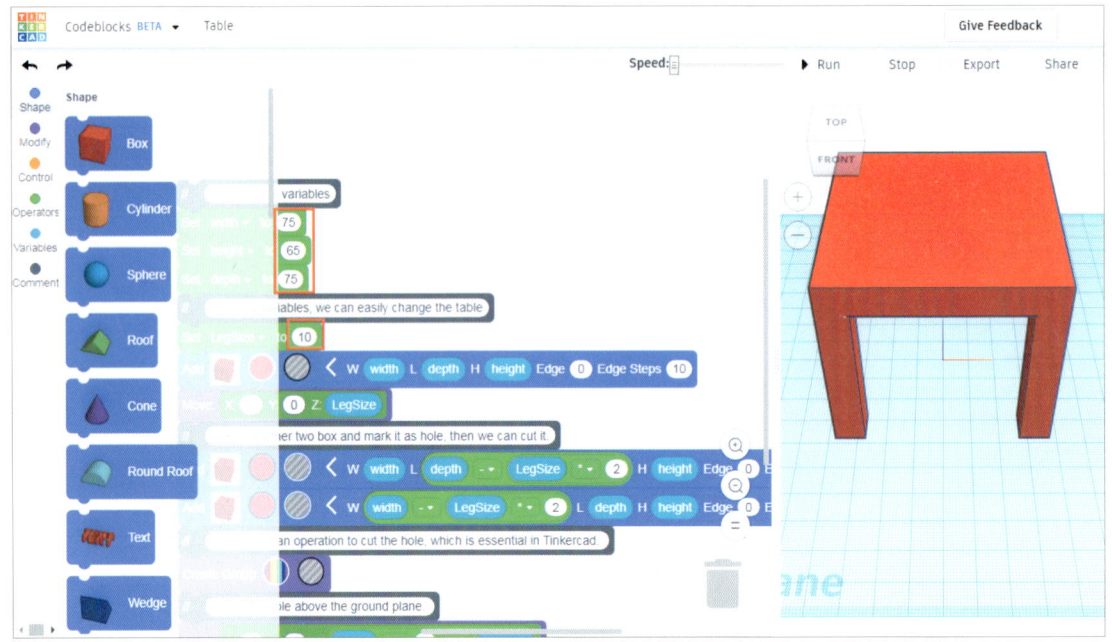

만약에 이 책상을 3D프린터로 출력하고 싶다면 상단 메뉴에서 [Export]를 누르고 STL이나 OBJ 형식으로 파일을 변환하여 저장 후 3D 프린터로 출력하면 됩니다.

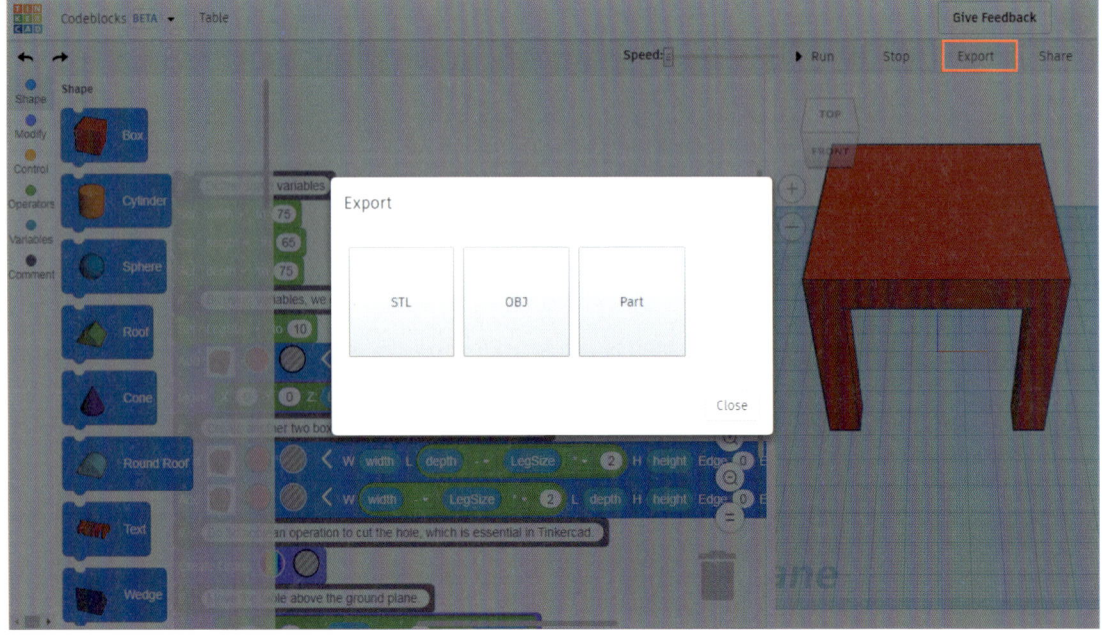

이처럼 팅커캐드에서는 코드블록 기능을 이용하여 다양한 도형을 가지고 코딩을 하여 모델링하는 것이 가능해졌습니다.

이번에는 코드블록 기능을 활용하여 간단한 모델링을 해보도록 하겠습니다. 먼저 [New Design]을 클릭합니다.

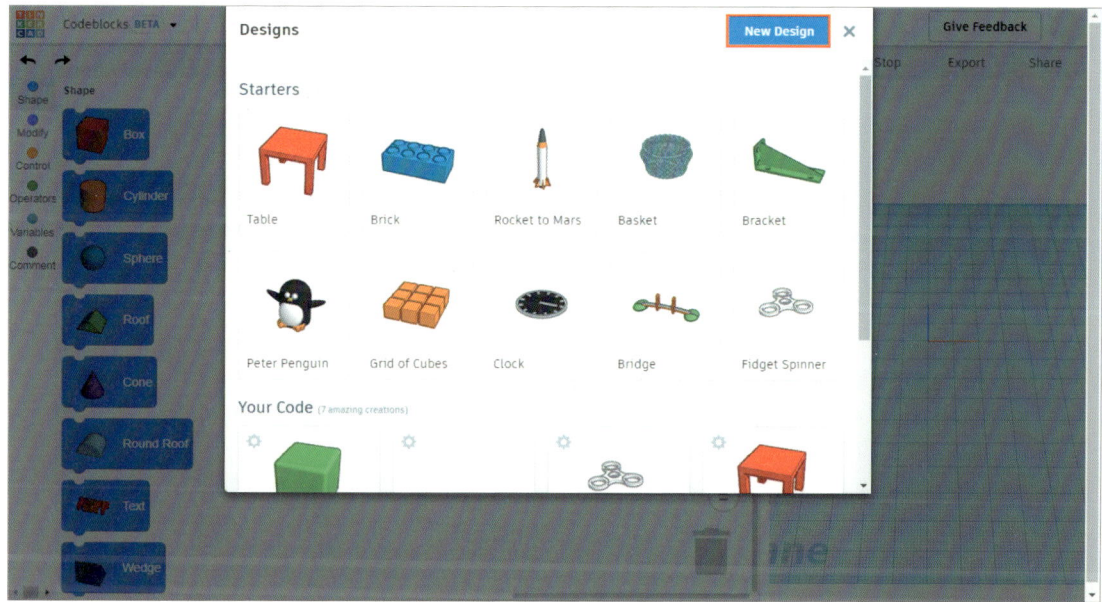

그러면 이런 화면이 나타날 것입니다.

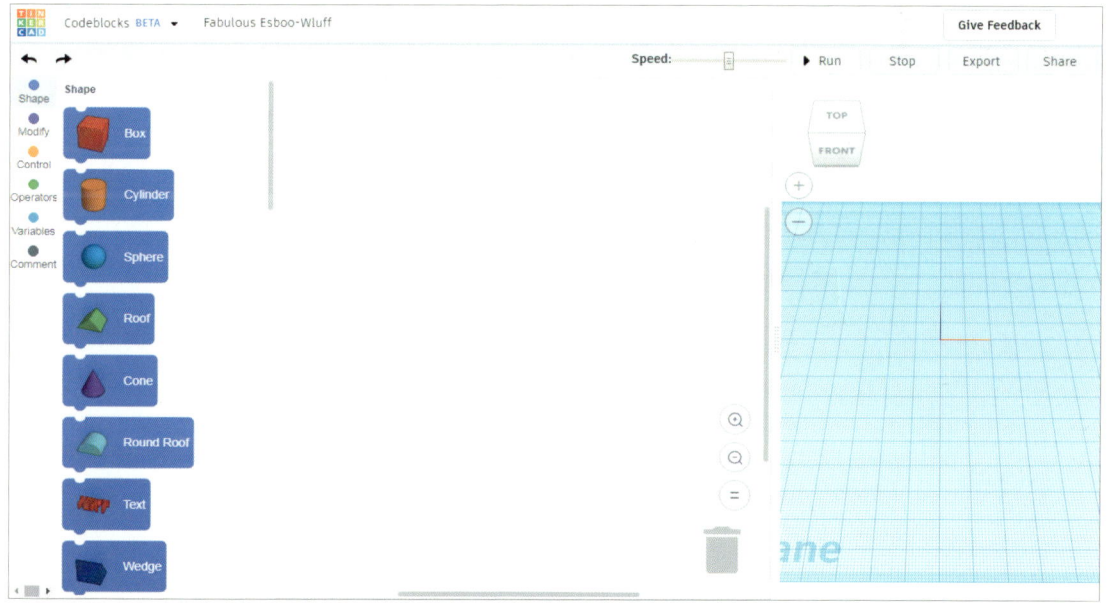

[Shape]에서 [Box]를 드래그하여 가져오면 박스가 추가되며 색상이나 크기 등을 변경할 수 있습니다.

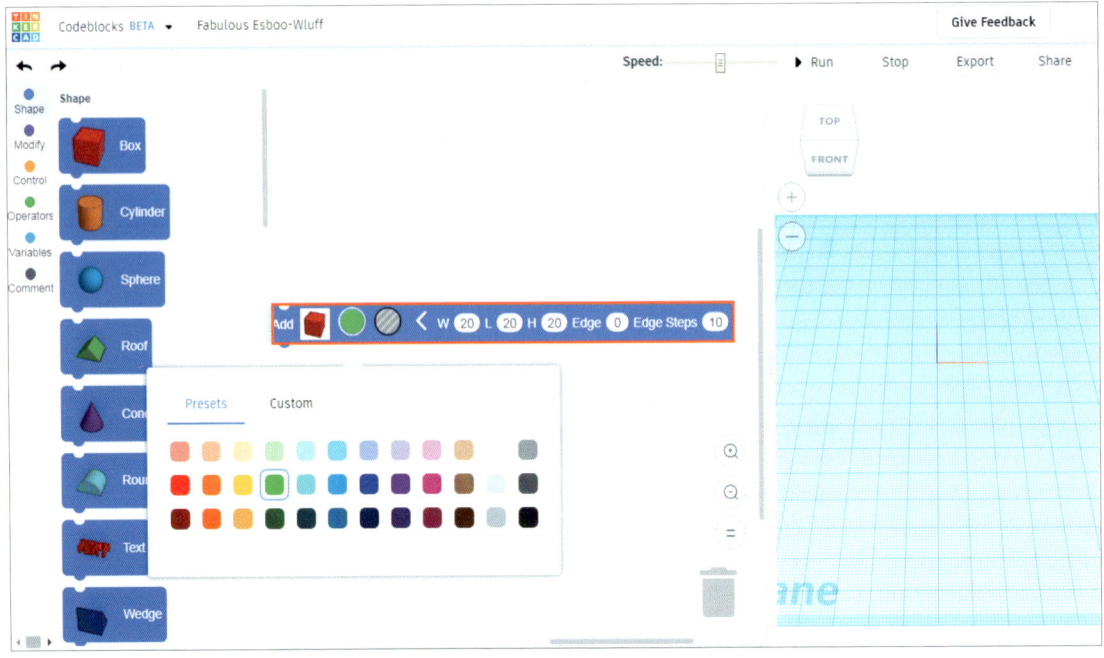

여기서 크기를 변경하고 싶은 치수들을 변경해줍니다.

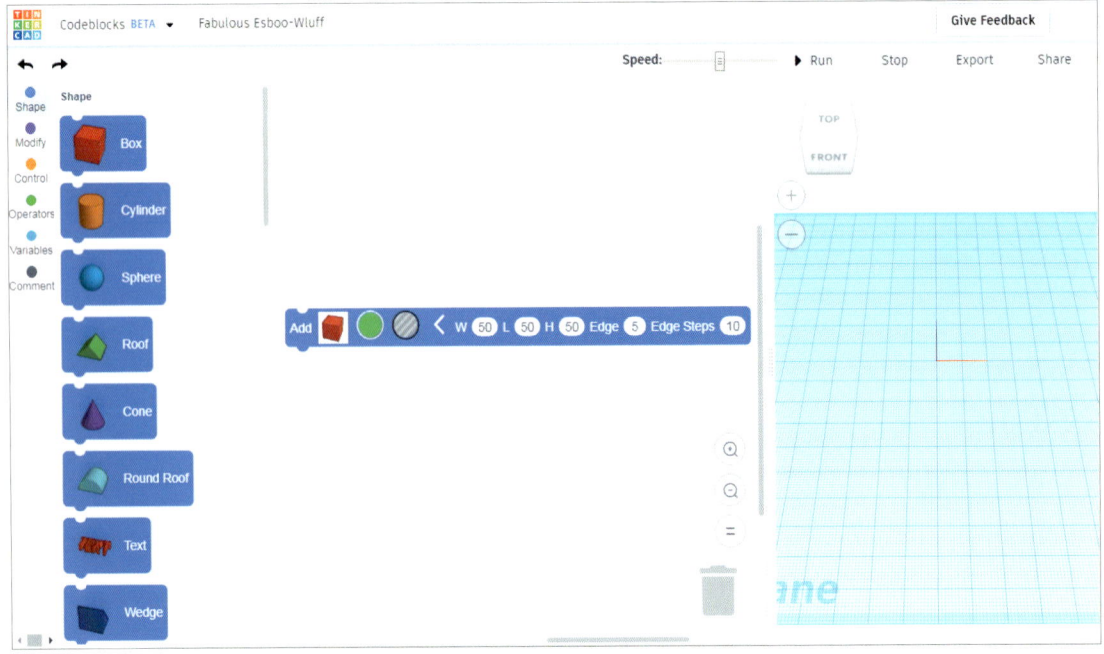

다음으로 [Run]을 클릭하면 수정된 치수의 크기로 모델이 생성됩니다.

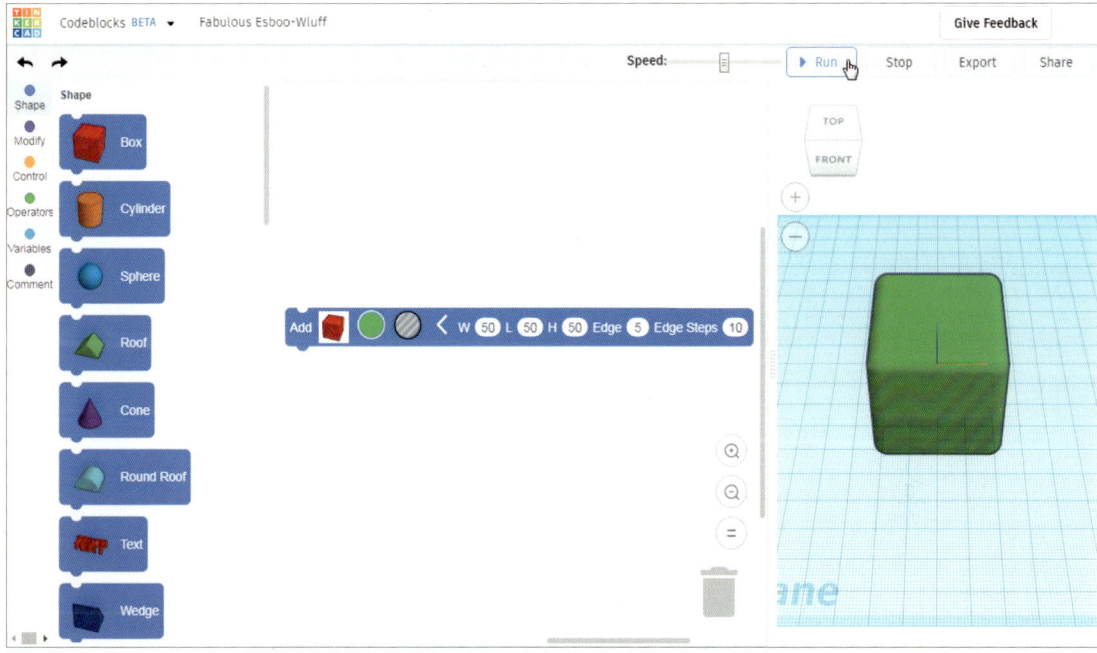

| 팅커캐드(TinkerCad) 3D 모델링과
  아두이노 & 3D 프린팅 활용 가이드북

CHAPTER

3D 프린팅 기술 방식별 출력물

현재 다양한 3D 프린팅 기술방식이 개발되고 소재 또한 발전되고 있습니다. 이 장에서는 기술방식 별로 실제 출력한 다양한 조형물을 살펴보도록 하겠습니다.

SECTION 01 · FFF 기술방식 3D 프린팅

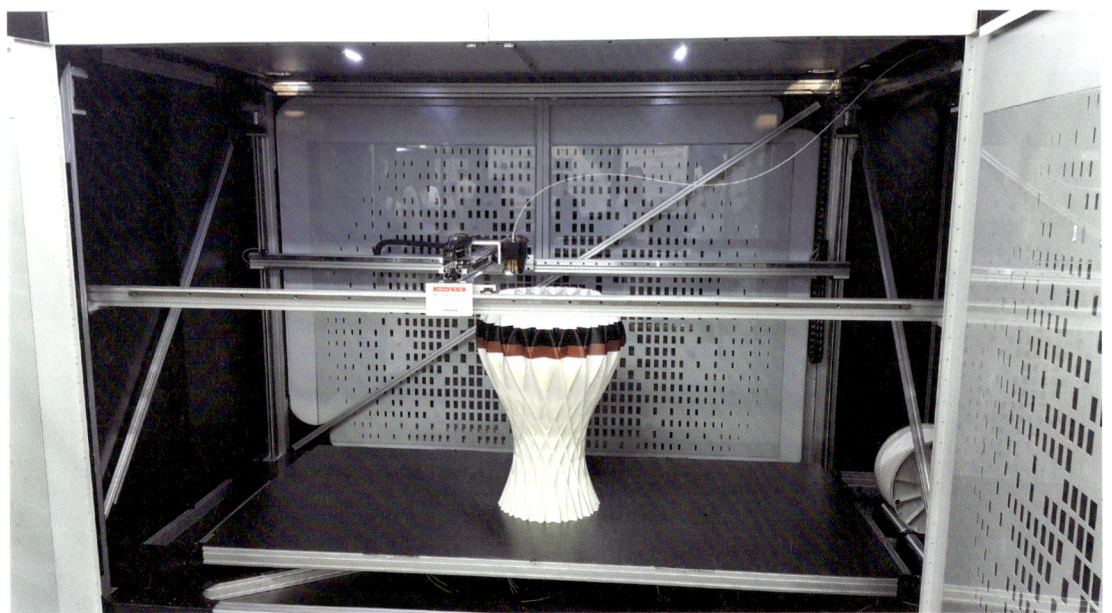

▲ 대형 FFF 3D 프린터 출력물

▲ 세라믹 소재 3D 프린터 출력물

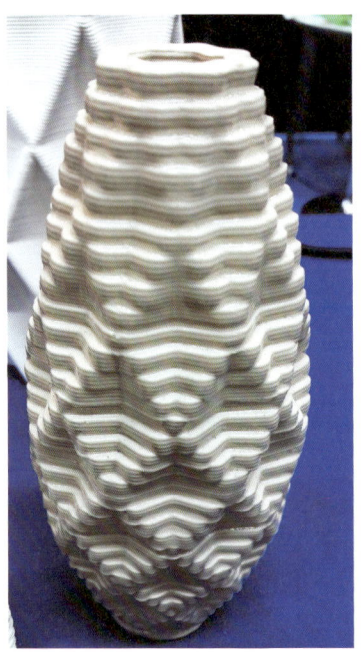
▲ 세라믹 소재 3D 프린터 출력물

부록_ 3D 프린팅 기술 방식별 출력물

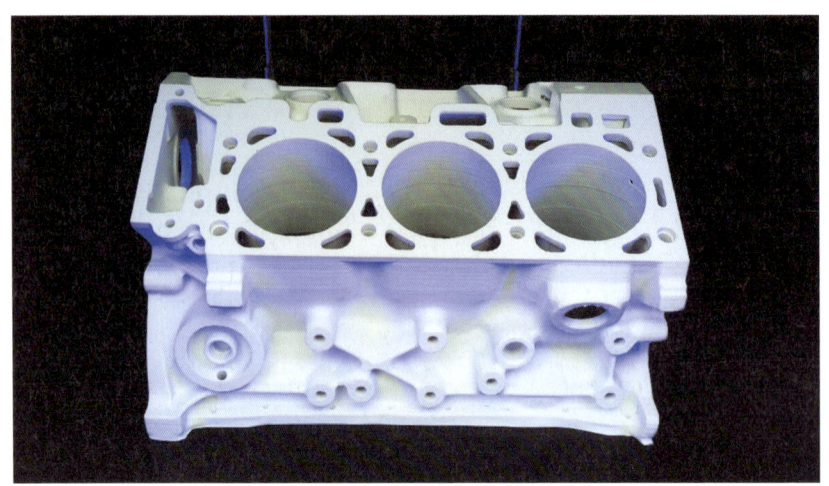

SECTION 02 DLP/SLA 기술방식 3D 프린팅

SECTION 03 CJP 기술방식 3D 프린팅

3D스튜디오 모아

SM 엔터테인먼트 소속 아이돌 연예인 3D 피규어

부록_ 3D 프린팅 기술 방식별 출력물

SECTION 04 LOM 기술방식 3D 프린팅

SECTION 05 PolyJet 기술방식 3D 프린팅

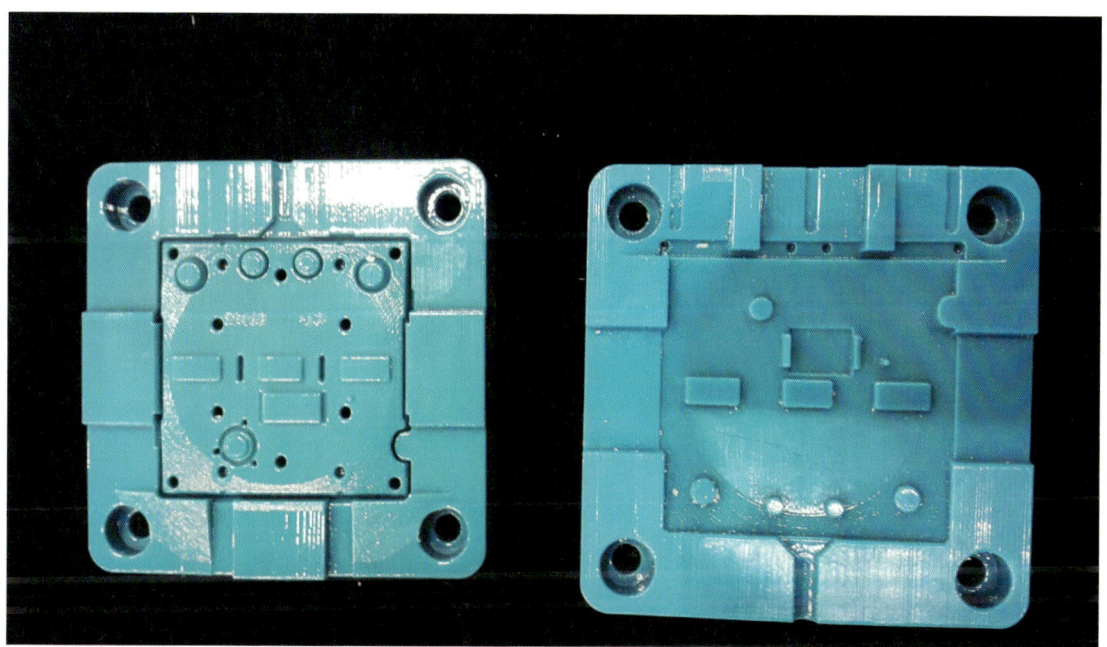

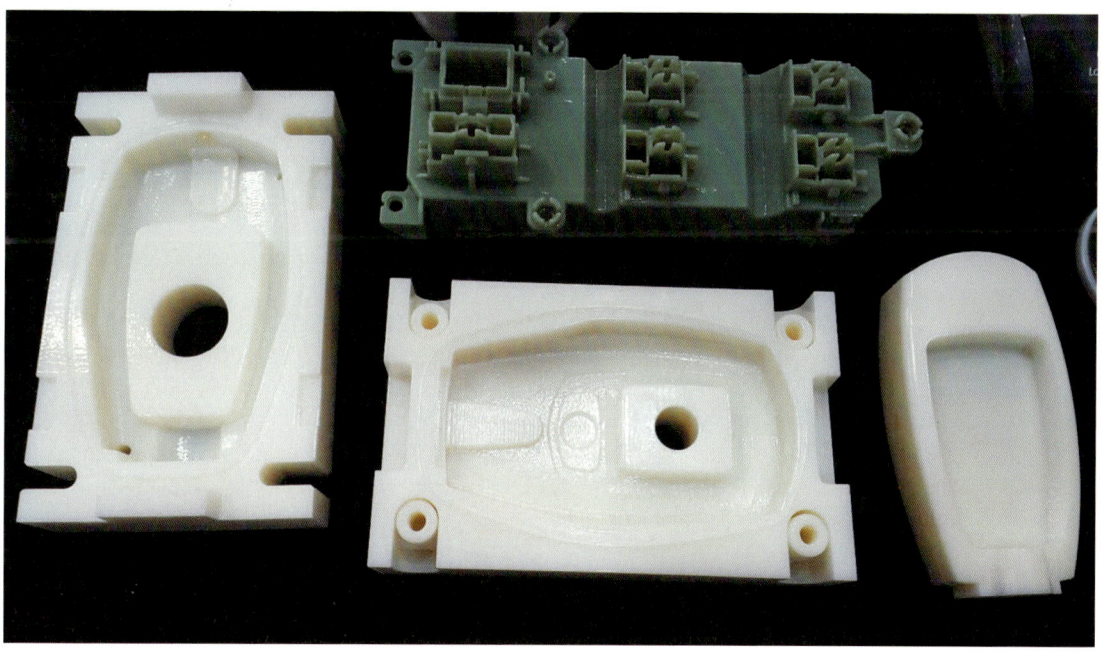

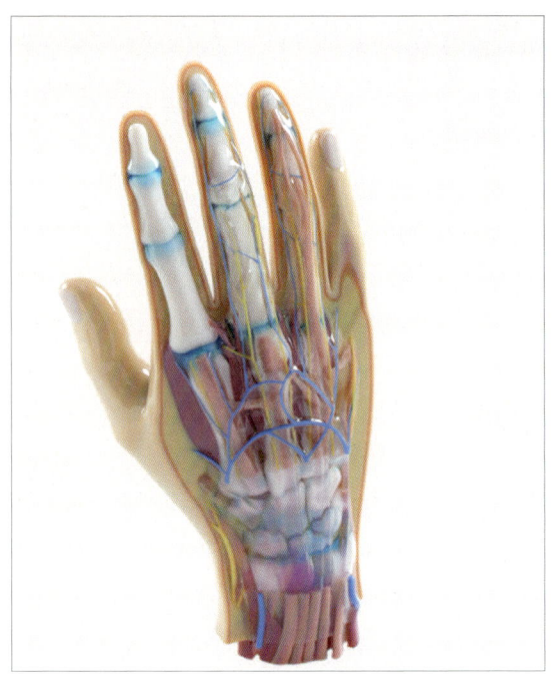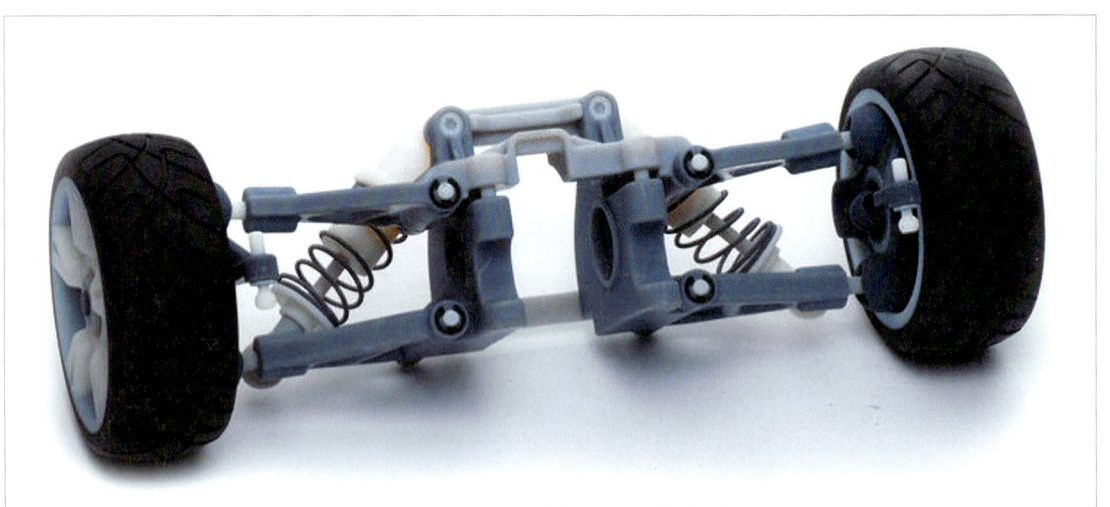

SECTION 06 DMLS 기술방식 3D 프린팅

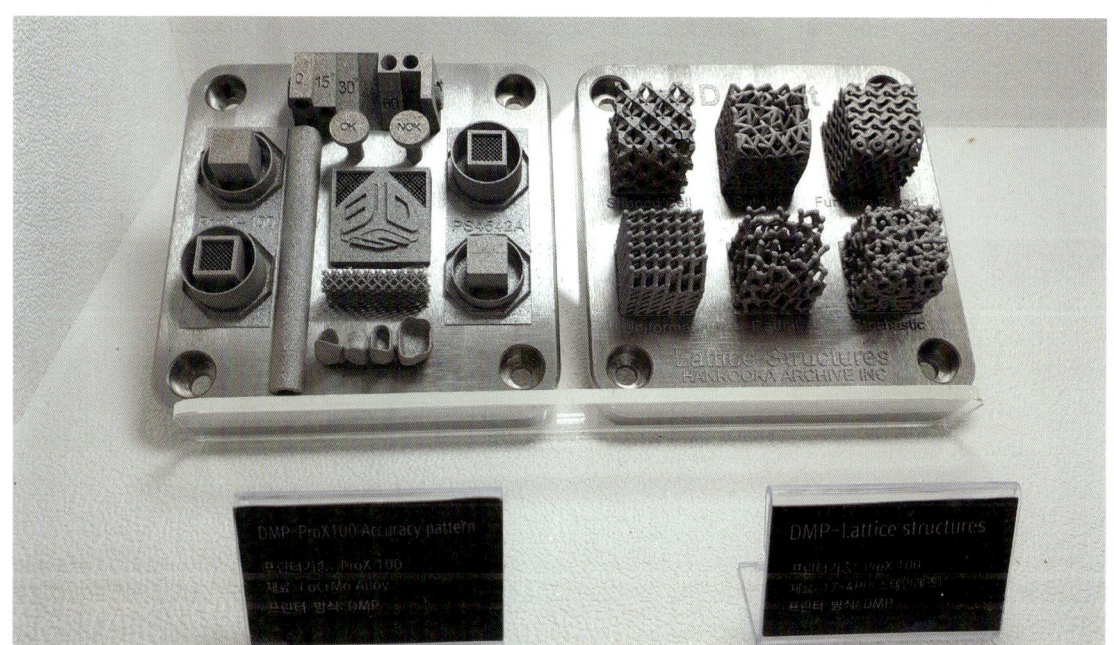

SECTION 07 | SHS 기술방식 3D 프린팅

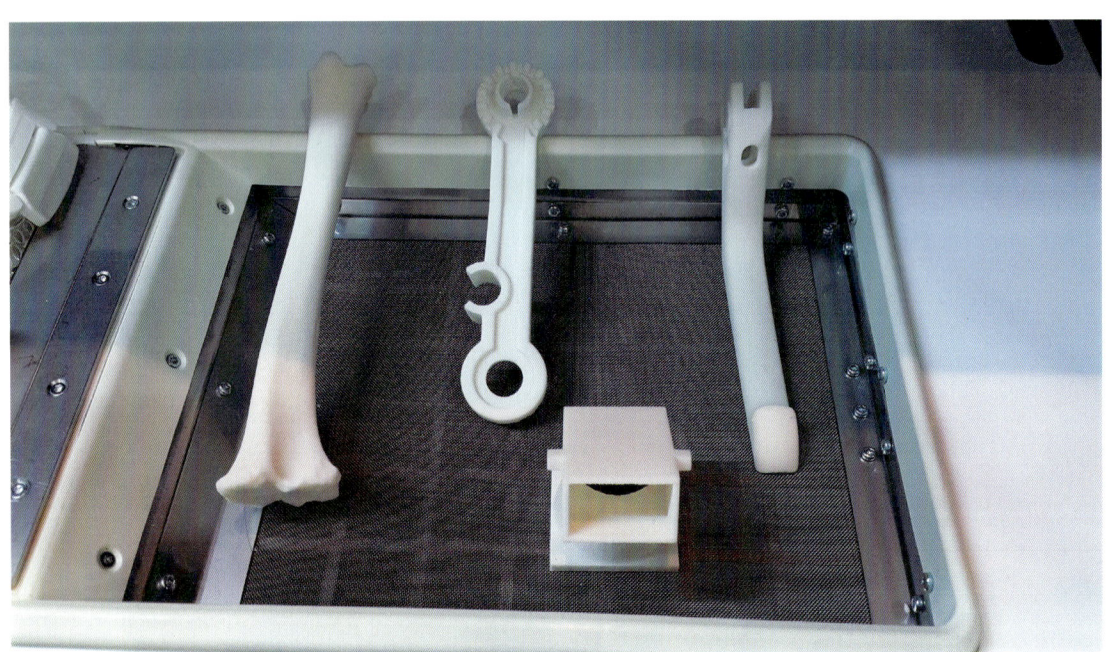

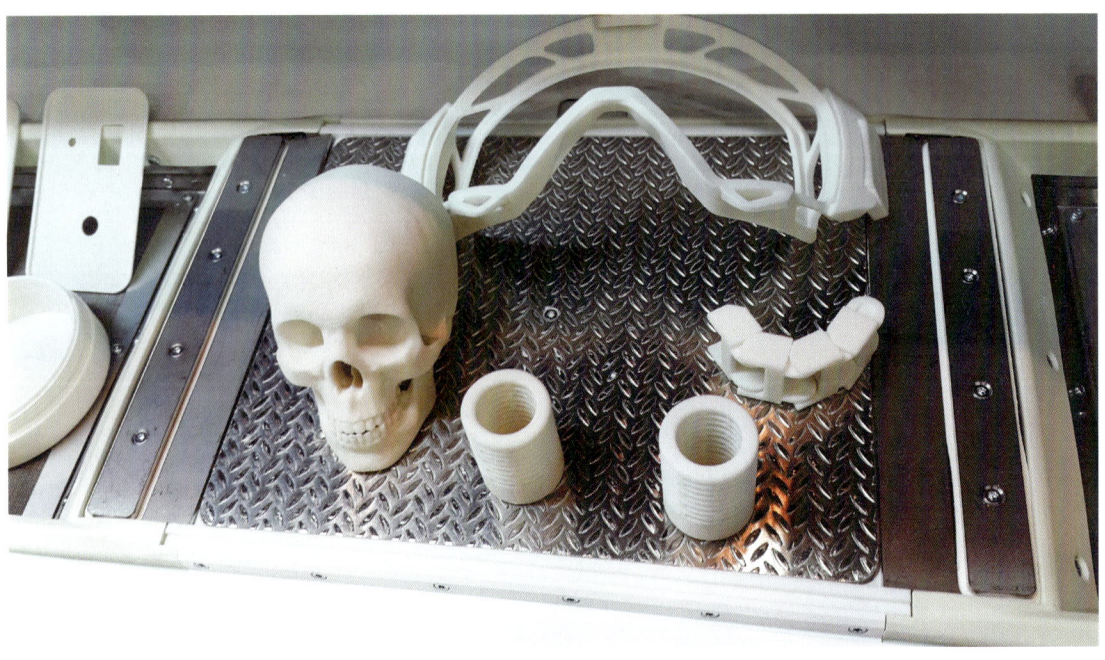

SECTION 08 다양한 출력물 [www.fab365.net]

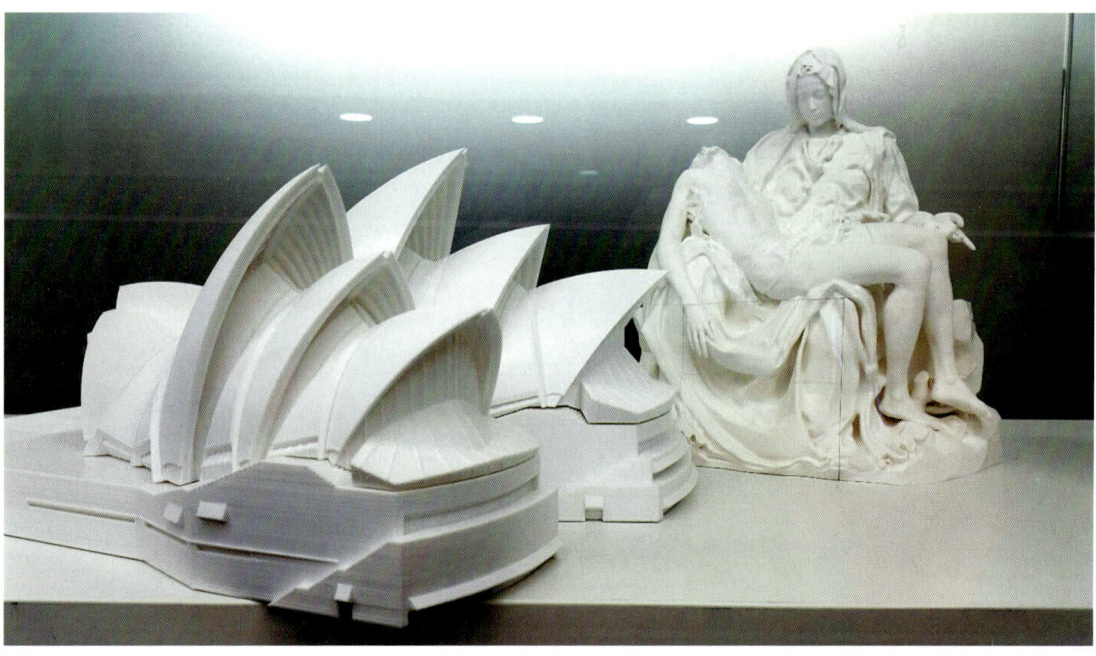

팅커캐드(TinkerCad) 3D 모델링과 아두이노 & 3D 프린팅 활용 가이드북

부록_ 3D 프린팅 기술 방식별 출력물

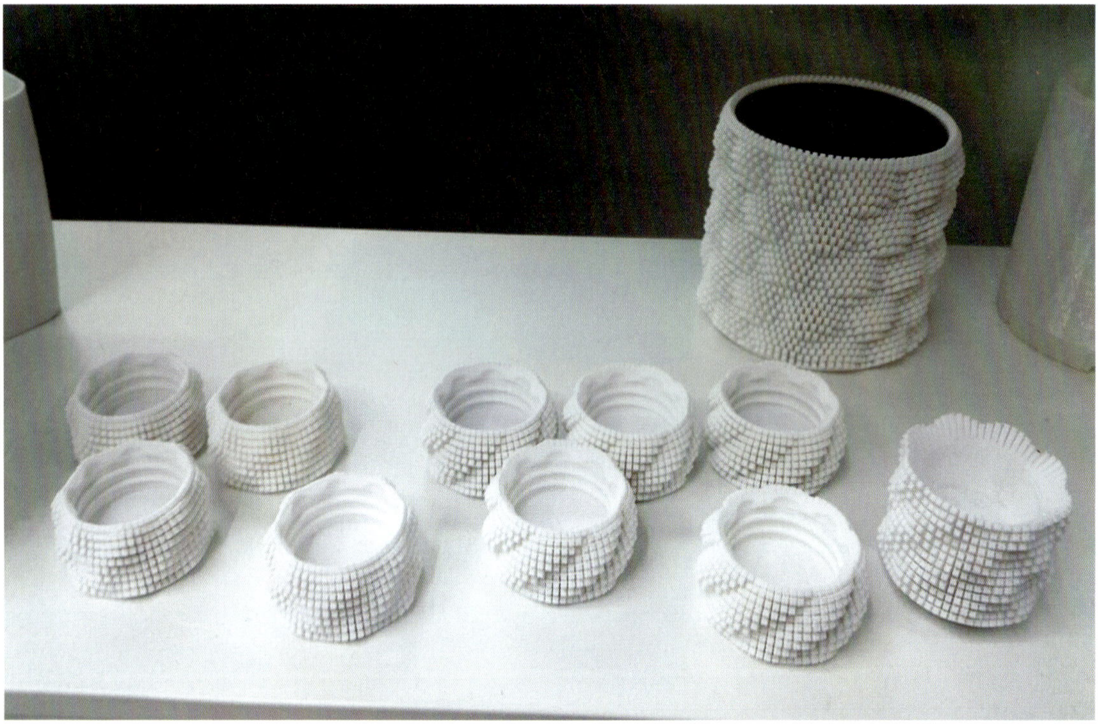

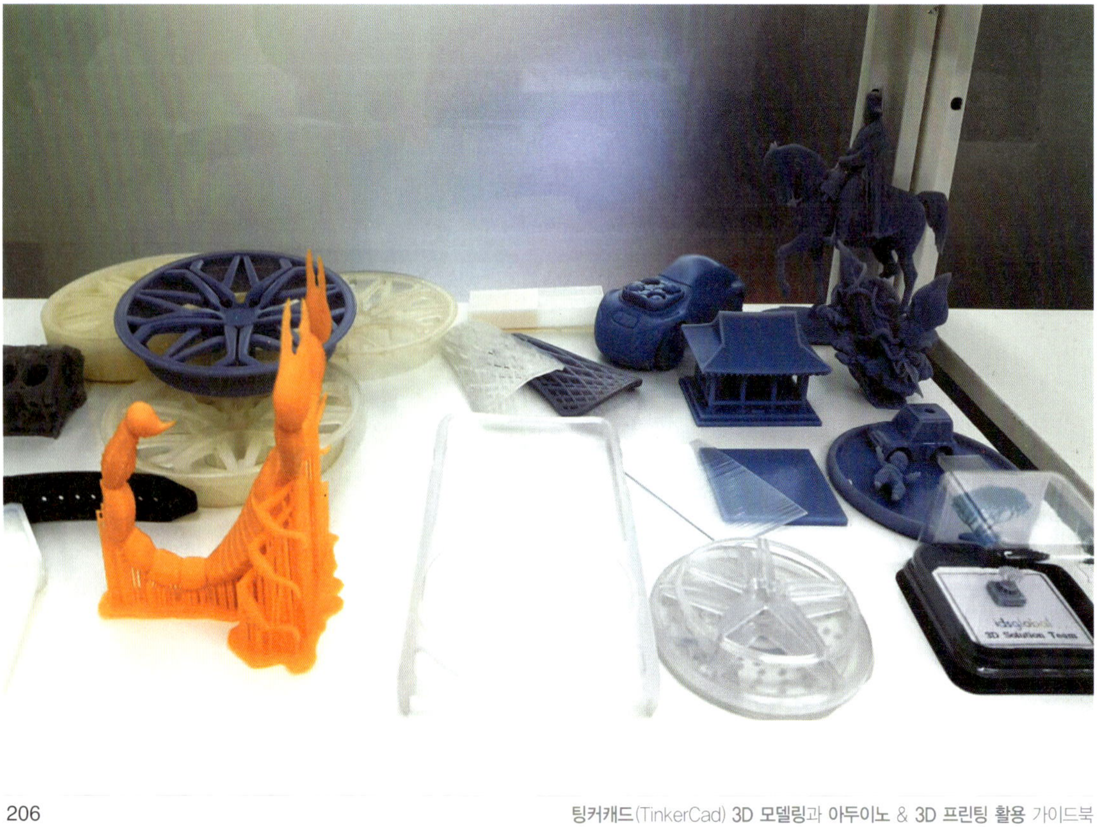

접는 로봇

▲ 출처 : www.fab365.net

[사진 제공 : FAB365]

For the Engineer, Of the Engineer, By the Engineer
MECHAPIA